方志权　等著

都市乡村『三农』调查

卅年三十篇

调查

上海财经大学出版社
SHANGHAI UNIVERSITY OF FINANCE & ECONOMICS PRESS

图书在版编目(CIP)数据

都市乡村"三农"调查:卅年三十篇/方志权等著. 一上海:上海财经大学出版社,2024.4
ISBN 978-7-5642-4354-8/F·4354

I.①都… Ⅱ.①方… Ⅲ.①三农问题-调查报告-汇编-中国 Ⅳ.①F32

中国国家版本馆 CIP 数据核字(2024)第 071078 号

□ 责任编辑　刘　兵
□ 封面设计　张克瑶
□ 封面书法　奚晓文

都市乡村"三农"调查

卅年三十篇

方志权　等著

上海财经大学出版社出版发行
(上海市中山北一路 369 号　邮编 200083)
网　　址:http://www.sufep.com
电子邮箱:webmaster @ sufep.com
全国新华书店经销
上海华业装璜印刷厂有限公司印刷装订
2024 年 4 月第 1 版　2024 年 4 月第 1 次印刷

710mm×1000mm　1/16　20.5 印张　266 千字
定价:85.00 元

  方志权 管理学博士,经济学博士后,研究员;上海市农业农村委员会二级巡视员,秘书处处长、乡村振兴协调处处长。曾任市委农办研究室主任、政策法规处处长、农经处处长、市农经站站长。2016 年 12 月荣获第七届中国农村发展研究奖(杜润生奖);2018 年 1 月被评为全国农业先进工作者。

  2008 年起,作为集体秘书参加中央农村工作会议,并参与了中央相关文件的起草。2004 年起,主持和参与起草了 20 个上海市贯彻中央一号文件的实施意见。主持和参与 100 多项国家和省部级重大决策咨询课题,多项研究成果获得上海市政府决策咨询研究成果奖一等奖、二等奖、内部成果奖和上海市哲学社会科学成果著作奖、论文奖。代表著作有《农村集体产权制度创新与法治建设》《黄浦江畔的"三农"调查》《城市化进程与都市农业》等二十余部;代表论文有《农村集体经济组织产权制度改革若干问题》等一百余篇。

图1 调研团队

图2 研究团队

图3 参加论坛

图4 在粤调研

图5 赴日考察

图6 交流发言

图7 党校学习

图8 新闻发布

图9 入户调查

图10 赴日考察

图11 上台领奖

图12 学术团队

图13 政策宣讲

图14 参加会议

目录

1 以稳粮为前提扩种棉花
——对上海郊区棉花生产的调查

市郊棉花生产的现状

上海郊区植棉历史悠久,所产棉花绒长、纤维细、成熟度高,曾是全国著名的高产棉区之一。新中国成立以来郊区棉花生产的变化,经历了三个阶段:1949—1963 年期间,生产起伏不稳,1952 年高达 216.5 万亩,1962 年减为 103.7 万亩:平均亩产皮棉 25 公斤上下。1964—1984 年期间,种植面积按国家计划,大致稳定在 140 万亩左右,有 15 年平均亩产皮棉 50 公斤以上,其中最高的 1978 年达 83.5 公斤。这一阶段郊区为全市棉纺工业提供了约占所需总量的 1/4～1/3 的棉花。1985 年以后,种植面积逐年大幅度下降,1985 年为 106.6 万亩,1986 年为 48.5 万亩,1987 年为 31.2 万亩,1988 年为 24.7 万亩,1989 年仅 16 万亩。1990 年经各方努力,仍只有 19.4 万亩。亩产水平也明显降低,1985—1990 年的 6 年中有 4 年在 50 公斤以下。

根据统计资料,与 1984 年相比,6 年来棉田减少了 122 万亩,其主要去向是:国家建设征地 9.7 万亩,乡村基建用地 9.3 万亩,农民建房用地 3.4 万亩,水利道路建设用地 2.2 万亩,扩大粮田 74.6 万亩,开挖精养鱼塘 8.3 万亩,改为果园 8.8 万亩,扩种蔬菜和其他经济作物 4 万亩以及少量别的零星用地。由此可见,郊区棉田的减少是土地、耕地利用结构发生重大变化的结果。

棉花生产下降的原因

上海郊区棉花生产大幅度下降的原因是综合性的。既有所谓"棉花大大过剩,上海可少种粮、不种棉"的错误舆论导向影响,挫伤了农民种棉积极性的原因,又有农村经济结构发生变化,种棉不再是农民收入主要来源的因素;既有农业劳力减少,不可能对棉花生产大量投入的原因,又有家庭联产承包责任制推行后出现的耕地分散经营,不利于棉花连续种植的因素;除此之外,还有市郊种植业结构调整过快,棉田锐减的原因。特别是,在当前各项农村政策逐步完善的情况下,郊区棉花生产仍有不少制约因素。主要有以下四点。

1. 重粮轻棉的思想仍未根本扭转。一是缺乏全局观念。有的县、乡干部认为,上海纺织工业需要的棉花,主要靠内地调进和国外进口。郊区耕地有限,棉花多种少种、种与不种关系不大。二是领导不够重视。不少乡村干部重粮轻棉,认为棉花生产用工多、效益差、管理复杂、产量不稳、服务要求高,因而没像抓粮食生产那样重视棉花生产。

2. 收购价格偏低。据 1991 年南汇县①对各种农作物的效益调查:种单季稻每亩 11 工,而棉花要花 31 工;每标准工净收入,单季稻 10.06 元,西瓜为 14.90 元,分别比棉花的 1.96 元高 4.16 倍和 6.64 倍,并且还可种一熟好茬口的后季稻。由此可见,在当前郊区农民自主种植和商品经济意识日益增强的情况下,农民种植的导向是经济效益较高的作物,棉花收购价偏低,这些都是成为制约棉花的生产的重要因素。

3. 耕地面积逐年减少。近年来,城市建设用地、郊区村镇建设和乡镇工业发展用地逐年增加,耕地面积每年减少 7.7 万亩。随着浦东开发开

---

① 2001 年南汇撤县设区,2009 年撤销南汇区,整体并入浦东新区。

放,城市基础设施建设加快及农村第二、第三产业发展,农民居住条件进步改善,耕地面积仍将高速递减。这是制约棉花生产的又一重要因素。

4. 科技与服务工作跟不上。在科技上,一是缺乏早熟、优质、抗病高产的棉花新品种;二是缺乏省工、省本、操作简便的棉花生产新农艺。在服务上,一是以前郊区县乡各村的棉管员队伍已解散,影响了各项管理措施的落实和新技术的推广;二是粮食生产机械化程度相对较高,而棉花生产至今仍全为手工操作,与郊区现在的劳力结构很不匹配。

几种方案的比较

吴邦国同志最近在县委书记研究班上提出,郊区要建立长期相对稳定的农业生产发展方针,这是十分必要的。"八五"期间乃至今后十年,郊区棉花要不要种,粮食同棉花应当怎样摆布? 目前大致有以下三种方案。

1. 减粮增棉。即适当减少粮田面积,增加棉花面积,力争到"八五"期末粮食总产达 50 亿斤,棉花逐步扩种到 40 万～50 万亩,总产 40 万～50 万担。

2. 稳粮减棉。即稳住现有粮田面积和粮食总产,减少棉花种植面积。

3. 稳粮稳棉。即在基本稳定现有粮、棉种植面积的基础上,如有条件适当增加一点棉花种植面积。如国营农场系统通过滩涂围垦,可逐步种植一些棉花。粮食总产保持在 45 亿斤左右,棉花总产不少于 20 万担,力争有所增加。

我们倾向第三方案。理由如下。

从粮食生产现状看,目前郊区生产的粮食,除农民口粮、种子粮需自给外,还要解决部分饲料粮和每年供应市区粳谷 5 亿～7 亿斤。从粮食的需求看:目前我国人均占有粮食还不到 400 公斤。随着人口的增加,人均占有粮食的水平仍然比较低。而居民对动物蛋白消费量逐年增加,也需要用粮食来转化。一旦遇上减产年,上海从外省调粮比较困难。所以,稳住目前郊区的粮食总产,并在可能情况下力争多生产一点,这是完全必要的。

从棉花生产现状来看,本市纺织业每年需600万担棉花,郊区部分县、乡的土适宜种植棉花,棉花品质也较好,可补充本市纺织工业对原料的需要。近年全国棉花生产形势看好,今年全国种棉田800多万亩,在这种情况下,调进棉花问题不大。但棉花生产同样受自然条件的制约,一旦遭灾减产,本市纺织工业需要的棉花,完全依赖从外地调进或国外进口,也是不牢靠的,因此郊区种植一定面积的棉花,无论从满足纺织工业的需要,还是从农民增加收入、土地轮作,改良土壤等方面来看,都是必要的。

目前上海要较大幅度地恢复棉花种植面积则是比较困难的。耕地面积逐年减少;科技兴农短期内难以有大的突破;农民普遍缺少种棉热情。上海多雨、多台风,给棉花生长、收摘带来很大风险;短期内农机与农艺相配套的棉花生产新技术也难以有较大的进展。因此,从郊区现有农业生产的物质、技术条件看,郊区棉花生产应以稳定为宜,力争稳中求进。

若干政策措施的建议

1. 多途径提高植棉收益,调动棉农生产积极性。据反映,每生产50公斤皮棉,如能从收购价加补贴从现在的353元提高到500元(指产值),棉农还会有一定积极性。依据是:一熟单季晚稻亩产450公斤、棉花亩产约50公斤左右。以去年每标准工的劳动单价10元,一亩棉花投31个标准工计算,加上物质成本就近500元。目前进口皮棉经折合每50公斤也为485元。为了解决近150元的差额,可以采取工厂让利或加价补贴,参照邻近省区经验适当提高本市配套补贴标准,以及通过工厂扩散产品实行"以工补棉"等多种方法解决。为了不与国家的现行政策产生过分悬殊,可采取逐步到位的方法。

2. 稳步推行嘉丰厂经验,搞好农工商挂钩合作。嘉丰厂与望新乡联合开发中绒棉种植的经验,可以根据条件在全市有计划地逐步推广。即使是普通棉,也可实行厂乡挂钩的方法。建议市纺织局对此进行专题研究,如有可能性,则在市计委牵头下,会同市农业局、供销社等进行调查,制订方案,逐步实施。

3. 强化指令性计划管理,体现履行合同的严肃性。棉花生产属于国家的指令性计划,必须强化计划管理。农、商、工各方以及乡村合作经济组织与农户之间,要签订合同,明确各自的权利、义务与违约责任,严格履行合同,保证按计划和合同搞好棉花生产。

4. 因地制宜地合理布局,尽可能实行连片种植。南汇、奉贤、崇明三县及嘉定、松江、金山的部分地区适宜植棉,今年宜在这些地方合理布局。对原种棉的其他县(区)现不宜和不愿植棉的,可通过协商,有计划地转移到适宜种棉的县乡去。要尽可能实行连片种植,适当集中在几个乡、几个村,以利于加强领导,精心管理,提高单产和商品率。要认真处理好以粮抵棉的问题,对增种棉花的单位要按 1∶9 的比例核减粮食生产计划指标与国家粮食定购任务,核减的粮食生产指标应由减少种棉的单位来承担。

5. 抓好科技兴棉措施,致力于提高棉花单产。市、县、乡、村各级农业部门要加强对棉区干部和农民的技术培训;运用多种形式指导科学植棉。供销部门也要在农资供应、棉花收购等过程中,对农民进行科学植棉的宣传和指导。通过狠抓科技兴棉措施的落实,使郊区的棉花单产相对稳定,并不断提高。

6. 加强对棉花生产领导,并注重健全服务体系。县、乡党委、政府和农业部门,要把棉花生产放到议事日程上来,列入对各级干部工作实绩的考核内容,明确目标、考核奖惩。要发动共青团、妇联等群众组织,开展"丰收杯""银花奖"等创高产的竞赛活动。要总结表彰获得棉花高产的单位与个人,给予精神与物质的奖励。各级领导和有关部门,还要抓好棉花生产的服务体系建设。如搞好棉花种子的提纯复壮,在棉花的防治病虫害和运肥施肥等方面逐步强化统一的服务,以及加强棉花的收购和加工服务等。在棉花生产比较集中的乡村,市、县供销部门应恢复设立村的棉管员。

此外,从"八五"计划和十年规划期间来考虑,还要采取一些促进郊区棉花生产稳定发展的措施。例如,探索高密度、早打顶、乙烯催熟的麦后直播棉轻型栽培新技术;进行棉花枯萎病的攻关研究,研究农与农机密切结合,加快棉花生产的机械化进程。建议市、县科委对这些建议进行研究和试验,列入项目,拨出经费,组织有关部门和科技力量推进执行,争取尽快取得成果,并加以推广应用。

(1992 年 5 月)

简析:这是一篇实用性相当突出,带有工作研究性质的调查报告,从内容的范围看,属于专题的。

导语:用精确的时间和相关统计数据详尽介绍了新中国成立以来上海郊区棉花生产的情况,非常科学地说明了市郊棉花生产的现状"是什么"。

主体:采用纵式结构,内容上分为"原因""几种方案的比较"和"若干建议"三个部分,分别回答了"为什么""怎么办""具体怎么做"三个问题。其中,在写到"怎么办"这个问题时,列举了三个具有代表性的方案,并经过分析决定了取舍。如此写法,不仅很有说服力,而且使整份调查报告带上了较浓郁的理论色彩。这份调查报告也采用零式结尾。

本文的写作特点是:条理清楚,分析细致,理论性较强,对我们写作某些专业工作范围内的调查报告,真有很大的借鉴意义。

(注:参加本调查研究的还有吴振兴、杨宝兴、陈正玄。"简析"选自上海人民出版社《机关应用文写作》(1993 年 12 月版)中的"调研报告范文"。)

2 | 上海农村建设和谐社会需要关注的几个问题
——关于蒋桥、韩坞、蒸夏、塔庙四村和谐社会的调研报告

2005 年 8 月 29 日至 10 月 31 日,市经济工作党委、市农委、市政治文明办组成调研组,对南汇区新场镇蒋桥村、金山区枫泾镇韩坞村、青浦区练塘镇蒸夏村、嘉定区安亭镇塔庙村四个村进行了调研。

这次农村和谐社会调研的目的是通过解剖典型,摸清当前农村、农民、农业的实际情况,了解影响郊区农村和谐社会发展的突出矛盾和问题,为市委、市政府研究解决"三农"问题、建设和谐新农村提供第一手资料。调研组共召开区、镇、村干部及村民座谈会 10 次,有 150 多人参加座谈;并先后对 160 家农户、40 名村队干部和 50 位外来务工人员进行登门问卷调查。

一、四村和谐社会的总体评价

这次调研的四个村多属中远郊地区,但各有其代表性。新场蒋桥村村级集体经济基础较好;枫泾韩坞村传统农村特征比较明显;练塘蒸夏村位于练塘镇开发区边上,已成为投资热土;安亭塔庙村地处上海大众汽车城,是郊区有名的富裕村。通过对四村的调查,其共同特征如下。

1. 家庭、邻里关系比较融洽,农民心态平和,农村社会稳定发展。

调研显示:随着农民生活水平的不断提高,近年来农村家庭关系不断改善,一般农村家庭人员为 3 至 5 人,六成的家庭父母和子女共同居

住。80%以上的家庭关系都"比较和睦",九成的农民对自己的生活现状"满意"和"比较满意"。同时邻里关系也较为和睦,过去因"建房"等原因引发的邻里纠纷近年来"明显减少","近邻"总体还是好于"远亲",农村乡风比较文明,"如邻居家有事",五成的农民都会"主动前去关心"。在调研中,干群最为称道的是,去年市政府制定的 65 岁以上的老年农民 75 元的养老金托底补贴政策深得民心。一些农民反映"近年来最开心的一件事"是"参加镇保""子女升学""造房买车"。同时九成的农民认为,"村干部为村民办好事、办实事",对村干部的工作表示"满意"。90%以上农民反映近年来农村社会整体比前几年"大有进步"或"较有进步"。

2. 农民收入都有不同程度的增长,工资性收入已成为农民收入的主体。

调研显示:近年来,农村经济有较快发展,八成以上农民的收入"明显增加"和"有所增加",贫困户"相对减少"。2004 年,蒋桥、韩坞、蒸夏三村农民的可支配收入分别为 6 580 元、6 325 元、7 092 元,分别比上年增长 7.9%、28.1%、9.3%,最高的是塔庙村,人均收入高达 15 000 元。其收入特征:一是农民的收入中,70%左右属工资性收入。二是保障性收入已成为近年来农民增收的"亮点"。参加"镇保"养老的,每月能领到 375 元;65 岁以上的老年人,则每月拿到 75 元。三是农民私房出租收入随着外来农民工增加而增加,如地处练塘工业区的蒸夏村,近 70%的农民都出借私房。四是农业经营性收入稳中有降。

3. 农村村容村貌明显改善,各项社会事业得到发展。

调研显示:近年来,农村基础建设水平明显提高,四村的农民居住的都是楼房,一般每户两上两下一栋,水、电、煤、卫、电话已基本普及,农民"吃水不用挑(吃上自来水)""烧火不用柴(用上液化气)""叫人不用跑(通了电话)",道路等硬件建设都比较好,连经济最薄弱的韩坞村,也通过募捐筑了路通了桥。农民们反映,农村社会事业也有不同程度的提高,学龄儿童没有辍学的,贫困弱势群体没有被遗忘,四村都根据自身的经济实力,对困难户、老年农民给予了一定的补助,多的每月 400 多元,少的每月 30~50 元;农村计划生育也不再是村干部的"老大难"问题;四村都建立了社区服务中心,设有老年活动中心、村卫生室等。在调查中,有 75% 的被访农民对居住地整体的生活环境感到满意,农村生活垃圾收运处置系统的运行效果也得到了农民的肯定,大家反映"农村生活环境总体有所改善",认为"农村的生活环境正在向好的方向发展"。

4. 村民生活习俗沿袭传统习惯,对生产、生活要求停留在较低层次。

表现在以下三个方面:一是"小富即安,安于现状"。农民们判断富裕家庭的标准是"全家年收入超过 5 万元";对农村卫生环境要求只满足于自家饮用自来水有所改善,而对河道水体污染大都不太关心;绝大多数农民的业余文化生活满足于"看看电视""搓搓小麻将";三成左右农民对丰富业余文化生活"没有要求"。二是农村人情日益淡薄。虽然近年来因建房产生的邻里矛盾有所减少,但邻里间的感情亦有所淡薄,四成的农民对邻居家里的情况"不太了解",对邻居家的事"主动关心的"较少,"喊我才会去"。三是"比较重视眼前利益忽视长远利益,重视个人利益忽视公众利益";四成已出租房屋的农民,将"拖欠房租"的担心排在"污染环境""影响治安"的前面;六成的农民只考虑自身的经济利益,而"不赞同"拆除违章搭建的出租房。

综上所述,近年来郊区农村发生了明显的变化,农村社会在不断进步,从总体来看,当前农村和谐社会状况是比较好的,但与五中全会提出建设社会主义新农村的要求还存在不小差距,需要不断提高和谐程度。

二、值得关注的几个问题

调研显示,当前郊区农村也不同程度地存在着各种不和谐现象,如不及时解决,将会影响和制约郊区构建和谐社会发展,必须引起关注和重视。

关注之一：村级经济发展问题。目前极少数城郊开发地区农村与绝大多数中远郊非开发地区农村村级经济发展的差距日趋扩大，中远郊地区村级经济增收无门的情况应引起各级领导高度关注。

建设和谐社会的关键是固本强基。就农村而言，重点是抓好最基层的村。因为村既是农民的自治组织，又是农村最基础的集体经济核算单位，是党和政府联系农民的桥梁和纽带。村级组织功能作用具有二重性：作为社会管理组织，具有服务农民群众的功能；作为集体经济组织，又具有发展集体经济的职责。因此，在调研中，基层干部和群众普遍反映，"村里没有经济实力，服务农民群众，建设农村和谐社会，建设社会主义新农村就无从谈起"。调研显示，目前上海村级经济发展出现了发展差距日趋扩大的趋势，集中表现在：

一是富裕村与薄弱村的经济实力差距大。城郊开发地区的村，大量的土地已被征用，留存土地数百亩，有的甚至不足百亩，村的规模也较小，人口一般在 500～1 000 人，但村里留存的部分土地随着城市化进程级差地租大大升值，通过兴办市场、发展楼宇经济，村级经济收入大幅上升。据调研，村级经济实力最强的，年净收入已达 2 亿～3 亿元。在调研的四村中，塔庙村的村级可支配收入已达 4 000 万元，近郊的梅陇、虹桥地区大部分村的年可支配收入大都在 2 000 万～3 000 万元。而在农村非开发地区，一般一个村的人口在 3 000 人左右，村域面积 3 000～4 000 亩以上，但年可支配收入仅在 50 万元左右（其中包括了 20 万～30 万元的政府转移支付），两者相差数十倍乃至数百倍。在郊区，城市化开发地区经济比较富裕的村，仅占总村数的 1/10 左右，而农村非开发地区经济比较薄弱的村，则要占总村数的 90% 左右。

二是发展差距扩大的趋势仍在不断加剧中。城郊开发地区的富裕村，随着城市化步伐的加快，将继续呈现较快的增长势头，部分村干部"坐名车、拿高薪、公款高消费、挥霍摆阔"的现象比较突出；而农村非开发地区的经济薄弱村随着强化农业功能，农田不能移作他用，其收入渠道越来越狭窄,增收无门的情况日益突出。据调研,远郊农业地区依靠集体所有的农田出租收入,随着原先放弃农田的农民要求重新承包土地而越来越少,原有集体办的工厂、企业因转制、改制收益已经固定,招商引资又受基本农田不能移作他用,再也不能像过去那样"村村冒烟"随意兴办新企业,因此对一般的村来说,经济发展之路被堵住了,与此相反,村级刚性支出却呈逐年递增的趋势,一般一个村每年日常行政管理起码要花费 50 万元,因此不少村经济入不敷出,如韩坞村三年前已负债 20 万元,练塘镇也反映,25 个村中有 22 个村出现收支赤字。

通过调查,我们认为,就一般农村地区而言,由于上述主客观原因,在近期内既不可能也没必要过分强调发展村级经济,而需要政府通过加大转移支付的力度,加强完善相关的配套政策等措施,才能使发展差距拉大的倾向得以缓解。这一问题需引起领导的高度关注。

关注之二:农村外来人口问题。对居住在郊区民宅中的大量外来人员,普遍缺乏行之有效的管理办法和手段,给农村社会稳定发展带来了诸多负面影响,迫切需要采取有效措施。

近年来,外来人口除在城郊地区集中以外,在郊区农村地区的数量也日益扩大。蒋桥、蒸夏两村本地人口与外地人口之比都接近 1:1,即使在偏僻的韩坞村也有不少外来务工人员居住。应该说,外来人口数量在农村不断增长有其必然性和合理性。但需要引起重视的是,目前进入农村的外来人员绝大多数素质较低(初小毕业)、流动性大(六成没有固定工作)且是无序的(来沪都是"自己找上门"或通过"子女或亲朋好友介绍的"),加之目前缺乏对外来人员有效的管理办法和手段,给农村社会管理体制带来了较大的冲击。大量外来人口进入农村,客观上也带来了不少负面影响:

一是农村的宁静被打破。在农村,本地青年人晚上一般都住在镇上的公寓房子里,老人住在农村的老宅里。因此,今日农村一到晚上,居住者基本上是外来人员,隐藏了各种不稳定的因素。调研显示,有半数的农民感到"农村安全感比过去下降了",本地农民一般晚间都不敢出门。据调查,由于本地人和外来务工人员收入差距较大(外来务工人员扣除吃穿住行等基本生活费用后,每月的可支配收入在300—500元),容易导致外来人员心理失衡,引发各类矛盾。调研的四村中,除塔庙村外,其他三村都出现过"偷、骗、抢"等案件,蒸夏村近年来发生的13件刑事案件中有11件是外来人员所为。外来人员较多的农村地区社会丑恶现象泛滥的情况也比较严重,社会风气较差,农村家庭和睦受到影响,离婚率居高不下。

二是刺激了"违章搭建"的增长。由于存在外来人员租借农民住房的需求,加上缺乏有效的管理手段,外来人员集中居住区的"脏、乱、差"现象都比较严重,对农村环境造成极大的影响,也制约了这些地区的进一步发展。有关专家认为,由于这些外来人口具有较大的流动性,多数人只是暂住,对居住和生活条件等的要求不高。他们居住拥挤,教育、治安和卫生等状况较差,给管理工作也造成了较大的困难,局部地区有发展形成"贫民窟"的趋势。这样的社会结构尽管是在经济发展进程中自然形成的,但是已经对上海的城市化发展、城市管理以及都市农业的发展带来了较大的不利影响。

三是对本地农民就业的冲击问题日益显现。目前农村地区兴办的企业大都属劳动密集型,理应可以多吸纳一些本地富余劳动力,来提高郊区农民的非农就业收入。但事实上,目前企业大多招收的是外来民工,这些外来务工者年纪轻、肯吃苦、工资报酬低,一定程度上冲击了农村劳动力市场。因此,在本地劳动力尚未实现充分就业的状况下,大量低素质的外来人员的进入,无疑对郊区转移农村富余劳动力带来了更大的压力。

关注之三:群众的期望和迫切希望解决的问题。由于经济社会发展程度不同,四村农民期望要求也有所不同,但其中农村社会保障还远远不能满足农民的要求,则是这次调研中农民反映最为集中和突出的问题。

一是要求参加"镇保"问题。蒋桥、韩坞村等农村地区,90％以上的农民提出,"如果有机会在二、三产业打工,都愿意将承包地转让出去"。用承包地来换取"镇保",是远郊农村地区农民最大的愿望。

二是农村合作医疗问题。调研显示,近年来,在市、区(县)财政的支持下,郊区农民"看病难"相对有所缓和,但"看病贵"的问题甚为突出。在蒋桥村农民每人每年交费 80 元,只能在限定的几所医院看病,在村卫生室报销,但每张发票作了限额,实际不管开支多少,只能报销 7 元,另在镇级卫生院,每张发票只能报销 15 元。八成农民反映,由于"报销率太低""医药费太贵",农民最担心生病,尤其是"生大病",一些农民"有病也不敢治,小病拖成大病,大病拖垮家庭"。调查问卷同时显示,有近一半的农民近三年来没有参加过体检,农村社会保障情况堪忧,因病致穷、因病返贫仍是当前造成郊区农村困难家庭的主要原因。

关注之四:可能会影响郊区农村未来社会稳定的有关隐患问题。这些问题蕴藏着的各类矛盾,必须引起足够重视,及早采取措施化解疏导,以防止引发冲突,带来农村社会的不和谐。

一是农村集体资产处置问题。近年来,随着行政区域布局调整,乡镇合并的力度较大,但乡级集体经济的资产没有及时量化处置,存在"搁置损失"或"平调流失"的危险,将会对今后农村社会的稳定带来较大的隐患。同时调查显示,不少地方在撤制村队处置集体资产时,缺乏公开的操作程序、公平的分配标准和公正的监督机制,群众不满,集体上访不断,这是郊区在推进农村城市化过程中一个带有普遍性的问题,迫切需要制定和完善相关的政策措施。

二是农村干部收入分配问题。在城郊开发地区的村队,这一问题尤为突出。这些村的收入主要是出租厂房、办公楼等物业收入,不仅旱涝保收,而且稳定增长,所以这些村的行政管理相对比较简单,但村干部年收入却高达数十万元,还经常伴有没有制约随意支付的"高挥霍"情况和干部的隐性收入现象。而村民每年的收入也不过一两万元,这导致干群矛盾非常突出。在远郊农村地区,虽然干群收入分配差距比城郊开发地区要小得多,村干部收入在 2.6 万~3 万元,崇明县①村主要领导年平均收入约为 1.5 万元,最低的为 9 000 元,但农民们也还是有反映。一方面,村干部们对自己的年收入感到"不满意",另一方面,村民们对村干部的收入多少带有疑问,有近八成的村民们都不知道村干部的收入情况,对村里实行的村务公开、财务公开制度,村干部"不在意",村民则"不关心""不相信",流于形式。

三、有关工作和政策建议

农村和谐社会涉及社会方方面面,是农村社会综合发展程度的标志,构建农村和谐社会的最终目的是"生产发展、生活宽裕、乡风文明、村容整洁、管理民主",这是一项宏大的系统工程和长期的艰巨任务,应引起各级领导的高度关注,从转变观念、完善体制、发展经济、加强管理、增加投入等方面,共同努力、协调解决。为此,建议如下:

1. 实行分类指导,加大村级经济的扶持力度。要根据村级经济发展的不同情况,实行分类指导。对城郊开发地区,重点扶持发展以不动产出租为主的"楼宇经济",发展壮大村级集体经济的实力;按照"依法、规范、公正"的要求,以资产量化、作价入股为突破口,积极探索农村集体经济组织合作制改革;通过建立企业法人治理结构,加强农村集体资产经营管理;要加快研究加强镇级集体资产管理办法,建立健全撤制村队的评估和审批程序,通过产权制度的改革,理顺干部分配关系,维护农民合法权益。对农村非开发地区,应按照"城市支持农村、工业反哺农业"的原则,加大对村级的转移支付力度,增加农村社会基础设施的配套建设;取消各类不切实际的考核指标,制定一整套行之有效的考核机制;要

---

① 崇明作为上海市最后一个县级行政区划,于 2016 年 3 月撤销,设立崇明区。

将扶持工作的着力点放在农村非开发地区,并结合征地留用地制度的实施,鼓励各村在工业园区建造标准厂房,招商引税,增加村级财力。

2. 增加转移支付,完善农村社会保障制度。一是针对农民普遍要求进"镇保"、提高保障的实际情况,加快研究"土地换保障"等政策措施,进一步完善"农保",逐步提高农村社会保障水平;二是要完善"老年农民养老金托底补贴"政策,建议将年龄标准调整到 60 周岁,要结合各区县实际情况,不断提高老年农民的生活保障水平;三是加大公共财政对农村合作医疗的支持力度,加强农村卫生院和村卫生室的建设;集体经济实力较为雄厚的地区,可考虑提取部分集体资产充实农村合作医疗基金,或为农民购买商业医疗保险,减少农民看病就医支出,提高农民合作医疗保障水平;四是针对农村地区农民"看不起病"的实际情况,建议从2006 年起,政府补贴部分资金每年为 60 岁以上的农民体检一次,并将此列入市政府"实事工程"。

3. 建立联动机制,切实加强外来人口管理。一是加紧制定和出台一整套对外来人员加强管理的办法和措施,包括外来人员的从业准入制度、来沪登记制度、监督检查制度、信息反馈制度和管理责任制度;二是健全"以块为主、条块结合"的外来人口管理机构,完善基层组织管理力量,把外来人口管理工作纳入村民自治范畴,通过建立流动人口协管员队伍,建立一整套动态管理机制;三是"以证管人",加强对外来人员的来沪暂居证管理;"以房管工",即通过建立和规范社区房屋租赁,制定外来人员租赁房屋标准和具体规范,推行租赁房屋有偿托管制度,制止违章搭建;四是注重外来人员自管组织建设,推广"房东管房客"等有效的管理办法,推动外来人员的自我教育,自我管理,自我服务和自我监督;五是要加强对外来流动人口的劳动技能培训,区县、乡镇劳动部门要针对本地区产业的特点和外来流动人员的情况,有针对性地举办各类劳动基本培训。

4. 完善政策制度,提高村干部的分配透明度。深化以村级财务和涉及村民重大事项为重点内容的村务公开活动,确保农民群众对村级事务的知情权、决策权、管理权、监督权。一是要进一步完善村务公开和财务公开制度,使村务公开由"结果公开"向"全过程公开"转变;二是健全村务、财务民主化管理机制,村干部收入、奖金分配都要经过严格规范的操作程序进行;三是研究出台适应新形势下的干部收入考核制度,提高干部工资、奖金以及各种福利分配的透明度,建议经济发达地区的乡镇,要实行对村级干部收入分配制定限额政策,以缓解干群收入分配差距继续扩大的趋势。

5. 建设文体设施,活跃农村基层群众文化。加大对村级文化事业的投入,加快文体设施建设,开展寓教于乐、喜闻乐见的文化娱乐活动,丰富农民的精神文化生活;加大科普、普法、移风易俗宣传教育力度,提倡健康、文明、科学的生活方式,治理"脏、乱、差",养成良好的卫生习惯,弘扬积极向上的社会风尚;以完善村规民约、自我教育、自我管理的道德实践活动为抓手,积极开展"文明村"等创建活动,推进郊区农村村镇文明建设。

(2005 年 11 月 8 日)

(注:2005 年 8 月至 10 月,市经济工作党委、市农委、市政治文明办组成调研组开展了农村调研,本人为主要执笔者,调研报告得到了时任上海市委副书记刘云耕同志的高度肯定:"现在浮躁的本本文山太多了,而如此的调研报告却久违了。这份调研报告对四个区的四个行政村的 160 多家农户、40 名村干部和 50 位外来务工者进行实地调查,以社会主义新农村与和谐社会建设为目标,与时俱进地肯定了上海农村的进步和发展,客观地反映了存在的问题,观点鲜明,有定量依据,分析透彻,提出的工作建议既有针对性,又具可操作性。同时,此文还反映了优良的党风、学风和思想方法。")

3 | 毛桥村建设社会主义新农村的实践与思考

2006年8月至10月,市经济工作党委、市农委组成调研组,对上海九个新农村建设先行区之一的嘉定区华亭镇毛桥村进行了专题调研,目的是通过解剖典型,摸清当前基层建设新农村的实际情况,了解广大农民群众的愿望要求,为推进新郊区新农村进程、建设和谐新农村提供第一手资料。调研组共召开区、镇、村干部及村民座谈会4次,有80多人参加座谈;并先后对村宅已实施改造的105家农户(分40岁以下与以上两个年龄段)、30名村宅尚未改造的农民进行了登门问卷调查。

一、基本情况

毛桥村隶属嘉定区华亭镇,地处市郊西北部,北与江苏省太仓市交界,位于嘉定现代农业先行区核心区内。全村土地总面积1 272亩,其中耕地870亩,河塘50亩,林果68亩。辖8个村民组,243户,总人口730人,其中农业人口690人,人均耕地面积1.19亩。现有劳动力346人,85%从事非农产业。2005年农民人均可支配收入10 319元,略高于全市农民人均收入水平,其中工资性收入9 100元,占可支配收入的比重为88%。毛桥村村民聚居区农宅错落有致,人均住房面积达到40平方米,90%住宅为三上三下的楼房,大多为20世纪80年代建造,周围无污染源,自然环境破坏少,江南水乡风貌保留尚好。

毛桥村经济发展居郊区中等水平。2005年,村工农业总产值4.58

亿元,其中农业234万元,工业4.56亿元。全村先后引进企业28家,涉及物流、家具及装饰材料、工业缝纫机零部件加工等行业。2005年,全村可支配资金182万元,企业租金占村主要收入来源比重达90%。

毛桥村是一个比较典型的农业村,农业效益居全市中等水平。现有农业主要以粮食、蔬菜和水果种植为主,农产品加工产业相对滞后。2005年,农作物种植面积1 185.5亩,其中水稻538.5亩,小麦420亩,蔬菜100亩。

2006年3月起,毛桥村对2、3、8队105家农户进行了综合改造,修整房屋,粉白外墙,疏浚河道,造林补绿。半年来,村还是那个村,家还是那个家,但看着更漂亮,生活更方便,目前毛桥村已被列为全国35个社会主义新农村示范村之一。从今年下半年起,村还将对未改造的其他村宅进行综合改造,努力实现"主导产业形成规模,村容村貌整洁靓丽,村民生活富裕安康,农村社会文明和谐,村务管理民主有序"的建设目标。

二、调研情况

(一)对毛桥村综合改造的总体评价

调查显示:村民对这次村宅综合改造交口称赞,90%以上感到"满意"和"比较满意",过去的"河水臭、河岸灰、环境差、村民愁",现在变成了"河水清、河岸绿、环境美、村民乐"。八成的农民反映,"村庄整体环境优美了,对城里人郊游度假也有吸引力了"。通过调研,我们感到毛桥村在建设和谐新农村中,有以下三个显著特点。

1. 以村容村貌综合改造为重点,不搞大拆大建。3月份以来,毛桥村精心"梳妆"民宅外立面;新建或改建厨房、卫生间;疏浚清淤了总长3公里的河道;改建或安装了2 000多米长的自来水管。在毛桥村的改造建设中,更多地注重保留农村本来面貌,不搞大拆大建,使其不失"农味"。对这样的改造,绝大多数农民都投了"赞成票"。

2. 以保留江南农村特色为原则,不求千篇一律。改造后的105户农宅,白墙黛瓦,更显江南特色。一些年代较长的木结构住宅则修旧如旧,保持传统风貌。水随路走,绿随水走,整个村庄就是一座农家园林。在毛桥村的改造建设中,更多地注重保护自然和人文环境,突出地方特色,不照搬照抄城镇建设模式,保持了农村风貌的整体性。

3. 以提高农民生活质量为目标,让农民得实惠。针对村容村貌脏、乱,河道淤塞黑臭,厨卫排污设施不畅等农民"急、忧、愁"问题,政府一方面加大公共设施投入,加强环境保护整治;另一方面帮助农民对厨卫设施进行更新改造,提高生活质量。调研显示,村庄改造后,农民感到最满意的是,"厨房间、卫生间有了改善""外墙更加漂亮了""村容村貌更加美化了"。105 家农户中,八成左右的农户花钱不到 1 万元,其中三成农户没花一分钱,换来了比城镇居民更舒适的生活环境。农民们普遍认为"花去了这些钱,感到蛮值得","对村里环境保持较好状态并且会越来越好充满了信心"。

(二)值得关注的几个问题

如何把准基层农民的思想脉络,对今后进一步推进新郊区新农村建设尤为重要。毛桥村建设和谐新农村,村容村貌发生了新的变化,农民群众也产生了许多愿望要求。通过调研,我们感到对一些带有普遍性和倾向性的问题,应该引起各级领导的关注和重视。

1. 关于提高农业规模经营的问题。调研显示:目前农村家庭承包土地面积偏小,作物播种零乱,已成为阻碍农业发展和影响农村景观的主要因素之一。在调研中,我们了解到,农业后继无人十分严重,毛桥村 50% 左右 50 岁以上的农民主业是务农,全村 30 岁左右的年轻人靠种地为生的已寥寥无几。九成以上的年轻人从事二、三产业后,家中的农田普遍都由年老的父母耕种。因此我们感到,新农村建设后,如何减少务农人员,改变现有分散种植状况,提高农业规模经营显得尤为重要。八成左右农民盼望在坚持基本经营制度的前提下,创新农业经营机制,由集体组织起来统一种植,以提高农业的经济效益。

2. 关于处置农村空余房屋的问题。调研显示：毛桥村 80% 左右的家庭都已"在嘉定或者镇上买了一套房子"，40 岁以下的年轻人通常住在城里，"一般一周回老宅一次"，而居住在农村里的都是老年人。因此全村四成左右"全家已迁居城镇工作生活，农村有屋无人住"。这次农宅改造后，因各方面条件得到了改善，农村房屋价值明显升值，绝大多数农民都打心眼里高兴。一方面明确表示，遵守法律，不愿出卖农村老屋，另一方面，对如何处置好这些空关老宅都感到茫然，除一部分表示"自己居住"或"留给儿孙"外，不少都表示"没有想好""让它空关着"。当我们提出"农村老宅闲置空关既浪费资源，又影响村容，有无必要设法处置"时，一半左右的农民表示"没想好"。而如果政府补贴部分钱将这些老屋拆掉，老宅平复还耕为农田，1/3 的农户"不愿意"，1/3 的农户"没想好"，1/3 的农户表示"只要补贴的钱数量适当就愿意"，至于每间屋子补贴多少钱才算合理，则大多数农户都"说不清"。从基层调研的情况看，农民盼望政府出台相关的配套政策，科学合理配置各类资源，避免各种不必要的浪费。

3. 关于村宅未改造的农民意愿问题。从总体来看，目前未改造的农村村容村貌不容乐观，调研显示：七成左右的农民感到现在的村宅比较脏、乱，因此看到 2、3、8 队的村宅综合改造后，村容村貌发生了明显变化，迫切希望自己所住的村宅也进行改造。对改造的模式，则比较推崇搞保留改造，明确不希望大拆大建；而对改造的重点，则分别是"村容村貌""村宅外墙""卫生间、厨房间"以及"用电条件"。农民普遍对改造后村里有一个良好的环境表示"有信心"，但同时也提出改造规划应早制定，改造内容应更完善，补贴标准应更统一，工作措施应更实在，千万不要搞形式主义、搭"花架子"。

4. 关于农村居住人口数量问题。在调研中，绝大多数农民反映，随着城市化进程不断加快，即使像毛桥村那样处于比较偏僻的农村，十年八年后，预计居住在村里的当地农民数量将越来越少。从目前农民的居住状况来看,40 岁以下的中青年人大多数从事二、三产业,"工作场所离自己农村的住宅都在 5 公里以外",选择住在农村老家的不足 1/4。因为住在城里可"方便工作""子女上学条件好""适应现代生活趋势"。而40 岁以上的中老年人的愿望也很一致,86% 的被调查者都表示当年纪较大、不适合在田间劳动或在企业退休后,都愿意"住在农村",因为"习惯了农村环境""家里房子总要有人住"。大家普遍认为今后若干年后,本地农民住在农村人口数量将"越来越少",已成为客观事实。在调研中,我们也感到,即使在毛家村这样的纯农业地区,外来人口来沪农村打工居住的现象也很明显,目前有 200 多外来人口居住在毛桥村。从调研的情况来看,"当地人与本地人关系一般",90% 的外来人口集中居住在村办工厂企业内,各类矛盾纠纷并不多,但随着每年外来人口在农村居住数量的增加,今后情况也难以预料。通过调研,我们感到规划新农村建设,必须将农村居住人口数量这一因素综合考虑进去,根据农村人口居住数量,科学合理布局村庄规划。需要长期保留的村宅,进行稳定改造;对规划短期的村宅,则相应调整改造的内容,以避免重复建设,造成不必要的浪费。

5. 关于农民对新农村建设愿望要求的问题。调研显示:建设新农村,农民最直接、最现实、最迫切的愿望是"改造村容村貌环境""提高农民收入"和"提高农村医疗及保障水平",最先入手的项目包括修路、河道改造、厨卫改造和污水处理。在产业发展方面,80% 的农民希望"发展观光旅游农业""发展特色农业"。在 105 家农户中,60% 左右的农民对发展"农家乐"感兴趣,但担心现有的"住宿房屋不够""自身厨艺不够""食品安全难控制"。在发展农业生产方面,大多数农民希望"调整引进特色品种,多种高收益的农作物""完善农业服务体系"。同时在现有的农产品中,多数农民认为"有机大米""有机蔬菜"以及"无公害水果"最有发展前景。在提高农民收入方面,九成以上的农民盼望"能够找到二、三产业就业岗位"。在公共事业发展方面,七成以上的农民要求"提高农民生活保障,增加医疗补贴资金"。在实现管理民主方面,大多数农民迫切希望"建立和完善村民决定村中重大事项的民主决策机制","真正做到村务公开"。

(三)需要改进的几个不足

调研显示:毛桥村在建设新农村过程中,也存在着一些新情况新问题,需要今后进一步改进和完善:

1. 个别地方存在"死角"与"漏角"。一些农民反映,村宅改造中,公路两侧及景观带四周花的工夫大,而村宅里面,则相对要差一些,个别不显眼处还有"死角"与"漏角",希望能够"表里如一"。

2. 施工标准、改造补贴缺乏统一标准。农民反映,厨卫施工标准、改造的补贴标准没有做到公正一致,综合改造后户与户之间得益程度不均衡,希望补贴政策制定得更加科学些、合理些。

3. 农民群众的积极性尚未全面调动起来。从调研情况看,毛桥村农民的"等靠要"思想还是比较严重。村宅已改造好的农民希望最好能少出一点钱,要求政府多增加点补贴资金;而村宅未改造的农民则有三成左右希望政府拆除旧房子,翻建新房子,因此需要进一步调动农民积极性,变"要我搞"为"我要搞"新农村建设。

三、几点启示

通过调研,我们对进一步完整理解建设社会主义新农村的要求有了新的认识和启发,也促使我们对推进新农村建设作更加深入的思考,更对下一步如何推进新农村建设有了一些思考。

思考之一:把握基本点,将科学发展观贯彻于新农村建设的全过程。

中央提出的新农村建设"五句话、二十字"的总体要求,内涵丰富,目标明确,充分体现了农民群众的根本利益和强烈愿望。按照中央的决策部署,下一阶段上海在推进新郊区新农村进程中,要正确处理好各方面的关系,保持工作的正确方向。一是坚持科学发展观的统领作用。树立正确的政绩观,从实际出发,充分考虑自身资源条件、经济社会发展水平和农民群众的承受能力,珍惜土地,保护耕地,不大拆大建,不做表面文章,不搞形象工程,坚持以农民为本,努力实现好、维护好、发展好广大农民的根本利益,让农民群众能够真正享受到新农村建设的成果。二是坚持处理好与"里子"与"面子"的关系。在推进新农村建设中,要向毛桥村那样,既要坚持"面子工程",抓住看得见、摸得着、见效快的项目;又要重视"里子工程",在抓好农业、农村生产和促进农民增收等方面多出实招。三是坚持发挥农民的主体作用。这是下一阶段推进新郊区新农村的关键。要鼓励基层农民发扬自力更生、艰苦奋斗的优良传统,通过自己的辛勤劳动改善生产生活条件,建设美好家园。动员和组织农民建设新农村,注重运用规划引导、政策扶持的方法,用好"一事一议"等民主议事的机制,项目决策要经过农民民主讨论,实施过程和结果要接受农民监督,不能由政府包办代替,也不能超越农民承受能力,更不能强迫命令。四是坚持遵循生产方式决定生活方式的客观规律。从长远来看,要研究如何科学合理"重新安排山河";从近期入手,要研究如何顺应群众意愿,合理引导,科学规范。未来上海郊区人口居住集中地应该在郊区城镇,因此,对有意愿而且有条件在城镇居住的农民,政府应研究如何"搭桥",引导其从农村转移,使其真正"离土又离乡";同时对仍留在农村的部分老年农民和专业农民,政府应研究如何提高生活质量,并结合新农村建设规划,科学合理配置各类资源,避免不必要的浪费。

思考之二:突出着力点,扎实稳步推进新农村建设的各项工作。

一是要以制定规划为先导,通过规划引导新农村建设。在新农村建设中,要像毛桥村那样,在广泛听取基层农民群众的意见和建议的基础上,组织编制好各类规划。制定规划要立足当前,着眼长远。既要制定中长期的规划,又要制定分阶段的实施方案。规划制定后,应分清轻重缓急,分步实施,防止急于求成,造成浪费。二是要以产业发展为支撑,夯实新农村建设的基础。毛桥村综合改造的顺利开展与本村的"生产发展"是分不开的,近年来毛桥村依托区位优势,创办各类实体,扶持农业发展,积累了较为雄厚的财力基础,基本解决了建设中的资金"瓶颈"问题。因此在新农村建设中,要强化经济发展的支撑作用,促进农村富余劳动力转移,全面繁荣农村经济。三是要以促进农民增收为中心,把握新农村建设的重点。在建设现代化新郊区过程中,切不可忽视和偏废新农村建设,必须做到两者有机统一、统筹谋划、同步推进。新郊区建设,着力点是围绕加快城市化进程,科学区域规划,合理产业布局,改善基础设施;而对超过市域面积一半以上、面广量大的农业地区来说,新农村建设任重道远。"生产发展",就是要保护好基本农田,提高耕地质量,增强农业基础设施。"生活宽裕",就是要提高农民非农收入,通过减少农民,增加非农就业,同时让一小部分从事农业的专业农民扩大规模经营,提高收入。"村容整洁",就是要创造条件在积极引导均匀分散居住在郊区的农民更快地向城镇集中,而对愿意留在农村的农民,则通过开展"清洁家园"等形式美化、净化、绿化村庄。"管理民主",就是要建立健全各项内部制度。

思考之三:抓住切入点,进一步明确新农村建设的工作思路。

一是要把维护好、实现好、发展好农民群众的利益为根本出发点。在新农村建设中,要通过大量的调查研究,准确把握农民群众所思、所想、所盼,要像毛桥村那样,从改水、改厕、改灶、改电、改路等农民最关心、最期盼的事情做起,着力解决农民生产生活中的实际问题,切实让农民得到实惠。二是要把面向实际、突出特色作为基本要求。毛桥村的综合改造,坚持以保持江南水乡的特色和自然村落的个性,维护好自然生态,尽量减少人为改造痕迹,尊重农民生活习惯、考虑农民承受能力为原则,改善自然村的整体环境。应该说,上海郊区各个村地理环境、资源条件、发展水平、主导产业、民俗风情差异很大,因此,在新农村建设中必须坚持从实际出发、因地制宜,立足乡村特点,突出地方特色,发挥各自优势,不能千篇一律,照搬照抄。三是把尊重农民意愿作为行为准则。毛桥村的新农村建设,坚持量力而行,走小步、不停步,少走弯路、回头路,因而得到各方充分肯定。其关键在于坚持不搞大撤大建,坚持群众自愿、因地制宜和注重实效的原则。因此,在面上推广学习毛桥村的经验,是推广和提倡一种以自力更生、艰苦奋斗为主要内容的新农村精神,其精神实质是坚持从实际出发,尊重农民意愿。否则,一味搞"政绩工程""形象工程",没有充足的财力,不现实;即使搞成了,也是没有生命力的。

思考之四:统筹关节点,努力形成新农村建设工作新格局。

毛桥村的实践告诉我们,实施新农村建设是一个宏观的系统工程,需要各级政府以及各职能部门明确职责、上下联动、内外结合。在下一阶段推进新郊区新农村进程中,要形成"市区(县)共建、主抓靠区(县)、行动在村、实惠到户"的工作格局。市、区共建,就是充分发挥市、区(县)职能部门的职能作用和优势,加强合作,共同推进;主抓靠区(县),就是充分发挥区(县)承上启下、联结城乡的枢纽作用,整合内部资源,加强规划指导和公共服务,帮助村级解决具体问题;行动在村,就是规划制定、项目实施、村民动员等等都要发由村来组织付诸行动,各级政府都不能包办代替;实惠到户,就是把新农村建设的成果体现到户,确保农民得到更多的实惠。

(2006 年 10 月)

(注:2006 年 8 月至 10 月,市经济工作党委、市农委组成调研组,对上海九个新农村建设先行区之一的嘉定区华亭镇毛桥村进行了专题调研。本人为主要执笔者,调研报告得到了市委市政府领导的高度肯定。)

4 以经济薄弱村为重点的 639 个行政村调研报告

为贯彻落实市第九次党代会、习近平书记和韩正市长视察郊区讲话精神,切实转变机关干部工作作风,2007 年 6 月初至 7 月中旬,我委组织机关、事业单位 40 多位同志,开展了以经济薄弱村为重点的基层农村综合调研。调研聚焦本市农村最困难地区,从薄弱环节入手,从基层底部着力,问计于农民,问策于基层,从而整体推进本市"三农"工作,促进社会主义新农村建设。

本次调研选择 639 个村展开调查。这些村 2006 年度村级年可支配收入不足 50 万元或人均村级可支配收入低于 300 元,涵盖了市统计局公布的 2005 年度村级可支配收入低于 30 万元的 358 个经济薄弱村,占全市总村数的 1/3 多。调研采取专题座谈和走村入户相结合、农户访谈和问卷调查相结合的办法,实地走访了 563 个村,访谈农户 1 212 户,召开座谈会 317 次,采集数据 6.7 万多条,掌握了比较详实的第一手资料。调研得到了区县有关部门的大力支持。

现将调研情况报告如下。

一、639 个村基本情况和问题分析

639 个村涉及郊区 63 个乡镇,其中 541 个村处在规划的农业地区,占被调查村的 84.7%,主要集中在崇明三岛、黄浦江上游和杭州湾北岸;98 个村为规划的城市化地区,占被调查村数的 15.3%(见表 1)。

表 1   被调查村基本情况

所在区域	样本村数 （个）	总户数 （万户）	总户籍人数 （万人）	村均劳动力 （人）	村均农用地 （亩）
南汇	126	17.50	40.38	2 155	1 730
奉贤	149	7.62	19.28	773	1 294
金山	48	3.70	12.51	1 757	3 051
青浦	31	1.70	5.03	1 163	1 996
松江	66	4.80	16.42	1 446	3 069
崇明	216	20.64	46.03	1 497	2 801
近郊	3	0.19	0.56	997	2 128
合计	639	56.14	140.21	1 452	2 239

调查认为,历届市委、市政府高度重视"三农"工作,特别是中央作出建设社会主义新农村战略部署以来,市有关部门和各区县更是采取各种有力措施,加快郊区农村发展。与面上农村一样,这些村的经济、社会以及各项事业都有了较快的进步,社会主义新农村建设也有较好的起步。但从总体上看,这些村由于受多种因素影响,困难和问题相对较多,发展相对缓慢。

(一)村级集体经济收支明显不平衡

被调查村的村级集体经济收入,从纵向比,有较快的增长;从横向比,则水平明显偏低。639 个村,村级平均年可支配收入为 35.4 万元,仅是全市农村平均水平 245.2 万元的 14.4%。其中 30 万元以下共有 373 个村,占被调查村的 58.4%(见图 1)。人均占有村级可支配收入 300 元以下的有 522 个,占被调查村的 81.7%(见图 2)。村级平均年支出为 90.7 万元,缺口 55.3 万元(见附件一)。639 个村中集体经济入不敷出的有 598 个村,占 93.6%。

分析其原因:一是村级经济收入有限。农业地区村级集体经营收入少,可支配收入主要依靠财政转移支付(占总收入的 52%),而财政转移

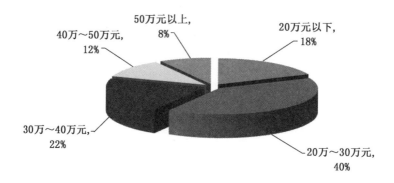

图1　按村级可支配收入分类

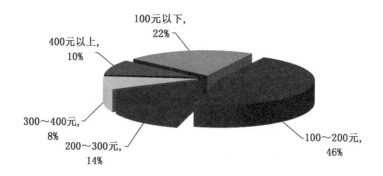

图2　按村级可支配收入人均占有分类

基本上仍按 2002 年标准执行,转移支付力度不够;城市化地区村级可支配收入主要来自不动产出租(占总收入的 49%),而这些村随着土地资源减少、已有企业改扩建被严格禁止,"萝卜敲锣,越敲越短",村级收入也难以增长(见图3)。二是村级开支不断扩大。政府公共管理和服务职能不断向村委会延伸,管理成本下移,造成村级支出增加;加之建设投入主体错位,各种基础设施建设投入习惯"吃拼盆",村级承担的项目配套资金不堪负担,借钱补"拼盆"在所难免。青浦区被调查的 28 个村村均负债102.5 万元,约 1/3 债务就属于这种情况。

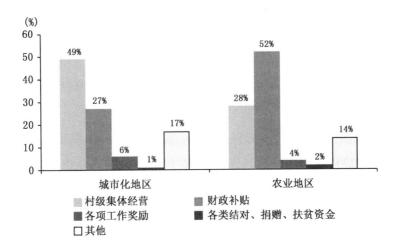

图 3　城市化与农业两类地区村级可支配收入分析对比

(二)农民可支配收入水平普遍较低

639 个村的农民人均年可支配收入为 6 656 元,低于全市农民平均水平 2 557 元。91.4% 的村(584 个)农民人均年可支配收入低于全市农民平均水平。有 105 个村的农民收入低于 4 000 元,其中 102 个村在崇明县。

这些村农民收入普遍较低的主要原因是产业发展单一,非农就业机会少。被调查村主要以农业为主,且以种粮为多。639 个村村均农用地中粮田面积占 57.5%。青浦的青西、松江的浦南等地区产业发展更为困难,农民形容"一产只能种、二产不能动、三产空对空"。被调查村村均劳动力中,非农就业率为 50.1%,低于全市农村非农就业水平 25.6 个百分点,非农就业机会少,工资性收入低。

(三)基础设施建设和社会事业发展相对滞后

近年来,郊区农村基础设施建设明显加快,但边远农村地区的基础设施仍显薄弱。被调查村主干道路总长 10 105 公里,砂泥路约占一半,"晴天人骑车,雨天车骑人"的状况普遍存在;8 946 座农桥中危桥占

35.7％，青浦区练塘镇的联农、东田、叶港等村，至今还以手划船为主要交通工具进行农业生产活动；生活污水直排、垃圾无害化处理率低、河道黑臭等问题也较为普遍。调研中还发现，虽然近年来农业投入有所增加，但农业基础设施年久失修状况还未根本改变。如奉贤区 37.2％的地下渠道主干道修建于 20 世纪七八十年代。

随着社会事业发展向郊区的倾斜，郊区教育、卫生事业有了长足进步，特别是硬件设施明显改善，但基层农村各项社会事业仍然相对滞后。农民反映，农村文化设施简陋，业余文化生活枯燥。不少农民说，有线电视也看不上。"看病贵、看病难"依然是农民比较集中的话题，被调研村罹患癌症、尿毒症、白血病等重症的共有 8 307 人，这些家庭生活极度困难。"小病一头猪、大病一头牛、重病一幢楼"透出农民几多无奈。农民还反映，村村合并，有的三村合一，只保留了一个卫生室，看病不方便。另外，639 个村参加"镇保"人数为 33.16 万人，仅占户籍总人数的 23.7％。

出现上述问题的主要原因有：一是投入供给少。长期以来，面向基层农村的公共财政覆盖不够到位，社会基本公共服务投入小、产品少、欠账多。二是投入不平衡。各类投入"锦上添花的多，雪中送炭的少"，地区发展出现"马太效应"，好的越来越好，差的越来越差。加上农村村宅过于分散，客观上也加大了基础设施配套的成本和难度。三是统筹层次低。农村合作医疗和"农保"，主要实行区、镇两级统筹，标准差异大；村级财力囊中羞涩，给予农民补贴少。

(四)农业劳动力素质呈结构性下降

务农人员老龄化。目前务农人员绝大多数是 50 岁以上的老年人，50～60 岁的是农业生产的主力军。奉贤区还有 70 多岁的拖拉机手，崇明城桥镇元六村甚至还有 83 岁的老太太，担任 2 个村民小组的组长，众人称之为"新双枪老太婆"。文化程度偏低。被调查村农民文化程度在初中以下的占 75.9％。农业生产外来人员替代化。被调查村村均外来人员 504 人，其中务农人员为 49 人，占 9.7％。这些人员总体上也年龄偏大、文化偏低,实质是低水平替代,农业生产水平难以提高。

分析其原因:一是城市化、工业化发展的趋势。乡村人员不断向城镇单向流动。用农民的话说,"身体好的当兵去了,学习好的上学去了,脑子好的经商去了"。二是城乡反差太大。这些村大都生活环境较差、生产生活设施比较落后,青壮年农民对农村感情日渐淡化。被调查村村均户籍人口中,常年居住在城镇的有 365 人,占 16.7%。

调研中还发现,党员队伍老化、干群关系渐趋疏远等情况也需要引起重视。被调查村共有党员 60 066 人,占户籍人数的 4.3%。其中 50 岁以上占了 73.4%。对于农村干群关系,调研认为,在这些村工作的村干部,工作条件比较较差,开展工作很不容易;但同时调研也发现,在新的历史条件下,村干部与村民的关系在发生一些新的变化。由于村民自治组织渐趋行政化,加上有些村干部"白天工作在村里,晚上居住在城(镇)里",客观上造成不少村干部"跑上面的多、跑外面的多,下田头的少、坐凳头的更少"。同时,近年来比较重视村干部的报酬、保障问题,村干部与农民收入差距拉大(被调查村村干部人均报酬约为 4 万元,是所在村村民劳均收入的 4 倍,高的达 10 多倍),在一定程度上也影响了干群关系。

综合 639 个村的现状和问题,我们认为:形成的原因,既有长期历史发展中积累下来的,也有现实发展中形成的,而且交织在一起;既有客观因素,也有主观因素,而客观因素居多。相对于郊区其他地方,这些村绝大多数分布在本市的边远地区,地理位置偏僻,发展条件较差;主要集中在基本农田保护区、生态敏感区,规划控制严格,发展空间较小。加上固有的城乡差别、地区差异,以及城镇化、工业化带动的不明显,相关政策的不配套、不完善,使得这些村发展显得更为困难、缓慢,城乡二元结构矛盾问题显得更为突出。为此,我们认为以下几个方面值得关注:

一是加快基层农村发展,必须加强城乡统筹、整体推进。基层农村的困难不仅是指收入的不足、物质的缺乏,而且是经济、社会和文化相对滞后的综合表现。加快发展,不能仅靠单项措施的落实,条线力量的推进,而是要从统筹城乡的高度,从市级层面上整体考虑、综合体现,形成政策和制度变革的强大力量,在机制上、制度上反哺乡村、反哺农民。

二是加快基层农村发展,必须做到财力投入与智力支持并举。既要加大财政转移、财力投入的力度,又要重视人力资源帮助和智力支持,从根本上解决农村基础设施建设和社会事业发展"短腿"问题,增强基层农村发展的内生动力,充分发挥农民的主体作用,着力建设能适应新农村建设要求的村干部队伍、带领农民致富的能人队伍和新型农民队伍。

三是加快基层农村发展,必须调整村级职能,激发发展活力。创新农村基层发展途径和方式,强化村级组织服务农民、管理农村社区的职能。发展村级经济不能等同于发展村级集体经济,也不能等同于发展二、三产业,对农业地区来讲,必须做好发展高效生态农业这篇大文章。

四是加快基层农村发展,必须更加注重解决基层农民的民生问题。发展是民生之本。既要关心村级集体经济健康发展,村干部收入保障问题,更要关注农民持续增收,重点解决好最无助、最无力、最弱势基层农民群众最关心、最直接、最现实的生产生活问题。

二、加快基层农村发展的对策措施和政策建议

调研认为,基层农村存在的各种问题是上海城乡持续快速发展中的问题,也是领导重视、各方关注正在逐步解决中的问题。加快基层农村发展,统筹城乡是关键,发展经济是根本,农民增收是核心,人才队伍是基础,机制体制是保障。上海有基础、有条件,按照"以城带乡、以工补农、以企哺村"的总体要求,在逐步破解"三农"难题,破除城乡二元结构上走在全国前列。

(一)对策措施

1. 因地制宜,发展壮大农村经济。要根据不同区域的功能定位以及产业布局规划,合理确定相应的产业发展扶持政策。要因地制宜,扬

长避短,宜农则农、宜工则工、宜商则商。农业地区,要做好高效生态农业建设这篇文章,发展农民专业合作社,推进农业的规模化经营,促进区域特色经济发展,拓展农业多元功能,延长农业产业链。城市化地区,要借船出海,借梯登高,抓住产业园区开发和城镇建设的机遇,加快地区经济发展。

2. 明确职责,强化社会管理与为农服务功能。根据村民委员会组织法,正确履行村级自治组织职能(见附件二),强化其社会公共管理和为农综合服务的功能。进一步完善对村级组织的考核办法,村干部的考核重在村级管理和公共服务上的实绩和农民的满意度。推广南汇经验,完善"以奖代补"办法。

3. 以人为本,构建农民增收长效机制。多管齐下,不断增加农民收入。一是积极推进非农就业。继续实施城乡劳动力相同的就业服务和就业优惠政策,完善城乡一体的劳动力就业服务体系。推广松江经验,促进纯农户家庭非农就业。二是提高社会保障水平。要进一步贯彻落实好现有各类行之有效的农村社会保障政策措施,提高统筹层次,扩大覆盖面,努力提高农村社会保障水平。三是切实保护农民权益。加强对农村集体资产的管理,积极推进村级集体资产产权制度改革,引导和推广"村账镇管"等管理模式,让农民从集体资产收益中得到更多实惠。

4. 加大投入,加强农村和农业基础设施建设。按照"存量适度调整、增量重点倾斜"的原则,加大公共财政对农村和农业的投入力度。重点是乡村道路、农桥、河道、沟渠以及有线电视等社会基本公共服务设施建设和农业生产设施建设,要明确由政府承担,改"钓鱼"政策为"托底"政策。

5. 创新主体,加快培育新型农民。一是保障一批。帮助老年农民在自愿流转承包地的基础上解决社会保障问题,发展农业规模经营。二是转移一批。通过技能培训,提高就业和创业本领,促进农民非农就业。三是提高一批。强化农业专业知识培训,使具有经验,立志务农的,成为有文化、懂技术、会经营的新型农业劳动者。四是吸纳一批。鼓励农村基层干部、农业技术人员、大中专毕业生、工商业经营者等投身现代农业建设。五是服务一批。改进和加强外来务农人员的服务管理,使其成为新型农民队伍的一员。

6. 动员力量,广泛开展结对帮扶活动。近年来,各级党组织和政府部门以及社会各界对扶持经济薄弱村予以高度关注,积极行动,千方百计,倾力而为,帮扶工作取得了很好的效果。要认真学习市委组织部牵头的"结对帮扶"活动和市人事局组织实施的委派"大学生村官"等成功经验,积极探索帮扶结对的有效途径和方法,努力营造全社会共同关注、各行各业形成合力,帮助基层农村发展的良好氛围。

(二)政策建议

1. 建议在市级层面上总体研究"以城带乡、以工补农、以企哺村"的具体途径和实施办法。推广浦东、嘉定等区的经验,抓紧研究建立对基本农田保护区等农业地区的利益协调机制和生态补偿机制;建立对经济薄弱村刚性支出(见附件三),实行财政保障等制度;探索"机关事业单位+企业+经济薄弱村"的结对帮扶方式,充分利用企业经营资源,提高结对帮扶效果;研究实施"千名学子下到村"计划和农村人才"回流"等计划;推广金山、松江等区经验,建立老年农民和务农农民免费体检制度。举全市之力,采取更加有力的政策措施,整体推进城乡统筹协调发展。

2. 建议以社会主义新农村建设为契机,整合现有政策,加强条块统筹,加快向经济薄弱地区聚焦和倾斜。按照"边完善、边细化、边实施"原则,加强组织领导,重点聚焦南汇、奉贤、金山、松江、青浦等中远郊规划农业地区的100个经济相对薄弱村(崇明地区专项研究),加大支持力度,加快项目推进,加强分类指导,切实为经济薄弱地区基层农民解决最关心、最直接、最现实的生产生活问题。

(2007 年 8 月)

附件一：

被调查村 2006 年村级收支情况表

收入项目	平均收入（万元）	支出项目	平均支出（万元）
集体经营净收益	11.1	村干部报酬	14.9
财政补助资金	17.0	村其他人员报酬	9.9
各项工作奖励	1.5	办公会议费	2.1
单位个人捐赠、结对扶贫资金	0.5	交通差旅费	1.4
其他收入	5.3	培训误工费	0.5
公益性建设项目上级补贴资金	4.1	报纸杂志费	0.7
		计划生育、帮困、优抚、五保户供养费	2.7
		献血补贴	1.2
		党员活动费	1.5
		老年活动室费用	1.0
		垃圾清理费	1.1
		农村合作医疗补贴	1.6
		养老补贴	1.2
		招待费	4.5
		考察费	1.2
		其他管理费	8.5
		招商费	1.9
		道路修建和维护	6.7
		自来水网改造	0.6
		河道整治	1.8
		厕所改造	0.6
		农业基础设施建设	5.2
		社会公益事业建设	3.5
		其他	16.3
合　计	35.4	合　计	90.7

附件二：

村级管理与服务职能情况

一、主要管理职能

1. 村级经济管理。指对村级集体资产、农村土地和农村财务的管理。

2. 农业生产管理。指对村级农业规划、产业布局、产业结构调整等的生产性管理。

3. 政务协助管理。指协助区县、乡镇政府开展的政策性管理工作，如落实政府补贴、计划生育、征兵、就业援助、依法纳税等。

4. 村级社区管理。指对村级社区内的环境卫生、治安维护、社会稳定、纠纷调解等的管理。

5. 宣传教育管理。指对党的方针、政策的宣传，开展农民专业培训，建立、健全村民实行民主自治活动的管理等。

6. 公益事业管理。指对村级区域内公共基础设施的建设和维护管理，如自来水、电话、桥梁、道路、绿化等的修建维护管理。

7. 其他事务管理。指上述管理内容以外的非经常性、突发性事务管理。

二、主要服务功能

1. 福利事业服务。指养老助残、救灾救济、合作医疗补贴、烈军属优抚等社会福利性服务工作。

2. 农业生产服务。指为了保障农业生产正常运转所提供的基础设施维护、植保、水利、兽医、农业机械、农业信息、农产品销售等服务。

3. 便民利民服务。指为了方便村民日常生活建立的便民理发点、便民小超市、便民维修点等。

4. 医疗卫生服务。指为村民提供的初级医疗卫生方面的服务。

5. 文化教育服务。指搞好村级幼儿教育、建立农民图书室，开展群众喜闻乐见的文体活动等方面的服务。

6. 其他相关服务。是指上述服务之外，其他方面的相关服务。

附件三:

村级组织刚性支出情况表

被调查村数 639 个　　　　　　　　　　　　　　　　　　　　　　　单位:万元

支出项目	村干部报酬①	村其他人员报酬②	会议费	交通差旅费	培训费	报纸杂志费	计划生育、帮困优抚、五保户供养	献血补贴	党员活动费	老年活动室费用	垃圾清理费	农村合作医疗补贴	养老补贴	其他管理费③	合计
平均支出数	13.6	9.9	2.1	1.4	0.5	0.7	2.7	1.2	1.5	1.0	1.1	1.6	1.2	8.5	47.0
南汇	19.5	13.7	1.6	2.3	0.5	0.6	3.4	0.7	2.9	0.8	1.7	1.6	1.2	9.4	59.9
奉贤	12.1	5.4	1.4	1.0	0.3	0.5	1.0	0.7	1.3	0.6	0.6	0.6	1.3	5.6	32.4
金山	19.3	12.8	7.3	3.4	1.0	1.1	5.7	1.3	2.4	2.0	3.8	3.3	1.7	11.9	77.0
青浦	17.5	10.5	4.4	2.4	0.4	0.8	0.4	1.0	1.0	1.3	1.0	2.3	0.4	10.6	54.0
松江	19.5	16.1	0.9	0.9	0.6	0.7	4.7	2.2	1.2	1.8	1.7	2.8	2.2	15.1	70.4
崇明	7.3	8.2	1.8	0.7	0.4	0.7	2.4	1.7	0.9	0.8	0.3	1.3	0.6	7.0	34.1
近郊	20.3	12.2	4.9	2.8	0.4	0.6	4.4	0.9	1.6	8.2	3.8	5.1	10.7	8.6	84.5

1. 本表所指的村干部,包括村支部书记、副书记,村委会主任、副主任,计划生产队长、计划生育宣传员,此处报酬不计入镇保缴费部分。

2. 本表所指的村其他人员,包括生产队长、计划生育宣传员、放水员、电工、会计、联防队员、农业服务体系人员、协邮员等。

3. 本表所指的其他管理费指办公费以及相关管理开支。

4. 金山区村规模较大,开支也较大;奉贤区村规模较小,开支也较少。

（注：2007年6月初至7月中旬，市农委组织机关、事业单位40多位同志，开展了以经济薄弱村为重点的基层农村综合调研。苏平、本人、章黎东、陈怡赟为报告执笔人。8月8日，调研报告得到了市委主要领导的肯定性批示，称赞市农委的调研摸清了底数，提出了对策、建议，很有成效。从调研的情况看，本市经济薄弱村的面较广、量较大，推进其发展经济的任务很重。希望对调研报告中提出的对策、建议进一步细化完善，抓紧落实，务求实效，切实把这项工作作为当前"三农"工作和新农村建设的一项重要内容抓紧抓好。）

5 | 浙江瑞安"三位一体"农村新型合作体系的考察

　　为学习借鉴浙江省瑞安市建立农民专业合作、供销合作、信用合作"三位一体"的农村新型合作经验,积极探索上海农村合作经济发展新模式,根据市委常委、市农委主任徐麟的要求,2007 年 9 月 5—6 日,市农委叶龙海、王东荣等一行七人,专程赴浙江瑞安农村实地学习考察,听取了瑞安市委、市政府及相关部门领导的介绍,实地参观了瑞安市的农村合作银行、供销合作社、专业生产合作社,感受颇深,受益匪浅。

一、成立背景

　　"三位一体"农村新型合作模式全称为农民合作社协会,简称"农协"。"三位"即供销合作社、信用合作社和专业合作社,"一体"即为农服务联合体(或为农服务联合平台)。"三位一体"组织的基本内涵就是以农民专业合作社为基础,以供销合作社为依托,以农村信用合作社为后盾,以政府相关职能部门的服务指导和管理监督为保障,供销合作社、信用合作社、专业合作社为强化服务功能、扩展服务供给、提供服务质量而自愿结成的资源共享、优势互补、功能齐全、分工明确的服务联合体。

　　瑞安"农协"是农村改革的新生事物,其实质是各级各类合作社的联盟,成立"农协"的宗旨是提高农民的组织化程度。前些年,在家庭联产承包责任制基础上发展起来的农民专业合作社等组织,在帮助农民解决一家一户办不了或办起来不经济的事情上起到了积极作用。但随着市场经济和现代农业的发展,这一组织覆盖面不广、服务功能不强、发展水平不高等问题也逐渐凸显,农民仍然是市场竞争的弱势群体。同样,农村供销合作社和信用合作社虽然服务实力较强,但面对分散和众多的农户,服务供给范围窄、成本高、风险大。而要解决这些问题,单纯采取"单打一"的办法已经越来越难以奏效,因此必须在横向联合的基础上发展纵向联合,实现多层次合作。在这一背景下,瑞安"农协"便应运而生。

2006年3月25日,瑞安"农协"正式宣告成立,会训为"三位一体服务三农,条块交融统筹城乡"。第一次会员大会确认瑞安信用合作社、供销合作社、农村合作社、手工业合作联社、农机作业联社、农产品经纪人协会、农村科技特派员协会、农协马屿合作联社为第一批核心会员,另有近百家农民专业合作社、农机合作社、村经济合作社为第一批基本会员。会员大会制订并通过了《农协章程》,选举产生了农协相关负责人;农协内设秘书处、产业部、流通部、信用部、科技部、维权部和新农村建设讲习所,所有的部门都将批准为具有独立法人资格的民办非企业单位。

经过一年多来的实践,瑞安农村各级各类合作社普遍加入了"农协",并保持原有的法人地位。合作协会以合作社为基本会员,以联合社、专业团体如供销联社、合作银行、科技特派员协会等为核心会员。实行双重、多重会籍制度,合作社、联合社、专业团体的内部成员同时加入合作协会,外围农户也可直接加入作为联系会员。

二、基本做法

瑞安"农协"成立后,其基本做法:一是稳步扩大农民以及农民专业合作社的参与,通过"农协"对农民专业合作社给予指导、扶持和服务;二是推动基层供销社开放重组融入农协,以自身改革来发挥骨干作用,从根本上保障供销社的回归"三农"与回归合作制;三是在农村信用社组建农村合作银行并增资扩股后,原有社员作为农村合作银行的小额股东同时加入"农协",并通过农协信用部维护其权益。农村合作银行转而依托

"农协"、合作社大力开展信用评级、小组联保等业务,拓展营销网络,增强社区服务,既控制银行风险、又放大农村信用;"农协"则积极审慎地引导农户会员发展资金互助组织、担保互助组织、保险互助组织和小额信贷组织,努力打造具有中国特色的"乡村银行"。同时,科技支农项目向合作社倾斜,科技特派员加入农协并与基层合作社结对,加大农业共性关键技术的攻关力度,确保"三位一体"建设的科技支撑。

在运作过程中,"农协"还鼓励专业合作纵向延伸,按照农产品类别成立挂靠农协、覆盖全市的各种专业委员会,以较低成本实现较大范围内的组织化;鼓励社区合作重心下移,汲取乡土资源,发展综合服务;为基层合作社嫁接金融、流通、科技等功能;在乡镇层级大力培育中心合作社,增强其辐射和带动作用。大力推广使用"瑞农协"等集体商标,加强物流配送、质量控制和售后服务。

三、性质、功能和运作机制

瑞安"农协"的组织性质是为农服务的协调组织。三类经济组织之所以能"联合",是因为三者的组织性质一致:都是合作经济组织,服务对象一致;都是为从事农业的农民服务,基本利益一致;都是为实现"为农服务"与"自身服务"的双赢。"农协"的基本功能是为农服务的协调机构。其既不是三类经济组织结成严格意义上的利益共沾、风险共担的"利益共同体",又不是三类经济组织合并为一个组织,而是三类经济组织自愿结成的"为农服务联合体",目的宗旨、功能作用泾渭分明,就是要促进三类经济组织形成合心(为农服务)、合拍(步调一致)、合力(共享互补)的"服务协调机构"。归根结底就是要履行"诚实守信、协调服务、合作共赢"的宗旨,"为农服务"的思想和行动贯穿于"三位一体"工作的始终。

目前瑞安在坚持政府引导、自愿加入的原则下,正逐步形成"民主管理、责任共担、互促共赢、荣辱与共"的联动机制。"民主管理"就是"三位一体"组成各方严格按照民主选举、民主决策、民主监督的要求,共同决定和管理自身的一切事务;"责任共担"就是"三位一体"组成各方严格按照各自的功能定位,共同承担为农服务的责任和风险;"互促共赢"就是"三位一体"组成各方严格按照资源共享、优势互补和形成合心、合拍、合力的服务机制要求,健全服务功能、增强服务共给、改进服务方式、优化服务质量,促进农业增效、农民增收中实现各方的共同发展;"荣辱与共"就是"三位一体"组成各方必须从整体出发,自觉维护整体形象、保护整体利益、共享整体荣誉、同担整体耻辱。

四、初步成效

通过实地考察,我们了解到,瑞安"农协"建立后,为统筹城乡经济发展和农业产业化、市场化架起了桥梁。一方面,发展农村新型合作经济为投资农业、支持"三农"提供了一个很好的载体,有利于促进资源要素在产业之间、城乡之间的良性互动和渗透,促进农业与工业、供销、金融、科技等领域的融合,促进一、二、三次产业间的对接,为实现工业反哺农业、城市支持农村提供了重要平台。另一方面,它把各环节的生产要素和各种服务有机地整合在一起,为农民提供全程服务,有利于提升农业产业化水平,提高农产品品质,降低农产品成本;有利于提高谈判能力和抵御市场风险的能力,有效获取社会平均利润,为农民社员争取更多的实惠。

从瑞安等地的实践来看,组建"三位一体"新型服务平台,拓展和增强了农业专业合作社的服务功能,能够为广大农民提供市场信息、农资直供、科技支撑、信贷供给、产品销售、品牌营销等全方位的服务。如,截至 2007 年 6 月,瑞安农村合作银行对 3 万多农户和 24 家合作社进行信用评级,发展联保小组上百个,发放联保余额贷款超 800 万元,小额信用农户贷款余额超亿元,农信担保公司提供贷款担保余额约 6 000 万元,仅瑞安市朱岙村农民在 2006 年收入就增加了 3 000 多元,农民贷款难的问题完全得到了解决。瑞安"农协"在农村得到了广大农民的欢迎。

瑞安的初步实践表明,"三位一体"的农村新型合作模式,是目前我国发展农村合作经济的一种新的形式。2006 年 12 月 19 日,浙江省委、省政府在瑞安召开现场会,总结推广瑞安经验。时任浙江省委书记习近平同志对此予以充分肯定,要求各部门热情支持这一新生事物的发展。目前,浙江全省已经在 11 个市确定了 17 个县(市、区)作为发展农村新型合作经济的试点。

当然,在考察中,我们也了解到,由于建立"农协"是一项新生事物,在推进瑞安"农协"发展过程中,也遇到不少体制与机制的矛盾,部门间的利益摩擦还需要进一步融合,"农协"的功能分工、运作机制和组织形式等还有待于不断完善。

五、启示与建议

瑞安的改革实践为上海探索农村新型合作经济发展提供了一条新路,它为延伸农业产业链,提高农业组织化程度,更好地为农民和农业提供产前、产中、产后服务创造了一个新模式。目前上海已成立了 600 多个农民专业合作社,农村供销社、商业银行在实力、水平等方面都有较多的优势。若能创造一种较好的机制,把这三者联结起来,一定能在推进现代农业建设中发挥更大的作用。但是上海供销社和农村商业银行也有其不足的一面,经过几十年的制度变迁,农村供销社除承担部分农资供应外,其他为农服务的功能已经淡化,农村信用社也已改制为商业银行,已退出了合作制行列。因此,上海探索这项改革必须由一个强有力的综合部门牵头进行协调,并研究提出方案和政策,才能进行试点实施。

(2007 年 9 月)

(注:2007 年 9 月,市农委组成调研组专程赴浙江瑞安农村实地学习考察,本人为主要执笔者之一,调研报告得到了市委领导的肯定性批示。)

6 虹五村的启示
——上海推进村级股份制改革 资产变股权农民当股东

集体资产的虚置,对大多数村民而言,往往意味着"人人有份,人人无份"。新一轮村级集体经济组织改革,对集体资产进行量化,让村民户户持股,最终目的,是让农民在失去土地后,享有股份分红的权利,实现长效增收。

最早从虹桥镇虹五村开始试点的上海村级集体经济组织改革,近年来已在闵行区试点推开。全区总共175个村级经济组织中,有61个被纳入了扩大改制的范围。这一切意味着:村级经济组织改革已经在沪拉开大幕。

一、虹五村改制模式

2000年,虹桥镇选择虹五村作为撤村和村级集体经济组织改革的试点村。

(一)改制基本思路

在推进村级集体经济组织改革过程中,虹桥镇没有采取"一刀切"的办法,而是根据群众的意愿和实际情况,因地制宜,采取适合村情、顺应民意的改制形式。总体说来,主要是:以解决村民反应比较强烈的集体资产所有权虚化为突破口,将集体资产按农龄以股权形式量化到人,资产收益按股分配到人,实现农村生产关系的新变革;以集体经济组织公司化改造为主线,建立完善现代企业治理结构,使企业真正走向市场;以政企、政资分开为标志,理顺村级管理体制和运行机制,建立起适应新形势的基层组织框架和运行模式。

(二)改制具体做法

虹五村的撤村改制工作分为五个不同的阶段。

1. 调查摸底和宣传发动阶段。具体工作包括:一是成立改制工作小组,对村情进行调查摸底;二是深入到村宣传讲解改制政策,并分别召开部分村民、村干部、老党员等多个座谈会,广泛听取村民意见;三是制定宣传提纲,分发村民手中并张贴于村民集中居住的区域。

2. 撤销村民委员会建制阶段。具体工作包括:一是进行村民代表候选身份登记;二是民主确定村民代表选举产生办法,据此产生村民代表候选人;三是张榜公布村民代表候选人名单;四是依选举办法产生村民代表;五是召开村民代表大会,表决通过撤销村民委员会建制的决定;六是按规定程序向区政府提出撤销村民委员会建制的申请。

3. 集体资产清理、评估、界定阶段。具体工作包括:一是实施清产核资,集中清理债权债务、历年土地征使用、收支情况等,并将清理情况张榜公布;二是进行资产评估,由村民代表会议选定有资质的评估机构进行集体资产的评估,评估结果由村民代表会议确认方为有效;三是做好集体资产界定。由镇集体资产管理办公室对撤制村的集体资产进行权属界定。

4. 集体资产量化分配阶段。具体工作包括:一是按政策确定资产量化的享受对象,并张榜公布;二是核实农龄,按撤队时核定的农龄确定并张榜公布;三是征询村民对量化分配形式的意愿,原则上股权分配为主,要求现金分配的需以书面形式向村改革工作小组提出申请和备案;四是确定分配方案,经村民代表会议审议通过后生效;五是按方案进行操作,对须以现金形式兑现资产量化份额的,原则上分四年予以兑现。

5. 村集体经济组织改革阶段。具体工作包括:一是进行股东代表候选身份登记;二是以原村民小组(生产队)为单位,按其股东持股总数的比例分配名额,并按公司章程规定的有关办法民主选举产生股东代表;三是根据公司法有关精神拟定公司"章程";四是进行股权设置,分设个人股和法人股,个人股包括资产处置股、现金股和岗位责任股,均按照文件要求操作;五是召开村民代表会议,表决通过公司"章程"和改制方案;六是召开第一届股东代表会议,选举产生董事会、监事会;七是召开第一届董事会、监事会会议,选举产生董事长、监事长。

(三)改制初步成效

1. 村级集体经济得到迅速发展。改制后的虹欣实业公司通过建立现代企业制度,管理更加规范细致,决策更趋科学民主,形成了干群一心、共图发展的良好氛围。公司充分发挥毗邻中心城区的优势,着手投资建设商务楼,重点发展楼宇经济,加快产业结构调整,积极探索和寻找新的发展空间。自 2000 年以来,虹欣实业公司先后建了虹欣大厦等 3 幢商务楼,最高的达 15 层,这使广大群众切身感受到改革促进发展的巨大作用。年终分红时,公司大部分股东自愿将红利转为股权,这又为集体经济的可持续发展提供了保证。

2. 村民从改革中得到实惠。改革明确了村级集体资产的产权归属,改变了集体资产虚化的状态,做到了"资产变股权、农民当股东",使农民享有稳定的分红收益,成为改革的直接受益者。如虹五村的集体经济组织改制后,虹欣公司年总产值增长了 32%,净资产增长 82%,股金年分红率保持在 10% 以上。广大村民在原有社会保障金、薪金、租金的基础上,又增加了一块股金的收入,生活水平得到显著提高。

3. 原有社会矛盾得到缓解。通过改革,村级集体经济组织建立起现代企业制度,形成与市场经济相适应的运作机制,一方面改变了原来集体经济产权不清、运作不畅、浪费严重等状况,从源头上遏制了腐败现象的产生;另一方面,农民个人集体资产份额得以明确,重建了对集体经济发展的信心,能有效行使当家作主权利,缓解了原先传统农村集体经济体制下容易出现的社会矛盾。

二、模式各具特色

应该说,上海村级经济发展并不平衡,集体经济组织的改革也没有简单套用一个模式。近年来,沪上村级集体经济组织改制的探索各具特色,大体分为三种模式。

1. 模式一:村变居委会,资产整体量化。闵行区虹桥镇虹五村,如上案例。

2. 模式二:村建制保留,资产部分量化。闵行区七宝镇九星村是上海"亿元村"的第一名。由于其资产量较大,因此采取了较稳妥的方式。仅将牛头滨管理区资产进行量化,避免全部资产一次量化可能导致的后遗症。目前尚不可量化的村集体资产,仍由村民委员会管理,待可量化时再追加量化。目前,改革还在进行中。

3. 模式三:资产不量化,分红按股来。松江区九亭镇九里亭居委会开始的"净资产红利分配"方案,没有对村里的集体资产进行评估和股权量化,但是它却实行股权分红。原九里亭村村民按劳动力的不同年龄段折算股份,最高为 10 股,如 16 岁以下算 3 股。原九里亭村的集体资产,仍由九里亭实业公司统一经营,年终将净资产的 8% 以红利形式返还给原村民。

尽管形式上各有特点,但不少学者和实践者认为,把集体资产量化给村民,改为股份合作制企业,是村级经济组织改制的大势所趋,既有助于促进农民持续增收,也有助于增强村级经济活力,另外也有助于防止腐败,像改制后的虹欣公司,年总产值比撤村前增长了 32%,净资产比撤村前增长了 82%;经营者压力与动力同时到位,年终分红时,公司大部分股东自愿将红利转为股权。据了解,农民成为股东后,一般可获得四方面收入:劳动所得薪金、房屋租赁租金、社会保障金以及资产量化的股金分红。

三、三大关注焦点

资产评估、产权界定、农龄计算、资产处置、资产转让、股权设置……村经改制的程序纷繁复杂。其中,农龄界定、资产评估和股权设置,成为广受关注的三大焦点,在具体操作中也颇为棘手。

由于资产量化要以"农龄"为依据,如何界定农龄成为村民最敏感、最关心的话题。而确认农龄,涉及复杂的历史遗留问题和现实利益问题。闵行区从 1956 年 1 月 1 日开始计算农龄,在这近 50 年中,村民就业途径多种多样,户口有进有出,有自谋职业外出务工的,有出嫁后户口不迁出的,也有嫁入后但户口至今未迁入的……如果简单按照 16 周岁至退休、不管是否参加集体生产劳动,全部计算农龄的话,有失公允。为此,九星村综合了户口、劳动关系和实际劳动年数等因素进行农龄测算,制定了 10 条计算界定标准,并反复进行核实、计算,多次张榜公示。

核算资产是股权量化的基石。目前,各村的集体资产评估一般是由经过镇集体资产管理部门推荐,并经改制的村民代表大会选定的中介机构进行评估。经评估确认的资产,按照"谁投资,谁所有"的原则,由镇集体资产管理部门予以产权界定。但据有关调研,国内有不少农村股份合作社,已不局限于集体经营性资产的量化和单一土地的入股,而是以资产量化和土地入股为主,同时吸纳资金和技术参股,这就必须要对农用土地作价折股。如此一来,农用土地合理定价的难题凸显出来,实践者迫切要求从理论上和实践中加以解决。

设置股权同样复杂。闵行区的经验是,设置资产量化股和现金岗位股两种。资产量化股,即量化给村民的资产留在企业形成的股份,其股权可以转让、继承、赠与。现金岗位股,是为增加经营管理层的责任和风险意识所设,以现金出资购买,在岗享受,离岗退出。即使如此,股权落实的工作量仍然庞大。以完成改革的虹五村为例。该村股权的登记、划出、划进、出让、受让和分割确认等,先后填写各类表格 3 000 多份,有 11

个工作小组深入每家每户进行登记。最终根据股东的不同要求,把2081.96 万元资产处置股权落实到 825 位股东名下;771 位股东签订了2 020.66 万元股权的出让合同;143 位股东出资 625.47 万元受让了资产处置股权。

四、难题有待破解

需要指出的是,尽管有些村几个月就完成了改制,但有的村历时两三年也未完成。原因何在? 受阻者实言相告,他们不可避免遇到了一些难题和困惑,需要政策出台破解。

首先,政策扶持的缺位。目前,外资企业、民营企业都有相应的税收扶持政策,但农村集体经济组织却还没有。据了解,改制之后,经工商登记的村级经济组织由代征改为查账征收,这在一定程度上影响到了股权分红。有关人士建议,应研究相应的税收扶持政策,使农民通过改制而切实获益。

第二,思想认识的误区,也束缚了改制的步子。个别村干部担心,改制后各种账目要公开,投资决策不能说了算,自己的高报酬就会落空;一心为公的村干部也担心,集体资产量化到人后,居委会经济实力下降,如何保障村民福利待遇,如何增加社区公共投入? 镇里的干部也不积极,因为他们害怕因此失去领导村级经济的"抓手"。

第三,不少人更担心,改制会导致新的大锅饭,影响村级经济的活力。集体资产处置后,成百上千个股权太过分散,会给企业投资决策带来困难。在扩大再生产方面,目前入股的大多数村民,普遍对分红期望值过高,而对扩大再生产热情不足。

五、若干实践思考

农村集体经济组织是加强党在农村基层执政基础的重要物质保障。集体经济发展壮大了,农村基层组织的凝聚力就增强。过去由于缺乏科学的决策机制和有效的监督机制,村级集体资产流失现象时有发生。从20世纪90年代中期起,闵行区虹桥镇虹五村、先锋村率先实行村级集体经济股份合作制改革;随后宝山区江湾镇的民主村、大场镇的新华村等纷纷跟进。

村级集体经济改革的根本目的是要消除体制、机制性障碍,建立一个农村集体经济不断壮大、农民收入不断增加的新机制。此番改革把属于农民的集体资产量化到每个人,做到"资产变股权,农民当股东"。通过投资厂房、仓储、商铺等形式的不动产,农民们有了稳定的股金收入;同时,集体提取适当的公共积累,支撑集体经济的可持续发展。由于突破了原先村级集体资产所有权虚化的体制瓶颈,新的集体经济组织有了更多活力。保障集体经济组织成员对集体资产管理的知情权、参与权和监督权,村级集体经济股份合作制改革还促进了社会和谐。以前,村民总担心集体资产被村干部吃光、用光。改革后,种种变化让股东们心平气顺,有的还为公司发展出谋划策,大家对集体经济的发展有信心。因此,上海推进村级股份制改革,资产变股权农民当股东,无疑是新形势下,维护好、实现好、发展好农民利益的有效途径。

（2008 年 4 月）

7 关于上海农资、农产品价格与农民收益关联度专题调研

2008 年中央一号文件提出,要"兼顾生产者和消费者利益,运用经济杠杆引导农产品价格保持合理水平"。在当前国际粮食和石油价格日趋上涨,国内农产品市场和价格因素复杂多变的大背景下,如何建立上海农产品生产成本、价格和农民收入的利益联结机制,进一步保护和调动农民生产积极性已显得尤为重要。为此,从今年 6 月份起,我们对上海的农资、农产品价格情况进行了专题调研,并深入闵行、奉贤、南汇等地进行实地调研,典型剖析上海农资、农产品价格与农民收益关联度情况。

一、近年来上海农资产品价格上涨情况

资料显示,2004 年以来我国农资价格总体比较平稳。进入 2007 年,在国际石油价格上涨以及市场供求关系变化等因素作用下,我国农资价格有较大幅度的增长。国家统计部门公布的数据表明,今年全国农业资料生产价格上涨了 20.7%。据对 2007 年到今年 6 月份上海农资价格市场的跟踪调查情况分析,上海市农资产品价格上涨幅度在三成左右,对此亟待引起领导重视。

(一)化肥价格涨幅较大,上涨幅度在 34.1%~138.1%

据调查,2008 年 6 月与上年同期比较,上海市尿素和碳铵市场上涨幅度分别为 34.1% 和 52.0%(见图 1);普钙和一铵市场零售价的上涨幅

度分别为 53.4％和 105.1％(见图 2);氯化钾和硫酸钾上涨幅度分别为
138.1％和 51.2％(见图 3);低浓度复混肥料、高浓度复混肥料和进口高
浓度复合肥料上涨幅度分别为 73.5％、69.0％和 132.5％(见图 4)。

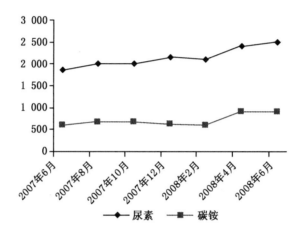

资料来源:调研组调研后绘制而成。

图 1　尿素和碳铵价格涨幅情况

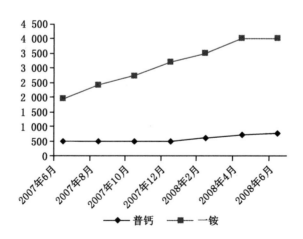

资料来源:调研组调研后绘制而成。

图 2　普钙和一铵市场价格涨幅情况

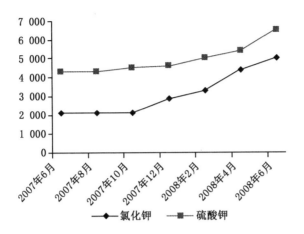

资料来源:调研组调研后绘制而成。

图 3　氯化钾和硫酸钾价格涨幅情况

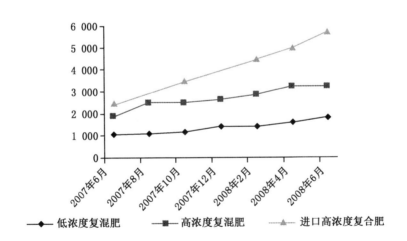

资料来源:调研组调研后绘制而成。

图 4　部分复合肥价格涨幅情况

(二)部分农药价格上涨幅度较大,平均上涨二成

据调查,2008 年上半年,除草剂比上年同期上涨 7.62%,杀虫剂比上年同期上涨 20.75%,杀菌剂比去年同期上涨 12.36%,其中 10%草甘膦水剂(除草剂)比上年同期上涨 31.58%;10%吡虫啉可湿性粉剂(杀

虫剂)比上年同期上涨 29.63%;25%多酮可湿性粉剂(杀菌剂)比上年同期上涨 28.95%。

(三)农膜价格上涨 15.7%

据调查,2008 年上半年农膜市场价格每吨 16 000 元,比上年同期上涨 15.7%。

(四)柴油价格明显上涨

2008 年 5 月农用柴油价格每吨 6 052 元,比上年同期上涨 9.78%。6 月份起,农用柴油价格每吨又上浮 1 000 元。

二、近年来上海农产品价格变动情况

(一)农产品生产价格情况比较

据调研,2003 年到 2006 年本市农产品生产价格(农产品生产者直接出售其产品时的价格)比较平稳(见表 1)。从 2007 年起,生产价格有所增长,达 10.2%。四个季度的涨幅分别为 5.3%、15.2%、13.6%和10.7%。2008 年上半年农产品生产价格同期上涨 15.0%。

表 1 　　　　　　　　　　　本市农产品生产价格情况

年份	2003 年	2004 年	2005 年	2006 年	2007 年
农产品生产价格指数	102.1	102.9	105.7	106.3	110.2

资料来源:历年上海统计年鉴。

具体各主要农产品生产价格情况为:

谷物生产价格:2007 年小麦每公斤 1.22 元,2008 年为每公斤 1.48 元,比上年上涨 21.3%;2007 年粳稻每公斤 1.90 元,比上年上涨 2.8%。

蔬菜综合生产价格:2007 年蔬菜综合平均价格为每公斤 1.70 元,上涨 6.9%;2008 年一季度为每公斤 1.98 元,二季度为 3.42 元,分别上涨 16.5%和 72.7%。

畜牧产品生产价格:2007 年,上海市生猪生产价格每公斤 12.34

元,比上年上涨 47.7%;牛奶生产价格每公斤 2.64 元,上涨 9.3%;家禽生产价格(鸡为每公斤为 11.40 元,鸭为每公斤 15.70 元)上涨 8.1%。2008 年上半年畜牧产品生产价格比上年同期上涨 26.3%,继续呈上涨态势。

渔业产品生产价格:2007 年本市淡水产品的生产价格相对比较稳定,比上年上涨 2.6%;2008 年前两个季度涨幅均在一成左右。

(二)农产品市场价格与生产价格比较

综上所述,从总体看,虽然近年来上海农产品生产价格有所增长。但与农产品市场价格相比,上海市农民在农产品价格形成链条中,生产环节投入最大,获利却较少。据调研,农民在出售农副产品之后,一般经过加工经销、零售两个环节之后,形成农产品的市场价格。粮食价格的形成过程主要包括:种植→加工与营销(收购、加工、运输、批发)→零售(农贸市场、超市)。肉类价格的形成过程主要包括:养殖→加工与营销(收购、运输、屠宰、批发)→零售(农贸市场、超市)。奶类价格的形成过程主要包括:养殖→加工与营销(收购、加工)→零售(超市)。蔬菜价格的形成过程主要包括:种植→加工与营销(收购、产地批发、运输、一级批发、二级批发)→零售(农贸市场、超市)。调查显示,加工经销、零售等产后环节对最终价格影响很大。如农民出售一斤西红柿 1.40 元到超市零售价 3.8 元,上涨了 1.7 倍;尖椒出售价 1.25 元,超市 6.5 元,上涨 4.2 倍;牛奶出售价 1.40 元,超市 2.86 元,上涨 1 倍。我们对上海市农产品价格形成各环节的成本利润进行了分析,结果表明:生产者成本所占比重最大,粮食、肉类、牛奶、蔬菜四大类农产品,均超过 40%,相反,生产者利润所占比重则最少(见表 2)。

表2   农产品价格形成各环节成本利润表

类　别		生产者	加工与营销商	零售商
粮　食	成本所占比重	74%	13%	13%
	利润所占比重	12%	70%	18%
肉　类	成本所占比重	82%	13%	5%
	利润所占比重	43%	22%	35%
牛　奶	成本所占比重	53.5%	46%	0.5%
	利润所占比重	34%	13%	53%
蔬　菜	成本所占比重	43%	19%	38%
	利润所占比重	8%	13%	79%

资料来源:调研组调研后绘制而成。

三、农资涨价对上海农业经营收入的影响

调研反映,由于农资价格大幅上涨,导致生产成本显著增加,农业比较效益大幅减少,大大稀释了近年来政府对农业补贴的效应,严重影响了农民的生产积极性。据市统计局统计,从2004年以来,上海市农民收入中,农业经营性收入已呈逐年下降趋势,降幅分别为8.88%、5.55%和1.59%(2004年至2007年农业经营性收入依次为890元、811元、766元和754元)。2008年上半年全市农业经营性收入仅为400元,同比下降9.5%,农资涨价对上海农业经营收入的影响十分明显。

水稻:2004年每亩水稻生产成本在445元,到2007年达638元,年增涨14%以上(见表3)。预计2008年每亩水稻生产成本将达到748元,比上年再增加110元(其中,肥料费用上涨50元,农药和机耕费用上涨20元,人工成本增加40元)。因此农民种稻效益呈持续下降趋势,如2008年水稻产值参照2007年的970元计,种植每亩水稻效益为222元,为近五年来的最低。尽管市、区县两级近年来加大了对种植水稻的各类补贴,但政府的补贴效应由于农资等成本的上涨被大大稀释了,农民种

稻每亩收入预计为 443 元,2008 年又比上年减少 61 元。

表 3　　　　　　　　　　　　**水稻亩效益与收入情况**　　　　　　　　单位:元

年份	产值	物资成本	人工成本	效益	补贴	收入
2004	960	269	176	515	90	605
2005	915	324	187	404	125	529
2006	973	351	228	394	150	544
2007	970	346	292	332	172	504
2008	970(预)	416	332	222	221	443

麦子:近年来本市麦子扣除生产成本,每亩效益维持在 30~50 元。2008 年上海市粮油生产受产量、收购价格的提高,亩产值比上年有所提高。小麦主渠道收购价平均每斤为 0.73 元,比上年增 12.3%,亩产值达 400 元,比上年增 18.3%;大麦市场收购价每斤在 0.8~1.2 元不等,平均每斤为 0.85 元,比上年增 21.4%,亩产值为 517 元,比上年增 28.3%(见表 4)。但受化肥、农药等农资价格上涨而引起生产成本的上涨,一定程度上抵消了因价格上升的增收。以小麦为例,2008 年生产成本(物质成本+人工成本)比上年上升 16% 以上,预计每亩达 337 元,比上年实际 290 元,每亩增 47 元,而因价格因素上涨,每亩增收近 42 元。按照目前小麦收购价、产量、生产成本测算,2008 年小麦亩效益为 63 元,比上年 48 元仅增加 15 元,大大抵消了因价格上升对农民增收的效应。

表 4　　　　　　　　　　　　**麦子单产、售价、产值比较**　　　　　单位:公斤、元/斤、元

品　种	年　份	单　产	售　价	亩产值
小麦	2008 年	274.6	0.73	400
	2007 年	260.0	0.65	338
	增减%	5.62	12.3	18.3

续表

品　种	年　份	单　产	售　价	亩产值
大麦	2008 年	304.0	0.85	517
	2007 年	288.2	0.7	403
	增减%	5.48	21.4	28.3

　　蔬菜：近年来蔬菜劳力费用和生产投入品成本逐年提高，生产效益也明显下降，每亩收益已从 2004 年的 2 028 元下降到 739 元（见表五）。据调研测算，2008 年上半年蔬菜亩产值同比增长 7.7%，而生产成本则上涨了 25.8%，菜价涨幅与成本涨幅之比达 1∶3.3。我们对闵行区浦江镇种植大户典型调查，上年种植五月慢青菜亩产值约 3 000 元，扣除生产成本、地租与劳动力等费用 1 000 元，实际经济效益每亩 2 000 元。由于 2008 年菜价下降、农资上涨，每亩五月慢青菜经济效益仅 300 元。另对奉贤区种植大户典型调查：一亩鸡毛菜的产量在 300 公斤左右，生产周期约 1 个月，期间肥料和农药投入 200 元，采摘所需 10 个人工费用为 300 元，送往批发市场的运输费为 60 元，此外还有种子费、农机费、灌溉费等费用 60 元，一亩鸡毛菜的成本费在 600 元以上。一般来说，鸡毛菜的批发价达到每公斤 2.5 元才能保本不亏；而鸡毛菜上市的 6 月至 9 月间，每公斤的平均售价仅在 2 元上下，出现亏本"倒挂"。

表 5　　　　　　　　　　　　蔬菜亩效益表　　　　　　　　　　单位：元

年份	产值	物资成本	人工成本	效益
2004	6 142	2 026	2 088	2 028
2005	6 517	2 370	2 200	1 947
2006	6 806	2 720	2 680	1 406
2007	7 383	3 322	3 322	739

　　猪禽蛋：据典型调研，2007 年养一头生猪（100 公斤）成本 647 元，按每公斤 12.34 元出售，毛收入 1 234 元，获利 587 元。养一只鸡成本 4.99 元/公斤，销售价格 11.60 元/公斤，获利 6.61 元/公斤。进入 2008

年,养殖业生产成本上涨趋势明显。据调研,2008 年每包全价猪料比上年同期上涨 20～25 元,单因饲料价格的上涨,每头猪的饲料成本要增加 200～250 元,同时猪苗价格也与去年同期上涨 80%。另据调查,2008 年上半年养殖场每只肉鸡亏损 3 元左右,上年同期则盈利 1.6～1.8 元;每只蛋鸡亏损 2.5 元左右,上年同期则盈利 4 元。农民普遍反映,与上年比较,2008 年养殖业获利空间明显缩小(见表 6)。

表 6　　　　　　　　　　畜禽生产效益情况　　　　　　　　单位:(元/头、羽)

品　种	2007 年上半年	2007 年下半年	2008 年上半年
生　猪	80	380	420
蛋　鸡	4	4	−2.5
肉　鸡	1.6	1.8	−3.0

四、相关对策建议

研究表明,当前世界粮食等主要农产品供求趋紧,价格上涨,已经成为一个世界性问题,全球性粮食安全问题日益突出。2007 年,世界小麦价格上涨 112%,大豆价格上涨 75%,玉米价格上涨 47%。2008 年以来农产品价格持续攀升,大米价格一度达到 19 年来最高点,小麦价格也创下了 28 年来新高。至 6 月底,国际市场大米价格高出我国市场 98%、小麦高出 56%、玉米高出 20%。与此同时,世界粮食库存由 2000/2001 年度的 5.7 亿吨下降到 2007/2008 年度的 3.7 亿吨,达到 30 年来的最低点,小麦库存仅够全球人口不到三个月的消费,玉米库存仅够两个月的消费。专家分析,由于造成粮油紧张的因素具有长期性、全球性,世界粮油价格居高不下的形势短期内难以扭转。同时,由于国际市场原油价格仍始终在高位运行,受此影响,预计农资价格仍会有一定幅度的上涨,这个趋势可能会延续到 2009 年下半年。

为此,建议各级领导对农资涨价给上海农业经营性收入带来的影响应予高度重视,及早采取相应措施,切实保护好农民的生产积极性。

(一)提高农产品最低收购价格

进一步按照中央统一部署,健全农产品市场体系,理顺农产品价格。同时建议创造条件,逐步提高本市粮食最低收购价,引导上海农产品价格保持合理水平。采取措施控制农资价格上涨,切实保护农民利益。

(二)建立价格与补贴联动机制

建议对主要农产品的生产成本、价格与农业直补政策实行联动挂钩,对农资价格与农资综合补贴政策实行联动挂钩。在全市范围内建立农业与农资价格跟踪制度,一旦出现农产品市场价格低于生产成本价格或农资价格大幅度上扬,及时启动预警机制。

(三)切实加大对农产品补贴力度

鉴于农资价格上涨、农民种菜、种粮等效益下降的实际情况,继续研究完善水稻直补、农药补贴、良种补贴、油菜保险补贴等相关扶持政策,改进农资供应办法,要统筹研究本市主要农产品补贴政策,逐步提高对主要农产品的补贴标准。要进一步扩大农业保险补贴范围,增加农业保险险种,保护好农民的生产积极性。

(四)注重加强农业营销组织建设

目前在农产品价格形成链条中,生产环节投入最大,农民获利却较少。一方面由于农业生产周期长,农民除了要承担自然灾害损失外,还要承担价格波动带来的市场风险。另一方面运输、加工、销售等产后环节投入不多但获利比较丰厚,同时市场风险相对较小,收益稳定。因此,要积极引导和组织农民组建各类农产品营销组织,支持龙头企业、农民专业合作社等直接向超市、社区菜市场和便利店配送农产品,增加农产品经营收入。

(2008 年 8 月)

(注:参加本调研报告起草的还有王东荣、章黎东、陈怡赟、王威等。)

8 关于奉贤区金汇镇百曲村宅基地归并 "建新拆旧"试点工作的调研报告

　　根据志明常委的批示和孙雷主任的要求,为总结奉贤区金汇镇百曲村宅基地归并"建新拆旧"试点经验,近期,我们先后与区镇、村、企业和农民进行了座谈,并实地进行了考察,现将有关调研情况汇报如下。

　　奉贤区金汇镇自 2007 年开始酝酿对百曲村 105 户农户住宅引入社会资金,在不改变农村宅基地土地属性和农民住宅产权性质的前提下,对村民住房进行"建新拆旧"归并。三年来,上海华辰隆德丰企业集团有限公司在百曲村建设了荷庭养生农庄,30 幢西班牙风格的别墅设计精巧,错落有致,配套在建的还有休闲会所、网球、篮球和垂钓等娱乐设施,已成为百曲村的一道亮丽的风景线。目前百曲村第一批与房企签订协议的 30 户农民中,已有 18 户农民完成了装修,11 月 6 日将迁入新居。百曲村宅基地归并"建新拆旧"受到了当地农民的欢迎,企业计划启动第二期项目,筹建 100 幢别墅,目前 70 户农民已提出了签约申请。

一、主要做法、初步成效与存在问题

(一)主要做法
百曲村宅基地归并"建新拆旧"试点工作的主要做法有以下几点。

1. 政府引导,引进社会资金
百曲村的集体经济实力并不强,农村村宅归并需要大量的建设资金。2007年,在区、镇政府的牵头下,百曲村引进上海华辰隆德丰企业集团有限公司与其合作建设。该公司是一家以房地产、物流、酒店服务、海外投资为主营业务的综合公司,有很好的经营业绩。公司对百曲村项目的经营设想是响应中央提出的新农村建设号召,在郊区开展以农居建设为载体的非主流房产综合性经营。

2. 农商平等交易,双方互惠互利

三年来,百曲村引进社会资金,实施旧宅归并始终坚持农商平等交易,双方互惠互利的原则。其具体运作办法为:由企业出资为农户建造一幢约120平方米、建筑面积约270平方米的别墅(产权归农户),内含四个独立单元,里面水、电、煤气、有线电视等现代居住设施齐全;其中建筑面积近110平方米的底楼一单元供村民自住,其余三单元(面积各为50多平方米)委托投资建设公司经营管理30年,期满使用权交回农民。这些楼房,外观像别墅,内部结构是公寓,4户人家独立进出,互不打扰。一期项目共建有30幢120户(底楼30户为本地农户,二、三楼90户出租给市民)。

3. 农民自愿归并,村委组织协调

在实施项目过程中,农民申请宅基地置换,采用自愿申请、报名、由村委审核(包括旧宅面积、人口数等);对于符合条件的农户,以抽签形式确定住宅后,签订相关协议,同时收去原宅基地使用证,申办新证。农民入住新宅后,原宅随即拆除复耕(目前尚未复耕,村民迁入新居后将开展这项工作)。置换过程不用农民花钱。

4. 实行规模集中,稳步推进试点

百曲村的宅基地归并"建新拆旧"试点改革始终围绕规模集中做文章,即:通过居住的集中,实现耕地的集中——通过耕地的集中,实现生产的集约——通过生产的集约,实现农业的增效。村民居住集中,不仅节约了宅基地,而且将分散的承包地通过使用权流转的方式,向农业企业、农民专业合作社和种植大户集中,又提高了耕地的规模效益,实现了向现代农业的逐步转型。土地节约、生产集约、规模种植,促进了农业增效;房屋租赁,又拓宽了农民增收渠道,也拓宽了地方财政税源和村集体经济的收入来源。

(二)初步成效

三年来,百曲村的宅基地归并"建新拆旧"试点取得了初步成效,可概括为"四个得益"。

1. 农民得益

旧宅归并后,农民的房屋质量提高,固定资产大大增值。农民住进了别墅新房,水、电、煤、电讯、电视、污水排放、抽水马桶,凡过去城里人享用的现代化居住设施全部具备。与此同时,住在底楼的农户还可以参加小区的物业管理,从而获得一定的收入。农户的土地由集体经营后,可做农业工人,获得工资收入。以农户吴建兴为例,该户原收入为:每年农业种粮收入 500 元+务工收入 20 000 元,合计 20 500 元。而通过旧宅归并后,其年收入将达到:土地流转分红收入 1 120 元+务工收入 20 000 元+租赁收入 10 000 元+服务收入 5 000 元,合计 36 000 元,该农户的实际收入将增加 57%左右。

2. 集体得益

新建的集体农庄将极大地改善农村环境面貌,散而杂乱的住宅拆除后,土地进一步平整,设施配套,成本降低。小区的建立,将提供众多物业服务工作机会,给村里带来商机。此外,土地由集体经营,在去除给农民分红之外,尚可提留一定比例的公积金、公益金,有利于集体经济的发展壮大。

3. 国家得益

一方面,观光农业、生态园林、农产品加工的配套建设,将改善和美化农村生态环境,使衣、食、住、行、游的相关衍生产业得到发展,既增加地方财政和村集体经济收入,又提供许多服务岗位,拓展了就业空间;另一方面,可为大量中心城区的退休人员提供休生养老的基地,他们可将城区的原住房出售出去,形成城市人口在结构和空间上的有序流动,盘活城市中的存量资源;再一方面,宅基地置换后,通过复耕原宅基地,会带来耕地的增量,可用以弥补郊区占补平衡指标。

4. 企业得益

对建设投资的公司来说,可以通过对农民住宅三十年的租赁经营获取一定的利润。公司的经营思路是:出资建造农民新房后,租赁农民闲置住宅使用权,引进城市老年人口,其中有老年华侨、企业老总、著名画家、艺术家,形成高端老年人口养生、养老基地,缓解城市老有所养、老有所保的瓶颈;同上海画院合作打造书画创作基地,形成"画家村"。

(三)存在问题

通过座谈调研,我们认为,农村宅基地集中归并建设新农村,是自然村落改造中改变农民住宅分散、集约使用土地、推行农业规模经营的有效途径,而并非房地产开发。其农民的宅基地性质没有变化,产权归农民,土地也没有增值。但在实际推进中,由于没有明确的法律法规,大家也反映有不少问题急需协调解决。

1. 土地方面的问题

新占用耕地费用与宅基地复垦补贴存在较大差距。座谈中,基层反映奉贤区目前占用耕地建房每亩税费在 12 万元左右,包括新增建设用地土地有偿使用费、耕地占用税、耕地开垦费(以上三项为国家规定的税费)和占补平衡指标费(该项属奉贤政策)等。而宅基地复垦补贴为每亩3 万元,两者相比差距较大。

2. 基础设施建设投入的问题

百曲村试点的第一期项目在基础设施建设方面,企业投入了大量的资金,建设单位负担较重。

3. 基础设施配套方面的问题

百曲村"建新拆旧"第一期项目的水、电、煤等基础配套设施按房地产开发项目来收费,仅自来水、电两项户均收费就达 10 多万元,加重了建设单位的成本支出。而若按农民集体建房的标准收的话,费用可大大降低(水:约 200 元/户,电:约 300 元/户)。

4. 税收问题

百曲村"建新拆旧"第一期项目建设,从项目的产权属性看,房屋属农民住宅,不属于商品房,但目前对委托建设企业征收了土地增值税,同时房屋租赁时也征收了交易税,而不是以农民房屋租赁按服务业来征税。

二、对试点工作的评估与思考

通过调研,我们认为,百曲村试点实行政府引导,企业运作,农民参与的形式,既达到了建设新农村的目的,又增加和优化了农民固定资产,落实了农民增收的长效机制,同时企业引导城市居民到农村休闲、度假、养老,向第三产业延伸,促进了社会经济文化协调发展。作为新农村建设的一种有益探索,百曲村试点体现了企业对新农村建设的参与,也符合集约节约利用土地的原则,其理念和思路值得肯定。

同时百曲村试点有不少方面都属创新改革,还存在着一定风险。在市场需求方面:目前第一期开发出租给市民的 90 个单元(户)中,已签约对外出租的约占 70%。随着后续工程的不断开发,市场需求尚难预测,若市场需求不足,可能导致开发商无法及时收回成本,难以继续推进后续项目的开发及配套设施的建设。在法律法规方面:目前百曲村新建的住宅所有权归农民,企业对外出租的是部分房屋的 30 年使用权,由于出租时间太长,合同涉及利益主体太多,导致期间变数太多,企业、农民、承租人三者之间的契约关系能否真正长久维持目前还是未知数,一旦发生变数,如何维护三者的合法权益有待研究。在利益调节方面:宅基地归并集中建房在布局上打破了村内组与组之间农用地和建设用地的边界,实行土地异地调整,由于建房时没有实行征地,今后一旦发生征地行为,可能会因土地权属不清引发农民之间和集体经济组织之间的利益分配纠纷,如何协调处理风险性较大。鉴此,我们认为,百曲村的"建新拆旧"

试点是新农村建设的一种有益的模式,其思路和理念值得总结借鉴,但在面上普遍推广需谨慎。

对目前百曲村试点中存在的一些困难和问题,我们认为应本着积极支持基层开展试点的角度出发,一事一议,特事特办,做到科学引导、统筹推进、规范发展。近期,我们将抓紧与有关部门的协调沟通,确保百曲村试点工作的顺利推进。对于相关土地问题,我们认为百曲村试点新占用的耕地,考虑到今后要对宅基地进行复耕退返,因此建议不应按照房产开发征收相关税费(应参照国土资源部的双挂钩政策)。目前百曲村首期项目开发涉及的每亩 12 万元的耕地占用税费,奉贤区经过协调,目前采取了变通的办法(12 万元,由镇出资一半,区财政补贴一半)加以解决。由于一期只涉及 10 亩土地,区县尚可承担,但随着后期开发的跟进,费用将大大增加,区镇财政也无力承担。建议按农民集体建房的标准来减免相关费用,减轻建设单位负担,确保项目的继续推进。对基础设施建设投入问题,我们认为百曲村的宅基地集中归并建设新农村,属农村集体建房范畴,建议地方政府部门应履行职能,加大对农村集体建房的基础设施建设的投入,以减轻企业的负担。对水、电、煤等配套设施收费问题,我们认为百曲村试点运作确属公司商业行为,但鉴于百曲村试点的房屋产权仍归农民所有,因此,对该项目的配套设施收费,建议按照"一事一议"的办法适当予以减免。考虑到水、电、煤等分属市级专业公司管理,我们将和区里一起,积极做好相关协调工作,争取减免一部分配套设施收费。对税收问题,我们认为百曲村第一期项目建设,从项目的产权属性看,房屋属农民住宅,不属于商品房,由于该项目的土地仍属集体土地性质,而且没有发生买卖行为,因此建议对建设单位免收土地增值税。

百曲村宅基地归并"建新拆旧"试点是在特定条件、特定地域和特定环境下的开展的,与面上正在推进的宅基地置换既有共同点,又有不同点。我们认为,百曲村"建新拆旧"试点与实行宅基地置换目标都是明确的,即促进农民居住集中,农民基本上不用花钱就可以得到与原来大小一样的新房屋,这两种方法都可以改善农民居住环境与质量,促进农田集中和农业规模化经营。但这两种方式也有明显的不同之处,主要表现为:在房屋建设与产权上,百曲村所建的新房屋都是别墅;而宅基地置换基本上以多层公寓房为主,及少量的联排和复式房;百曲村的新建房屋还是农民宅基地性质,只有使用权,不能上市交易;而宅基地置换农民集中居住新建房屋具有完全的房屋产权证,可以上市交易。在具体操作上,百曲村的房屋建设是在政府的引导下吸引社会资本进行建设,需要一定的营利;而宅基地置换是以政府或集体全资公司进行操作,不以营利为目的,完全是公益性的。在运作方式上,百曲村农民集中居住后节余土地很少,主要是通过农民多余房屋的出租收益来平衡建设资金;而宅基地置换是通过节余建设用地开发收益,来平衡农民集中居住地的建设资金。在配套政策上,百曲村的试点本质上还是农民集体集中建房,缺乏相应的法律法规和相关政策的支持,各种不确定因素比较多,存在着诸多的风险;而宅基地置换经过近年来的不断探索实践和总结,目前已有比较完善的政策支持,而且在下一步推进中,还将有国土资源部正式出台的城乡建设用地增减挂钩政策的支持,政策风险性相对较小。在实施效果上,百曲村农民集中建房基本上还是在行政村范围内,属于中心村建设性质;而宅基地置换农民集中居住基地和节余土地开发基本上都是在规划的新市镇范围内,可大大促进郊区的城镇化发展。

综上,通过对百曲村的宅基地归并"建新拆旧"试点总结和宅基地置换比较,考虑到上海的实际情况,我们建议面上还是提倡实行城乡建设用地增减挂钩政策,推进农村宅基地置换为宜(市农委等部门即将出台《关于本市实行城乡建设用地增减挂钩政策推进农民宅基地置换工作的若干意见》)。

(2009 年 11 月)

9 关于农村集体产权制度改革若干问题的思考

农村集体经济组织产权制度改革是集体经济组织在坚持农民集体所有的前提下,按照股份合作制的原则,将集体资产折股量化到人,由农民共同共有的产权制度转变为农民按份共有的产权制度,农民变股民,按份享受集体资产收益的分配制度。作为我国农村经济体制的一种创新,这项改革将有效保障农民财产权利,激发农业农村发展内在活力,对促进城乡要素平等交换、建立城乡发展一体化体制机制具有重要的现实意义和深远的历史意义。

一、农村集体产权制度改革是当前全面深化农村改革的"牛鼻子"

农村集体产权的由来是集体所有制。传统的集体所有制是由合作化起步、集体化形成的一种特殊所有制形态。主要特点:一是合作性(共有性),集体资产由组织成员共同所有,资产收益和劳动成果归成员共同分享,权利义务均等。二是封闭性(区域性),集体经济组织是指界定在一定区域范围内,集体经济组织与成员不可分割,成员是封闭的圈子,权利义务"进"则"与生俱来","退"则"自然弃失",不可流转、不对外开放。三是排他性,尽管集体经济组织的层次不尽一样,小到村组,大到乡镇,但每个集体经济组织的资产、成员边界是清晰的,上下左右不能侵权。

这种农村集体产权制度虽然有利于保障农民平等享有集体经济成

果,对维护农村社会公平发挥了积极作用,但也存在传统公有产权的通病。一是归属不清。集体经济组织成员是个集合概念、动态概念。集体成员人人有份,但有多少、在哪里说不清楚,是个玻璃鱼缸,"看得见、摸不着"。有些村庄外来人口大量增加,原来一体化的村庄社区与集体经济组织日趋分离,新村民是不是集体经济组织成员、能不能分享集体经济好处成为问题,新老村民的矛盾加剧。二是权责不明。在绝大多数地方集体经济组织与村社自治组织合二为一,村干部成为集体资产运营管理的自然"代理人",集体经济常常成为"干部经济"。集体资产运营管理好坏往往凭村干部的觉悟和能力,缺乏有效激励约束机制。三是保护不力。农村集体资产监管是个老大难问题。一些村干部把集体资产看作"唐僧肉",私自发包、损公肥私、优亲厚友,导致集体资产流失,带来干群矛盾,也成为农民信访的一大热点。四是流转不畅。农村集体产权归属模糊,资产处置在村里事难议、议难成,有好的开发机会往往错失良机。特别是面对农民的大流动、大迁徙,村民的集体资产权益不能流转变现,不仅成为农民变市民的"绊脚石",而且农民集体资产权益得不到充分保护和实现。

正是基于集体经济的这种基本特性,中国农村集体经济组织产权制度改革起步虽早,但进展不快。近年来,随着工业化和城镇化进程的加快,各地都加大了推进农村集体经济组织产权制度改革的力度。据农业部 2013 年度报表统计资料,全国共有 30 个省(区、市)的 3.2 万个村开展了产权制度改革(其中,已完成改制的村 23 092 个),占全国总村数的 5% 左右。改制村当年股金分红 188.5 亿元,农民人均分红 387.9 元。按省(市)分析,2013 年,北京、广东、上海、江苏和浙江 5 省(市)完成改制的村占全国完成改制村数的 80% 左右。从总体来看,全国不平衡性十分突出。

因此,深化农村集体产权制度改革,是解放和发展农村生产力的紧迫要求,是推动城乡一体化发展的重大举措,也是广大农民要求增进集体资产权益的殷切期盼。可以说,这项改革已经成为破解农村众多矛盾问题的"关节点",成为全面深化农村改革的"牛鼻子"。从各地的实践看,农村集体产权制度改革具有明显的紧迫性、必要性和重要性。

1. 农村集体产权制度改革是实现城乡要素平等交换的重要基础。健全城乡发展一体化体制机制,关键是推进城乡要素平等交换,使市场在资源配置中起决定性作用。农村集体各类要素平等参与市场交换,前提是产权清晰、权能完整。改革农村集体产权制度,进一步明晰集体产权归属,完善产权权能,是促进农村集体产权自由流动、优化组合,真正实现城乡要素平等交换的制度基础。

2. 农村集体产权制度改革是增加农民财产性收入的重要前提。让农民平等参与现代化进程,共同分享现代化成果,不断增加财产性收入,关键是赋予农民更多财产权利。改革农村集体产权制度,明确集体经济组织成员身份,在界定农村集体资产范围和归属的基础上,将集体资产量化到每个成员,是将土地承包经营权、宅基地使用权和集体收益分配权确权到户,切实赋予农民更多财产权利的制度前提。

3. 农村集体产权制度改革是完善农村基本经济制度的重要举措。公有制为主体,多种所有制经济共同发展是我国农村必须长期坚持的基本经济制度。劳动群众集体所有制经济是公有制经济的重要组成部分。改革农村集体产权制度,建立符合市场经济规律的农村集体资产运营治理机制,切实提高农村集体资产的管理水平和运营效率,是增强集体经济实力,发挥集体经济带动力和影响力的根本制度建设。

4. 农村集体产权制度改革是巩固党在农村执政基础的重要保障。维护好、实现好、发展好广大农民群众的物质利益和民主权利是党在农村全部工作的出发点和落脚点。改革农村集体产权制度,使农民真正成为集体资产的主人,对集体资产的运营进行民主管理、民主决策、民主选举和民主监督,是促进农村和谐稳定,切实巩固党在农村的执政基础的制度保障。

二、农村集体产权制度改革要把赋予农民更多财产权利作为出发点

中国农村集体经济组织产权制度改革,按改制层面来分类,可分为村级改制和乡镇级改制,以村级改制为主;按改制时间来分类,可分为撤销行政村后改制和不撤销行政村建制直接改制,以撤村后改制为主;按资产构成来分类,可分为存量折股型改制和增量配股型改制,以存量折股型改制为主。从各地的实践看,改制的主要做法是将农村集体经济组织的经营性实物资产和货币资产,经过清产核资和评估以后,按照劳动年限折成股份量化给本集体经济组织成员,同时提取一定比例的公益金和公积金(集体股),主要用于村委会或社区公共管理和村民公共福利事业支出,并实行按劳分配与按股分红相结合的分配制度。

多年来的实践证明,中国农村集体经济组织产权制度改革的前提是必须坚持集体所有制,不能解散集体经济,不能否定集体经济数十年的发展成果。中国农村集体经济组织产权制度改革最适合的模式还是股份合作制,通过股份合作制产权制度改革,真正实现还权于民。中国推进农村集体经济组织产权制度改革的核心内容主要有三项:一是对农村集体经济组织进行清产核资和资产评估。这是推进农村集体经济组织产权制度改革的基础性、前置性举措。在区县、乡镇、村不同层级设立工作小组,负责指导、协调和实施农村集体经济组织的清产核资工作,妥善处理账物不符、坏账核销等遗留问题,并明确清产核资、资产评估以及资产评估报告的确认等相关程序和具体规则,为推进农村集体经济组织产权制度改革奠定基础。二是认定农村集体经济组织成员,开展"农龄"统计。为确保农村集体经济组织产权制度改革"起点"公平,得到广大群众的认可与拥护,必须明确集体经济组织成员的范围。三是农村集体资产股份量化到人,明晰产权。对集体资产因地制宜地采取全部资产折股量化、部分资产折股量化或者土地承包经营权折股量化等形式量化到人。

对于插队落户、返城知青等人员，原则上以股权的形式兑付量化资产。农户量化后的资产股份，根据情况采取全额入股、按成员资格全额或部分入股、按"农龄"分档入股、存量资产与增量资产合并入股等不同形式，入股改制后的农村集体经济组织。这样，农村集体经济组织中的成员真正成为了股民。

总结各地的实践经验，在推进农村集体经济组织产权制度改革过程中，必须守住"一个坚持、二个防止、三个做到、四个有利于"的底线，即：坚持集体资产所有权，防止在改革中少数人对集体经济的控制和占用、防止集体经济被社会资本所吞噬，做到公平公正、公开透明、程序严密，有利于城乡要素资源均衡配置和平等交换，有利于激活农村资源要素和激发农村集体经济活力，有利于保护农民财产权利，有利于形成农业经济发展和农村社会稳定的内生动力。

在此基础上，遵循以下原则：一是依法依规。推进农村产权制度改革应遵循《物权法》《土地法》《土地承包法》《婚姻法》《继承法》等法律的相关规定，以及地方性法规和指导性意见的相关规定，同时要注意兼顾不同法律、政策之间的兼容性和关联性。在改革过程中，各改制单位始终坚持改革必须依法依规，有政策的按政策要求办，没有政策依据的，由村民集体经济组织成员代表大会讨论通过。二是因地制宜。面对千差万别、参差不齐的农村经济和社会发展情况，推进农村产权制度改革不能搞"一刀切"，实践中，各地应依据经济社会发展情况，因地制宜地选择自身实际的改革形式和路径。三是因事制宜。一个村庄有一个村庄的历史，个体情况更是复杂多变，只有农民自己才对自己的事情最有发言权。因此，推进农村产权制度改革可按照"一村一策""一事一策"的办法，将权利交给村民自己，通过合法性、公开性、民主性相结合，做到"复杂问题民主化、民主问题程序化"。四是维护利益。在推进产权制度改革过程中，不仅要给群众看得见、摸得着的眼前实惠，更要考虑长远，注重从根本上为农民谋福利。围绕保护农村集体经济组织成员利益，一方

面要更加注重体制和机制的创新,构建农民增收长效机制;另一方面要
更加保护和激发农民群众的创新热情和创造能力,保持推动农村改革发
展的强大活力。

这里需要强调的是,推进农村集体产权制度改革不是一分了之、吃
集体经济的"散伙饭",但也绝不是为了集体经济而集体经济,更不是不
是为了"一大二公"的理念偏好。改革的目的,就是为了更大程度地给农
民对集体资产赋权,让广大农民分享集体资产保值增值的成果,给农民
带来应得的集体资产利益。改革的根本,就是找到集体经济与市场经济
的结合点,更好地发挥市场机制配置集体资源的决定性作用,更大力度
地解放和发展农村生产力。改革的底线,就是农村土地集体所有制不能
变,这是中国特色社会主义在农村的本质特征,必须长期坚守。但也不
能把改革底线泛化,不能把农村集体经济的"东西"都作为底线,什么都
动不得、改不了。

三、农村集体产权制度改革要突出重点、分类推进

农村集体资产的范围比较广,分为资源性资产、公益性资产、经营性
资产。这三类农村集体资产属性不同,产权改革的要求不同,各地改革
涵盖的范围也不相同。但有一个共同之处,就是不论哪类资产的改革,
都需要把集体资产的家底摸清楚,明晰好关系,界定好边界,把确权登记
颁证工作做扎实,这是推进改革最紧要的基础性工作。

农村集体资源性资产,主要是指与集体土地有关的资产。全国农村
集体有 13.9 亿亩承包耕地、18.8 亿亩林地、23.8 亿亩草地、2.5 亿亩宅
基地。农村集体资源性资产可以分为两大类:第一类是农村承包地。根
据法律规定,承包地应承包到户,其承包权与经营权可以分置,承包权长
久不变,经营权可以流转,发展适度规模经营。因此,承包地是不能纳入
产权制度改革范畴的。第二类是集体建设用地。主要包括宅基地、经营
性建设用地、公益性建设用地。宅基地使用权属于农户,同样不能纳入

产权制度改革范畴;公益性建设用地,比如农村道路等,目前基本都是无偿使用的,没有产出,不宜纳入改革范畴;至于经营性建设用地,十八大和十八届三中全会都有明确的改革要求,国土部门正在一揽子研究相关办法,这属于土地制度改革的范畴,同样不能纳入产权制度改革范畴中来。因此,这一类资产的产权改革,中央都有了制度安排,要按照中央要求,积极稳妥地推进。当然,需要提出的是,集体资源性资产虽未纳入量化范围,但它仍是集体经济组织所拥有的集体资产的重要组成部分,它所产生的收益、补偿等归本集体经济组织所有。

农村集体公益性资产,主要是指村办教育、文化、卫生、体育、福利等公益性设施。这类产权制度怎么改,还没有统一的认识和明确的说法。如果不纳入改革范围,有些资产长期闲置确实有个浪费问题,实际上许多村里废弃的小学等设施,大都变相搞经营去了。如果纳入经营性资产范畴改革,又与国家的土地用途管制制度冲突,更重要的是如果让它变成经营性的,今后村里办公益事业还要占地,这种绕着弯的乱占耕地怎么管也是个难题。因此,对农村集体公益性资产当前最重要的是探索集体统一经营管理的有效机制,更好地为集体经济组织成员及社区居民提供公益性服务。

农村集体经营性资产,主要是在工业化、城镇化进程中,农村集体兴办经营的企业、物业等等。到2012年底,全国58.9万个村级集体经济组织账面资产2.2万亿元,村均369万元。但资产分布极不平衡,广东、山东、浙江、北京、江苏5省市就占了60.5%,中西部大多数村是空壳村或负债村。十八届三中全会决定提出,保障集体经济组织成员权利,积极发展农民股份合作,赋予农民对集体资产股份占有、收益、有偿退出及抵押、担保、继承权。主要应指的是这类集体资产股份,因为涉及集体土地的产权改革在决定中有另外的表述和要求。因此,当前的农村集体产权制度改革范围,应当进一步聚焦,集中突出集体经营性资产改革这个重点。否则,农村集体产权制度改革的面过宽,把农村集体资产的事项都包涵进来,既难以形成统一的意见和政策,又影响改革指导的针对性和指向性。

四、农村集体产权制度改革必须因地制宜、循序渐进

农村情况千差万别,有城中村、城郊村、农区村,有集体经济发达村、空壳村、负债村,推进农村集体产权制度改革必须坚持因地制宜,循序渐进,不能搞"一刀切"。这项改革本身也是普及政策法律、凝聚各方共识的过程,既拖不得,更急不得,不能搞运动式改革,引导不强迫,指导不包办,确保群众接受、平稳有序。

关于农村集体经济组织成员资格认定问题。目前农村集体经济组织成员身份的认定无法可依,多数处于乡村自我管理的状态,受当地乡规民约、传统观念和历史习惯等因素影响较大,"乡土"色彩较浓。在具体实践中,各地对农村集体经济组织成员身份的认定方法各不相同。因此,对农村集体经济组织成员身份的认定需要一个明确的标准,而这个标准不能由集体经济组织自行制定。由于在短期内制定一个全国统一的农村集体经济组织成员认定标准也不现实,对这一问题,各地可根据实际情况出台地方性法规或规范性文件,规定农村集体经济组织成员身份认定的标准,制定操作细则。总体考量是:农村集体经济组织成员资格应基于由该组织较为固定的成员所组成的具有延续性的共同体,其成员原则上应该在该组织所在地长期固定地生产、生活,形成事实上与该组织的权利义务关系及管理关系,并结合是否具有依法登记的该组织所在地常住户口来认定。在此大前提下,对一些特殊或者疑难问题,可充分尊重农村集体经济组织的自主权。

鉴于农村各类人员的情况不同,在符合相关政策精神的前提下,农村集体经济组织成员资格的认定应充分尊重农村集体经济组织的自主权,遵循"尊重历史、照顾现实、实事求是"的原则。在具体操作过程中,可把握以下几个关键:一是涵盖不同群体。农村集体资产是各个历史阶

段农村集体经济组织成员劳动成果的累积,因此,成员资格的认定也应涵盖各个阶段的不同群体。二是权利义务对等。履行义务是享受权利的前提,成员享有的权利应与其对农村集体经济组织承担的义务和做出的贡献相当。三是防止政策"翻烧饼"。成员资格的认定涉及每位农村集体经济组织成员的切身利益,应当采取一致的标准,不能实行双重标准。四是坚持程序公开。由于广大群众对农村集体经济组织成员的变化情况最了解,也最有发言权,应坚持程序的合法性与公开性相结合,将成员资格认定的决定权交给农村集体经济组织成员,由他们充分协商、民主决定。五是杜绝侵犯权益。在成员资格认定工作中既要坚持少数服从多数,又要保护少数人的利益,防止多数人侵犯少数人的合法权益。

关于股权(份额)设置问题。各地的做法不尽相同,主要区别在于是以"农龄"还是以"人头"为股份设置的依据。事实上,无论是产权制度改革还是撤村建居集体资产的处置,在股权(份额)设置上都应以"农龄"为主要依据,这已得到了基层干部和群众的充分认可。以"农龄"为股份设置的主要依据,较好地体现了人与户的有机结合。需要提出的是,农龄是主要依据,但不是唯一依据,在实际操作过程中,各地完全可结合具体情况在维持以"农龄"为股份设置主要依据的基础上,适当考虑其他因素,同时进一步研究将人与户更有效地结合,以户为单位发放社员证,并相应明确户内每个成员的股权(份额)。

就全国各地农村集体经济组织产权制度改革的情况看,当前股权(份额)设置所面临的最大问题是是否设置集体股。一些地方在改制时设置了集体股,主要是出于两方面的考虑:一是担心没有集体股,集体经济组织就失去了公有制性质;二是集体经济组织目前承担了大量的公共服务职能,需要通过设置集体股筹集公共事业所需经费。而大部分地方则主张不设集体股,主要是因为如果改制时保留集体股,随着城镇化进程的急剧推进,集体积累逐渐增加,会再次出现集体股权属关系不清晰的问题,需要进行二次改制;此外,集体股在集体经济组织变更或重组时还将面临再分配、再确权的问题,极易产生新的矛盾。因此,上海、江苏、浙江等地在改制时原则上不提倡设置集体股(2012 年市委、市政府出台的《关于加快本市农村集体经济组织改革发展的若干意见(试行)》有明确规定已撤制的村(镇)改革后原则上不设立集体股)。当然,如果基层干部和群众一致要求设置集体股,则应充分尊重群众的选择,由农村集体经济组织通过公开程序自主决定。对于城镇化进程较快、已实现"村改居"的地方,应明确不设置集体股,其日常公共事业支出,可以通过在集体收益分配中提取公积金、公益金的方式来解决,其具体比例或数额由改制后的新型农村集体经济组织成员(代表)会议在讨论年度预决算时决定。未撤制的村(镇)可设立一定比例的集体股,主要用于公益事业等开支,原则上集体股按总股本的 20% 左右掌握。

关于改制形式问题。对完成产权制度改革后的农村集体经济组织的产权制度安排和治理结构,各地主要采取了三种形式:一是有限责任公司,二是社区股份合作社,三是经济合作社。这三种形式中,有限责任公司是按照《公司法》进行工商登记的公司法人,但其股东只能在 50 人以下,与乡镇、村集体经济组织成员成千上万的特点不相适应,因此,改制的农村集体经济组织只能采取隐性股东的做法,大部分集体经济组织成员的权利难以得到法律的认可和保护。社区股份合作社在工商部门登记的,主要是参照《农民专业合作社法》登记的法人,它有效解决了股东人数限制的问题,但由于社区股份合作社是较特殊的法人,对它没有专门的税收、财务制度,因此,在税收、财务方面所执行的是适用于公司法人的相关制度,在运营中社区股份合作社要缴纳营业税、城市维护建设税、房产税、土地使用税、企业所得税等各项税赋,税费负担较重。无论是有限责任公司还是社区股份合作社,它们都对股东(集体经济组织成员)进行收益分配,而股东都要缴纳 20% 的红利税(即个人所得税),这在很大程度上增加了新型农村集体经济组织的负担,影响了农村集体经济组织改制的积极性。经济合作社是一种组织创新,由县级以上人民政府颁发证明书,并可凭此证明书申领组织机构代码证,到金融机关开设账户,建立会计制度,实行收益分配制度。但是,经济合作社不是法人主体,无法作为出资人对外投资,这在一定程度上影响了经济合作社的持续发展。

这三种形式,各改革的村(镇)可依据经济社会发展情况,因地制宜地选择自身实际的改革形式。近郊等经济发展水平较高以及撤村改制的主要宜采取有限责任公司和社区股份合作社的改革形式。因为有限责任公司和社区股份合作社是法人主体,其他市场主体对其认知度和接受度相对较高,更有利于其对外投资、经营,也更有利于这些经济发展水平高的集体经济组织更快更好建立现代企业制度,适应市场经济发展。中远郊经济发展水平较一般以及未撤村改制的主要可采取经济合作社这一改革形式。因为这些集体经济组织相对来说市场化程度不高,目前重点是要健全治理结构和监督机制,并逐步发展壮大经济。当然,如果今后发展水平提高了,也可以探索建立其他形式的市场主体。

五、推进农村集体产权制度改革需要顶层设计、坚守底线

为加快推进农村集体经济组织产权制度改革,必须在国家层面进行顶层设计。

当前最重要的是加快启动农村集体经济组织立法。目前中国对农村集体经济组织还没有专门立法,农村集体经济组织一直有名无实,实践中村民委员会往往代行了农村集体经济组织的权利和职能。要抓紧开展农村集体经济组织立法调研,制定《农村集体经济组织法》或者相关条例,赋予农村集体经济组织法人地位,明确其组织形式、职能定位和管理办法。

二是落实税费减免政策。对改制为有限责任公司、社区股份合作社的新型农村集体经济组织按照股份向成员进行收益分配的,暂缓征收个人所得税;或将分红所得计入农村集体经济组织成员的工资薪金,对超

过月均 3 500 元的部分,再按规定征收个人所得税。这项政策,可以在全国农村改革试验区内先行先试,取得经验后再逐步向全国推开。

三是完善组织治理结构。加快推进改制后农村基层组织政治职能、公共服务职能和经济职能的相互分离。村级党组织要发挥好领导核心的作用,领导和支持基层各种组织依法行使职权。村民自治组织要依法开展群众自治,搞好自治管理和公共服务。农村集体经济组织负责集体经济的运营和管理,发展壮大集体经济,提高集体经济组织成员的财产性收入。改革后组建的社区股份合作社、有限责任公司要建立成员代表会议、董事会和监事会等法人治理结构;组建的农村社区经济合作社要建立健全成员代表会议、理事会和监事会等组织治理结构,充分保障集体经济组织成员的知情权、参与权、决策权和监督权。提倡村党支部书记兼任经济合作社理事长。如村党支部书记不是本集体经济组织成员,村集体经济组织可依照章程,聘村党支部书记为外部理事,通过选举担任理事长。不提倡村委会主任担任村经济合作社理事长,避免任务过重难以履行村民自治事务和社会管理服务的职能。村社区经济合作社所属的实体企业,特别是经济发展水平较高的实体企业可逐步走向市场化运作,在加强监督管理的前提下,可聘请专业人员或团队经营企业。

四是理顺村经关系。农村集体经济是公有制的组成部分,具有合作性、区域性和排他性等基本属性,与一般的公司、企业是不同的。至少在现阶段和今后相当一段时期内,农村集体经济组织,特别是未撤村改制的集体经济组织还要承担一部分公共服务和公益事业的支出。考虑到集体经济组织不同于一般企业的特殊性,提出"理顺村经关系"。总的来说,理顺村经关系可以分两种情况。一种是撤村改制的,原村委会承担的基本公共事务职能应转交相应的居委会,逐步实现相关费用纳入居委会财政支出予以保障。另一种是不撤村改制的,总的要求都是要创造条件,实行分账管理。其中:对于有条件的,可依据村委会主要承担基本公共事务职能的要求,相关费用逐步由财政予以保障;改革后建立的新型集体经济组织承担经济职能,主要负责集体资产经营管理,并按章程提取相应经费用于本村公益事业支出。村委会和新型集体经济组织账目要分设,并按相应会计制度加强账务管理。而改制后确受区县、乡镇财力所限的,则应重点加强村级组织经济账目管理,做到村委会与村经济组织账目清晰,不搞混账。

五是坚持效益决定分配。推进农村产权制度改革目标之一确实是要促进成员财产性收入的增长,但是分配绝不是唯一的目的,必须坚持由效益决定分配。年度收益分配要依据当年的经营收益情况,确定合理的分配比例,并建立以丰补歉机制。严禁举债分配。年度收益分配方案经上级农村经营管理部门审核后,必须经成员代表大会集体讨论,经2/3以上代表同意后方可实施。对分配水平要设立上限,分配比例不得高于当年经营性净收益的70%。

六是促进集体经济发展。新型农村集体经济组织不宜盲目投资,而应视自身条件,因地制宜确定发展方式。在面上,目前村级集体经济组织自主经营的,一般以发展物业不动产经营为主,尽可能减少经营风险,确保农村集体资产保值增值,确保农民长期获得收益。当然,在人力、经济等条件允许的情况下,农村集体经济组织也可以利用各类资源,通过托管或者入股的形式参与经济开发,将农村集体拥有的各类资产和潜在优势转变为现实的增收能力,不断发展壮大农村集体经济。

六、农村集体产权制度改革要把握和处理好社区封闭性问题

深化农村产权制度改革,当前的关键是赋予农民对集体资产股份占有、收益、有偿退出及抵押、担保、继承权。在这六项权利中,占有、收益、继承权比较好办,大家认识也比较一致;而赋予农民有偿退出、抵押、担保权比较复杂,牵扯到打破农村集体经济均等共有和成员封闭性的问题。允许集体资产股份流转,赋予农民有偿退出、抵押、担保权,有两个

问题需要研究：一个是村民把自己的股份有偿转让后，股权有可能向少数人集中，打破了原来村民均等共有的格局，这对集体资产经营、对集体经济有什么影响，有个怎么看、怎么办的问题。另一个是村民能不能把股份向村外的人流转，流转以后外来人掌控集体资产，会对村社建设、治理带来哪些影响，也有一个怎么看、怎么办的问题。

应该说，对集体资产股份流转问题，在市场经济体制下，只有集体资产股权自由流转，才能实现生产要素的优化组合，才能体现农民所持集体资产股份的价值，也才能显现它们作为生产要素的潜在市场价值。如果仅对集体资产确权，而不允许其股权流转，那么，量化的集体资产就只能是"僵化的资产"，不能与其他要素实现优化组合，也不能像其他产权一样产生增值的效能。因此，从长远看，为充分发挥集体资产股份自由流转的效应，应该赋予其流转的权能。

然而，考虑到当前中国农村社会的开放程度和农村集体经济组织产权制度改革的发展状况，目前农村集体资产股份可在本集体经济组织内部转让，全面对外流转的条件尚不具备。这是因为改制后的农村集体经济组织，其成员所获得的股权，大多还是福利性质的，在很大程度上还承担着农村社会保障的职能，从各地的实践看，目前农村集体经济组织成员也没有将集体资产股权对外流转的意愿。因为这有个社区封闭性的问题。同样，农村集体资源性资产股份现阶段总体上也不能打破社区封闭性，因为农村土地农民集体所有是整个农村所有制的法理基础。如果农民集体土地等资产股份流转了，农民就失去了集体经济组织的成员权，农村集体经济存在的根基就会动摇。

为了切实保护农村集体经济组织成员的资产收益权，确保农村集体资产保值增值，现阶段农村集体资产股权不宜对外开放流转，以防止外来资金进入后控股农村集体经济。当然，将来随着农村集体资产价值的不断显化，股权流转制度的不断健全，可以在风险可控的前提下，充分尊重民意，试行农村集体资产股权对外开放流转，逐步探索生产要素的流动方式。至于农村集体资源性资产股份,那要严格按照中央已经确定的法律政策执行。

七、农村集体产权制度改革应注重积极稳妥解决历史问题

在推进改革过程中,还有不少给改革造成阻力的因素。有一些是主观因素,有一些是客观因素,而历史遗留问题可能是客观因素中一个主要的问题。目前历史遗留问题有三方面:首先,村级经济负债比较严重,目前上海1 711个村中经营亏损的村有121个,有些是当年经营亏损的,有的是投资失误实际导致集体经济已经资不抵债,这是个大问题。因为搞集体经济产权制度改革,总不能资产也没有,倒是分了不少债务到每位成员上来。第二,土地补偿费的问题。在上海,有些区的土地补偿费管理得很好,但也有些区没管好。应该属于村里面的,但被镇占用了,有的是挪用了,有的是无偿占用了。进行产权制度改革,这个问题总要有个明确的规定(在上海,还有土地补偿费"四三三"的问题)。第三,历史上造成资产、账目不清的,一般混账,根本搞不清楚。

对于这些问题,要引起高度重视,要加强领导,落实责任,逐步化解。比如土地补偿费,属于村集体所有的,首先要认;一时无法全部偿还的,要支付使用费;不能永远不解决,要支付给使用费并有计划逐步还给村里。(对土地补偿费"四三三"的问题:我们鼓励推广松江等区的经验,通过推进产权制度改革更好地维护被征地农民土地补偿费权益。在推进镇、村两级集体经济组织产权制度改革工作中,将包括土地补偿费在内的集体资产量化给集体经济组织成员,让其在未撤村队前就能享受土地补偿费的收益。具体来说就是可将生产队所属的40%土地补偿费和上缴村集体经济组织30%土地补偿费一并量化到集体经济组织成员;推进镇级改革的,可将包括上缴镇级集体经济组织的全部土地补偿费量化到集体经济组织成员,实现全部土地补偿费或大部分土地补偿费归集体经济组织成员所有。)再比如债务问题,投资失误特别是造成资不抵债

的,各个区县要梳理清楚有多少个这种类型的村。这个问题不能一直放置着,要拿出一个解决的具体方案。这个是需要花时间去解决的,但越早越好,不要把这个地雷一直埋在那里,不知道何时爆炸。

八、推进农村集体产权制度改革必须实施"一把手工程"

总结各地经验,当前和今后一个时期,中国农村集体经济组织产权制度改革要以保护农村集体经济组织及其成员的合法权益为核心,以创新农村集体经济组织产权制度改革形式为手段,以建立农村集体资产、资金和资源运营管理新机制为要求,建立"归属清晰、权责明确、保护严格、流转顺畅"的农村集体经济组织产权制度,确保集体经济组织成员收入持续增长。

在推进产权制度改革过程中,应建立四项工作机制:一是"一把手"负责机制。这是有效推进改革的重要关键。改革是老大难问题,涉及利益调整。开展改革的地方要建立由党委主要领导亲自挂帅的产权制度改革领导小组,统筹协调本地区的集体经济组织改革工作;配足强有力的工作班子,成立由各相关职能部门参与的工作机构,明确职能部门,明确时间节点;落实推进改革的工作经费。二是动力机制。这是有效推进改革的重要前提。开展改革的乡镇、村要按照确定的目标任务,采用倒排工作方法,分头制定改革工作计划和年度工作安排。同时实施分片指导和分组负责,实行责任到人,包干到镇。乡镇也抽调人员到村实行包干责任制。三是联动机制。这是有效推进改革的重要保障。发挥产权制度改革领导小组的作用,重点研究改革推进过程中的重大问题和重大决策;由分管领导牵头建立工作例会制度,帮助基层解决改革发展中遇到的困难和问题,确保改革发展稳步推进;建立联络员制度,及时掌握工作进度,汇总各类信息,协调推进改革。四是考核机制。这是有效推进改革的重要手段。要将推进农村集体经济组织改革、增加农民收入工作列入对开展改革镇、村领导政绩考核的重要内容,领导班子的考核成绩与年终奖金相挂钩。各镇(街道、园区)对开展改革的村干部也应建立了绩效考核制度,以进一步调动了基层干部推进改革工作的积极性。

(2014 年 7 月)

(注:本调研报告核心内容刊发在《中国农村经济》2014 年第七期,农村集体产权制度改革相关理论成果先后获得第七届中国农村发展研究奖和第十三届上海市哲学社会科学成果论文奖。)

10 农村土地承包关系"长久不变"的调查与思考*
——以上海市郊区为例

一、基本情况

中国共产党十七届三中全会《关于推进农村改革发展若干重大问题的决定》明确提出,"要赋予农民更加充分而有保障的土地承包经营权,现有土地承包关系要保持稳定并长久不变"。2009 年中央"一号文件"进一步要求:"抓紧修订、完善相关法律法规和政策,赋予农民更加充分而有保障的土地承包经营权,现有土地承包关系保持稳定并长久不变。""长久不变"已经成为当前和未来一段时期中国农村土地承包制度建设的基本方向。鉴此,本文以上海郊区为例,围绕土地承包关系"长久不变"的内涵、期限、起点等内容开展调查研究,并与高校、法律机构的相关专家学者多次进行专题研讨,形成相关共识,得出相应的启示。

为了解农民和基层农经管理部门干部对土地承包关系"长久不变"的基本认识,并在此基础上提出政策性思考,本文研究课题组以分层随机抽样的方式对上海市的一般农户、村干部、乡镇和区县负责农经工作的干部开展了问卷调查,四类群体的问卷发放比例大致为 6∶2∶1∶1。课题组在闵行、宝山、嘉定、松江 4 个近郊区各发放问卷 100 份以上,在

* 本文系国家社会科学基金重点项目"三权分置、农地流转与农民承包权益保护研究"(批准号:15AZD010)的阶段性成果。

浦东(主要在原南汇区)、金山、青浦、奉贤、崇明 5 个远郊区(县)各发放问卷 150 份以上,共发放问卷 1 212 份,收回有效问卷 1 212 份。经统计,全部受访者中,男女比例基本为 6∶4,60 岁以下的人约占 84%,初中及以下、高中(含中专)、大专及以上学历的受访者比例基本为 1∶1∶1,一般农民(户)的比例为六成以上(见表 1)。

表 1 　　　　　　　　　　　受访者基本特征　　　　　　　　　　单位:人,%

		数　量	比　例
性别	男性	758	62.5
	女性	454	37.5
年龄	45 岁以下	421	34.7
	45～60 岁	600	49.5
	60 岁以上	191	15.8
文化程度	初中及以下	444	36.6
	高中(含中专)	371	30.6
	大专及以上	397	32.8
职业身份	一般农户	746	61.5
	村干部	222	18.3
	乡镇干部	117	9.7
	区县干部	127	10.5

二、问卷分析

本文研究从土地承包情况、对"长久不变"的认识、"长久不变"下土地承包关系的起始时间、"长久不变"下土地承包关系的期限这四个方面设计了问卷。为详尽了解受访者对相关问题所持的观点,在对全部 1 212 份问卷进行整体分析的基础上,本文研究还分别从是否有承包地、职业身份、地理区位三个层面对受访者加以区分,以全面掌握不同受访者群体对相关问题的认知情况。

(一)关于土地承包基本情况

全部 1 212 名受访者中,家里有承包地的有 1 050 人,占总数的 86.6%(剩余 13.4% 的受访者都是乡镇和区县从事农经工作的干部)。家里有承包地的 1 050 人中,土地承包经营权已被确权颁证的有 1 012 人,持证率为 96.4%。

针对是否担心二轮延包到期后集体经济组织收回承包地的情况,超过半数有承包地的受访者对能继续承包土地表示乐观(见表 2)。从职业身份层面看,一般农户不担心承包土地被收回的比例约为 50%,村干部表示"不担心"的比例约为 60%。该结果表明,在土地承包关系稳定性方面,对未来持正面预期的受访者较多。

表 2　　　　　　　对二轮延包到期后承包地是否将被收回的预期　　　　单位:%

受访者类型	不担心被收回	担心被收回	难以判断
整体	53.7	43.3	3.0
一般农户	49.5	49.1	1.4
村干部	63.0	36.0	1.0

(二)关于"长久不变"的内涵特征

在对"长久不变"这一表述的知晓程度方面,表示"知晓"的人数比例达到 76.6%,其中,一般农户知晓该表述的比例也达到 70%。由此可以推断,社会对"长久不变"的认知度较高。

在此基础上,课题组对"长久不变"的内涵进行了提问,以观察不同受访者群体是否存在认识上的差异。经统计(见表 3),全部受访者中,有 67% 的人认可"长久不变是个概念集合体,既包括农村土地承包经营制度长久不变,也包括承包期限更长,权利更加充分而有保障,义务更加明确,地块也不再调整(除法定外)";有 17.1% 的人认可"农村土地承包经营制度长久不变,但具体地块可以调整";有 6.8% 的人认可"农村土地承包经营权到期后可继续再承包,与现行政策没啥两样";有 9.1% 的人认可"农村土地承包经营权不变了"。

除整体统计外,课题组还分别从有无承包地、职业身份、地理区位三个层面进行分类观察。结果表明,地理区位的差异并不影响受访者对"长久不变"内涵的理解;就职业身份而言,干部群体与一般农户在"长久不变"内涵的认识方面存在分化迹象;没有承包地的受访者对"长久不变"内涵的认识反而比有承包地的受访者更为清晰(见表3)。

表3   对"长久不变"内涵认知情况   单位:%

受访者类型		概念集合体	承包经营制度不变,地块可调整	可继续承包,与现行政策一样	承包经营权不变
整体		67.0	17.1	6.8	9.1
有无承包地	有	64.5	18.1	7.2	10.2
	无	81.9	10.8	4.8	2.5
职业身份	一般农户	61.6	19.3	8.2	10.9
	村干部	71.3	17.0	5.3	6.4
	乡镇干部	82.0	10.0	2.0	6.0
	区县干部	72.7	22.7	4.6	0.0
地理区位	近郊	68.3	11.9	9.1	10.7
	远郊	64.7	21.5	5.5	8.3

在进行问卷调查的同时,本文研究课题组还邀请了中国社会科学院法学所、复旦大学、上海交通大学、华东政法大学、上海大学、上海市法学会、上海市社会科学院等单位的专家学者进行专题研讨。专家学者们认为,"长久不变"是完善中国农村土地承包制度的基本方向,其内涵十分丰富:第一,"长久不变"是农村土地承包政策的延续和完善。提出农村土地承包关系"长久不变"体现出政策思路的延续性,是历史与逻辑的统一。第二,"长久不变"是土地承包经营权物权性质的体现。2007年10月正式施行的《物权法》,进一步确定土地承包经营权是用益物权。用益

物权是一种排他性权利,依法保护用益物权,必然要求稳定土地承包关系,"长久不变"正是农村土地承包经营权物权性质的应有之义。第三,"长久不变"有利于强化农民土地承包经营权益保护,有利于调动农民保护土地的积极性,增加对农地的中长期投资,而且更长的承包期限也意味着城镇化占地成本的提高,有助于减少征用占用土地的数量,改变中国目前土地城镇化快于人口城镇化的局面。第四,"长久不变"是提高农地资源配置效率的有效途径。随着农村土地承包经营权的物权化和"长久不变"政策的明确,土地承包经营权流转呈加快推进之势。

(三)关于"长久不变"下土地承包期限

中央明确农村土地承包关系"长久不变"的目的在于给农民以稳定的预期。从政策目标来看,只要能使农民有地权稳定的预期,设不设具体的土地承包期限,似乎并无本质区别。但是,从法律角度来看,"长久不变"是具有指引方向功能的政策性语言,要将其转变为准确表述、便于执行的法言法语,必须明确土地承包经营权的具体期限。特别是在具体操作层面,是否设立具体的土地承包期限,影响很大。例如,关于农村土地流转的时间期限,关于土地征收时对农民补偿额度的确定,都与土地承包期限密切相关。因此,为了保护农民利益,便于实际操作,本文认为,应该明确一个足够长的土地承包期限。问卷调查也显示,大多数受访者认为,对"长久不变"下的土地承包应设置期限。但是,对于"长久不变"下土地承包期限具体应设置为多少年,问卷受访者和专家学者的观点并不一致。

问卷统计结果显示,在所有受访者中,认为 30 年是"长久不变"合理期限的比例最高,为 44.6%;其次是 10~15 年,比例为 20.3%。其他选项方面,随着期限年数的增加,对其认可度逐渐降低,有 14% 的受访者认为期限应该"长于 100 年"(见表 4)。这一结果说明,受当前二轮承包时效的影响,近半数受访者认为"长久不变"的期限应等同于 30 年承包期,体现了他们对当前承包政策延续性的期待。

表 4   "长久不变"期限认知情况   单位:%

受访者类型		10～15 年	30 年	50 年	70 年	100 年	长于 100 年
整体		20.3	44.6	12.1	6.0	3.0	14.0
有无承包地	有	20.0	45.6	11.4	6.0	2.8	14.2
	无	21.6	38.3	16.6	5.6	4.9	13.0
职业身份	一般农户	20.6	46.8	10.2	4.8	3.3	14.3
	村干部	24.3	45.5	10.4	8.5	1.8	9.5
	乡镇干部	12.8	45.3	23.2	8.5	1.7	8.5
	区县干部	17.3	30.0	16.5	5.5	5.5	25.2
地理区位	近郊	22.7	44.0	12.4	6.3	1.2	13.4
	远郊	18.9	45.2	11.8	5.7	4.0	14.3

在职业身份层面,一般农户、村干部、乡镇干部和区县干部都对 30 年为合理期限的认可度较高,加权平均比例为 44.6%。而在其他选项方面,一般农户和村干部还倾向于支持 10～15 年,加权平均比例为 21.5%;区县干部则倾向于支持 70 年及以上期限的选项,比例为 36.2%。这反映出,社会地位较高的受访者对农地承包权"长久不变"的期限与对林权、房屋产权等不动产产权的期限有相近的认识;而农民群体大都注重眼前利益,更看重承包地的生产用途,认为过长的期限存在经营的不确定性。分类统计结果也显示,有无承包地和不同地理区位的受访者,其对"长久不变"下土地承包期限认知的统计结果,与整体统计结果之间没有明显差异。总的情况是,一般农户和村干部希望承包期限短一些,而乡镇干部、区县干部则希望承包期限长一些。

为进一步了解"长久不变"与二轮延包、确权登记颁证工作之间的联系,课题组还就不同群体的承包地块调整意愿进行了提问。结果显示,56.4%的受访者希望确权登记颁证后承包地就"长久"不再调整,40%的受访者则希望二轮延包期满后能重新调整承包地块。需要指出的是,希望在二轮延包期满后重新调整承包地块的受访者主要集中在近郊地区。

本文研究课题组分析认为,近郊地区城镇化水平较高,受访者更加看重承包地潜在的经济收益。

专题研讨中,专家学者对"长久不变"下土地承包期限普遍提出以70年为宜。理由是,按照中国现行法律规定,农村承包土地主要包括耕地、草原、林地以及实行承包的荒山、荒沟、荒丘、荒滩等未利用地。其中,耕地承包期为30年,草地承包期为30~50年,林地承包期为30~70年,特殊林木的林地承包期经国务院林业行政管理部门批准可以延长,法律并未对"四荒"地承包期做出明确规定。考虑到农村承包地生产要素和社会保障的双重功能,可将土地承包延长到一个较长的固定期限内。为了承包地管理的一致性和方便性,可将耕地、草地、林地及"四荒"地的承包期限一律延长至70年,并明确在一个承包期期满之后,符合条件承包者的承包期自动顺延。

(四)关于"长久不变"下承包关系的起始时间

问卷调查和专题研讨结果反映,为落实"长久不变",需要处理好"长久不变"的起始时间问题。在什么样的基础上稳定承包关系并长久不变,这看似一个技术性、操作性问题,但实际上影响重大。从问卷调查情况看,对于"长久不变"下承包关系的起始时间问题,受访者无论是在整体上还是分层面看,其选项比例的分布都比较相近,其中,认为"以'完成土地承包经营权确权登记颁证'为起点"的比例最高(见表5)。

另外,78.5%的受访者认为,"'长久不变'和承包地确权登记颁证工作之间有关联"。56.4%的受访者赞同"土地承包经营权确权登记颁证后,承包地就'长久'不再进行调整"。根据以上调查结果,笔者认为,一方面,大部分受访者对这次开展的土地承包经营权确权登记颁证工作表示出充分的认可,认为确权登记可以作为今后"长久不变"的工作基础;另一方面,一部分受访者担心,在30年二轮延包的剩余期内,可能还会发生较大的情况变化,希望对一些不公平、不合理的实际情况要做一些调整。

表5   "长久不变"的起始时间   单位:%

受访者类型		完成确权登记颁证	一轮承包开始	二轮延包起始期	二轮延包结束后	法定时间	无所谓
整体			38.0	9.2	16.8	16.4	13.4	6.2
有无承包地	有	37.8	9.5	16.8	16.3	13.4	6.2
	无	38.8	6.8	17.3	17.3	13.0	6.8
职业身份	一般农户	37.1	11.0	16.5	15.0	12.5	7.9
	村干部	41.0	8.5	18.0	17.2	11.7	3.6
	乡镇干部	37.6	4.3	17.9	20.5	17.1	2.6
	区县干部	37.8	3.9	15.7	19.8	18.1	4.7
地理区位	近郊	34.4	11.0	19.4	14.1	11.5	9.6
	远郊	40.6	8.2	15.2	16.8	14.6	4.6

需要指出的是,对"长久不变"的起点问题,专家学者则一致认为应从二轮延包期满之时开始计算。其理由是,应考虑到法律的严肃性,二轮延包的概念已在广大农民和基层干部中深入人心,若二轮延包尚未期满,就宣布执行"长久不变",易使公众质疑政府行为的严肃性。

综上分析,关于"长久不变"的起点主要集中于两种观点:一是在二轮延包的基础上长久不变,二是在完成本次确权登记颁证之后再长久不变。笔者认为,究竟是在二轮承包的基础上长久不变,还是在确权登记颁证之后再长久不变,最关键的是要妥善处理土地承包中的各种遗留问题,在相对公平、公正的基础上执行"长久不变",其核心标准是要做到公正、公平。这是因为,农村土地制度是中国农村最为基础的制度安排,直接影响着千家万户的基本经济利益,公平是中国农村土地制度的价值取向和内在要求,也是实现农村土地承包关系长久不变的逻辑起点。比较稳妥的办法是在尊重历史传统、合乎法律法规、农民普遍接受的情况下,在起点公平的基础上实现"长久不变"。

三、结论与思考

第一,土地承包关系"长久不变"的内涵应当是指现有土地承包所形成的全部权利义务关系长久不变,既包括农村土地承包经营制度长久不变,也包括承包期限更长、权利更加充分而有保障、义务更加明确以及地块也不再调整。具体包括三个方面:稳定现有土地承包关系,实现土地承包关系长久不变和赋予农民更加充分而有保障的土地承包经营权。需要指出的是,调查中基层干部和群众对"长久不变"内涵中的"地块也不再调整"是有顾虑的,认为地块是否调整、如何调整等问题应视各地实际情况而定,若确实存在不公平的情况并且大部分农户都有调整意愿的,应该通过规范的程序做适当调整。

第二,"长久不变"下土地承包期限宜设立为 70 年,该期限可以兼顾地权稳定性和农业生产的特点。其理由是:①70 年几乎涵盖劳动力整个生命周期;②70 年也是城市用地使用权期限,将"长久不变"下土地承包期限设立为 70 年有利于提升农地使用权的法律地位;③期限设立的意图是避免私有制和永久土地使用权的概念混淆;④期限设立需要顺应农民对土地使用权期限的期望,能够保障农民中弱势群体享有利用土地这一最基本的生存手段的权利。在实际推进过程中,考虑到基层群众目前对"长久不变"下土地承包期限设立为 70 年的认可度尚不高,还存在对诸如若"长久不变"下土地承包期限过长,期间可能会发生较大变化而产生一些不公平、不合理情况的担忧,应对"长久不变"的内涵、期限等重大政策问题加强宣传和解释,以打消广大农民群众的顾虑。

第三,农村土地承包经营权确权登记颁证作为一种物权登记,是对农民土地承包经营权权益的法律认可。经过确权登记颁证的农村土地,其用益物权性质体现更为明显,权能更加充分和完善。在一些典型地区,若该项工作扎实有效推进,在切实解决历史遗留问题、做到起点公平的基础之上确权颁证,则可将确权登记颁证作为"长久不变"的逻辑起点,明确宣布农村土地承包关系长久不变,亦即农村土地承包经营制度长久不变,农村土地承包所形成的全部权利义务关系长久不变,承包地块也不再调整。

由于到二轮承包期满还有十多年的时间,经济社会仍将发生显著变化,二轮延包到期后应允许对土地承包关系做适当调整。根据城镇化进程较快的实际情况,对一些明显不公平的情况,比如早期由家庭多人户口迁出或迁入引起的承包权利不匹配的情况等,可做适当形式的调整,这样既与"长久不变"的内涵相一致,也与农村实际情况相吻合。需要强调的是,调整应以保障农民基本利益为底线,调整方式一般采取确权确利的形式,并与农村集体产权制度改革有机结合起来。具体来看,本轮承包期满后,由于各地农村土地承包的基础和起点并不一致,应区别对待。一是对于长期实行"生不增、死不减"模式且自实行家庭承包经营制度以来土地承包关系就非常稳定的地方,农户对现有土地承包关系充分认可,二轮承包期满后可以不做调整。二是对于长期实行"大稳定、小调整"模式的地方,可在现有土地承包关系基本不变的情况下,针对历史遗留问题和个别特殊案例做最后一次小调整。三是对于极个别土地承包关系频繁大范围调整或者土地数量长期不清、分配不均的地方,要下大力气摸清底数,在本轮承包期满后,在群众充分认可的基础上重新调整分配。形式上可采取保障利益的做法(确权确股不确地、入股等),并结合正在推进的农村集体产权制度改革一并执行。

第四,土地承包经营权确权登记和"长久不变"所要解决的问题主要是农村土地承包初始赋权以及在该权能内如何完善农村土地承包制度,它需要有多种相关制度为支撑。比如,为提高土地资源配置效率,需要健全完善农村土地经营权流转制度;为防止工商资本等外部强力对小规模农户利益的侵害,需要建立健全相应的监管机制。只有协同推进各项制度配套改革,农村土地承包关系"长久不变"才能真正实现。

(2016 年 1 月)

（注：本调研报告得到中央农办主任陈锡文的充分肯定，获得第十一届上海市决策咨询研究成果内部调研奖，文章刊发在《中国农村经济》2015 年第 10 期。参加调研起草的还有顾海英、张晨、陈怡赟、楼建丽等。）

11 关于上海探索盘活利用农民闲置房屋的调研报告

2018 年中央一号文件提出，探索宅基地所有权、资格权、使用权"三权分置"，适度放活农民房屋使用权，这是当前和今后一个时期深化农村土地制度改革的一项重要任务。上海作为全国经济社会发展水平最高地区之一，在推进乡村振兴的大背景下，如何挖掘独特的乡村价值，激活农民闲置房屋这份"沉睡的资本"，让农民拥有更多的财产性收入；如何避免市民因本地缺乏宜人的乡村休闲地，一到假期就往江浙跑的窘境，营造上海自己的"裸心谷""洋家乐"，无论是理论还是实践均有十分重要的意义。鉴此，近期，我们围绕上海盘活利用开发农民闲置房屋这一问题，深入浦东、青浦、奉贤、金山、松江等纯农业地区实地走访，并对 5 区 31 镇 304 个保留村和保护村开展了问卷调查，现将调研情况汇总如下。

一、基本情况

通过调研，我们认为上海盘活利用开发农民闲置房屋使用权正当其时，具有良好的基础条件。首先，沪郊农村自然资源为盘活开发利用农宅奠定了基础。上海是典型的江南水乡，古镇、水乡、老街、海岛、古文化遗址、渔村以及田野自然风光等景观资源较为丰富，民间传统文化源远流长，各种民俗活动也具有地方特色。特别是随着全市村庄改造和美丽乡村示范村的推进，农村环境面貌发生了明显改善，不少乡村风貌别具一格。

其次,农民盼望实现闲置农房的财产性功能。目前上海村里两成左右农户的房屋已闲置空关,一半农户的房屋为半闲置房(指日常由老年人居住,节假日儿女回家居住)。上海郊区农民的习俗是有农村的房屋不算有房,生活目标是"城里有房,才能娶妻安家"。即便在我们调查的纯农业地区,四成左右的农户已在城区或镇里购置了住房。对 304 个村的问卷调查显示,三成左右农民愿意将闲置房屋流转出来,以增加经济收入。

此外,社会资本对利用农宅投资建设的热情不减。近年来,全市民宿客栈数量大约在 300 家左右,主要分布在青浦、崇明、金山、浦东、松江等乡村,形成了青西三镇、金山嘴渔村为代表的民宿聚落,同时还建设了一些创客空间。相关企业依托浦东新区川沙新镇连民村紧邻迪士尼乐园的地理优势,运用高新科技打造风格各异、主题鲜明的现代化民宿。金山区在全市率先以民宿发展协调领导小组的名义推行一站式审批,近期已对 6 家民宿进行了备案登记,由此调动了经营主体的投资开发积极性。

调查显示:上海盘活农民闲置房屋使用权有试点、有成效。现有农房流转后的运行机制主要有三种:一是"农户+村集体或合作社+社会资本投资"。由村集体经济组织或村集体领办的合作社,将农户流转出的闲置农房统一组织,统一对外寻求合作,引入社会资本和先进管理经验,社会资本负责经营管理,农民获得租金收入并参与经营收益分配。这种方式具有"统一组织、一体化发展、专业化管理、规模化经营"的特点,可有效解决村民及村集体资金短缺问题,值得推崇。主要典型有浦东新区川沙新镇连民村、青浦区金泽镇蔡浜村、金山区山阳镇金山嘴渔村等。二是"农户+村集体或合作社"。主要由村集体成立合作社负责建设和经营管理,通过争取项目、村民集资、政策扶持等途径,依托村内自然资源改造农宅,对外统一经营。如奉贤西渡益民村将闲置、半闲置农房等打造众创空间,发展总部经济。三是"农户+社会资本投资"。主要由社会资本直接租赁农民闲置住房,由公司企业统一经营管理,农民可选择一次性收取租金或每年收取固定收益等方式获得财产性收入。如金山枫泾镇新义村首批9户农民将闲置房屋交给一家上市公司打造成众创空间。

通过盘活开发利用农民闲置房屋,实现了多方共赢:乡村生态环境水平得到了提高,市民对美好生活需求得到了满足,尤其是农民的增收渠道进一步拓展。一是租金收入。农户将闲置、半闲置农宅流转给集体、合作社,或者租赁给企业,获得租金收入。浦东新区川沙新镇连民村农民年房租收入3.6万~15万不等,且每年递增5%;奉贤西渡街道益民村、金山嘴渔村农户出租房屋每年收益5万~6万元。15年租赁期到期后,改建房屋的经营权将返给农家。二是销售农产品收入。各类时令鲜嫩的农副产品深受游客欢迎,农家乐、乡村深度游带动了周边农户发展特色农业、绿色农业,实现增收致富。三是收益分红。一些地方集体的养殖场、仓库、厂房等,成为发展乡村民宿和众创空间的物质载体,壮大了集体经济实力。如奉贤西渡五宅村将每年村办公用房、旧厂房出租获得经营利润600万元,村民可享受来自集体经济组织的收益分红。四是就业收入。通过盘活闲置农宅,改善了农村整体面貌,乡村旅游、民宿产业、文化创意、运动健身、电商物流等业态百花齐放,创造了许多就业机会。据对304个村调查,已开展农宅盘活利用的村,都吸纳了大量本地劳动力就业,从事民宿管理、保洁服务等工作,月工资在3 000~8 000元不等。

二、问题分析

虽然上海在探索盘活利用开发农民闲置房屋方面迈出了可喜的步伐,但与江浙地区相比,尚存在比较明显的差距。一是形态散,以零散盘活为主,盘活改建的农宅混杂在村居中。二是规模小,以整村盘活的方式至今还未形成。三是精品少,难与江浙比拼,除少数几个精品民宿外,缺少精品,形不成气势。四是诚信差,农民对合同契约诚信度不够现象普遍存在,因反悔而出现的经济纠纷时有所闻。村干部还反映,发展民宿与增强农村集体经济实力关系不大,担心"瞎折腾、不长久"。上述问题,究其原因有以下几点。

一是缺乏一个部门主抓。基层反映,全市缺乏一个主管部门,这项工作既可由农委主管,也可由旅游部门主管。究竟哪个部门主管目前尚未明确。

二是项目开发审批难。调研时,一半的被调查者反映,目前农民闲置房屋流转开发主要用于发展民宿,由于土地不能转性,用农宅办民宿办不了相关证照。工商登记没有登记类别,既不是旅馆也不是餐饮,难以获得许可证。同时,乡村民宅建筑多为自建房,九成以上的农村房屋是 20 世纪建设的,房屋的建筑安全难以核准。加之,乡村民房通常不具备商业接待设施所需的消防设施和消防条件,在消防审核中遇到很大困难。

三是配套设施不到位。调研时,八成的被调查者反映,将农民闲置房屋改造成民宿或者众创空间,需要更多依托村庄的整体环境和周边的旅游资源,规模化发展后还需要旅游设施用地作为保障,包括建设停车场、娱乐活动设施、接待中心等。同时,乡村排污纳管、供水供电、电线电讯、燃气等公共服务配套设施,也需要增加投入。

四是发展定位同质化、低端化。从总体来看,全市缺乏顶层战略设计,更缺乏统一规划。盘活利用农民闲置房屋大多用于发展民宿,风格样式和发展定位雷同,存在同质化问题,市场定位及产品层次低端,特色不明显,缺乏故事性,遗失乡村性,难以实现可持续性。

五是宅基地权证颁证工作欠缺。农村宅基地和房屋权证颁发工作需要补课,全市宅基地使用权证都是 1991 年颁发的,之后都是通过以批代证审批的,虽然法规上还算有依据,但无论是宅基地还是农村房屋权证工作不到位,未来要深化宅基地"三权分置"的基础工作不扎实,存在不少隐患和风险。

三、对策建议

通过调研,我们认为上海应该探索如何促进放活农民闲置房屋使用权,让土地利用效率得以提升,让农村房屋的价值得以显现,让富余的劳动力能够就业,从而推动产业发展、农民增收,这是当前和今后一个时期推进乡村振兴的有效抓手,应尽早谋划。目前上海已到了关键窗口期,要充分发挥上海乡村与城市具有的地理位置近、市场需求强、高新技术多等优势,扬长避短,积极推进。在顶层设计上,需要把握好"三个注重"。

一要注重增强三个意识。一是聚焦重点意识。切忌遍地开花、"撒胡椒面"。近阶段宜在具备自然人文资源和周边有比较完备的旅游设施的"三边一岛"(迪士尼乐园边、淀山湖边、黄浦江边和崇明生态岛)优先开展这项工作,集中资金投入,逐步形成重点发展集聚地区。二是典型引路意识。切忌搞平衡、搞平均用力。在近年来推行美丽乡村示范村的基础上,遴选一批精品村,通过2～3年的建设,实现重点突破,以点带面,为后续开发积累经验、塑造典型、提供样板。三是精品开发意识。切忌贪大求洋、单纯追求数量。要坚持高起点、高品质发展,与上海超大城市相匹配,防止低档次低水平重复建设,避免不必要的人力、资源、资金浪费。

二要注重处理三方关系。正确处理好农户、集体和投资方三者之间的利益关系,确保各方的合法权益,做到互利共赢。盘活利用开发闲置房屋的方式可以多样化,但倡导由集体统一组织运营。村集体经济组织作为农村宅基地所有权主体代表,应发挥组织和引导作用,减少一家一户与社会资本开展合作经营产生各类矛盾纠纷。村集体经济组织可以通过统一组织经营管理、提供公共设施和服务等,获取合理的经营收益和管理费用,由此壮大集体经济实力。坚持发挥农民主体作用。按照农民离地不失地、离房不失房的原则,充分尊重当地农民意愿。不能为了集中连片经营搞强迫命令,房屋租赁经营合同期满或中止后,房屋所有权仍归原农户所有。

三要注重实现三个带动。通过推进农民闲置房屋盘活利用,一是带动美丽乡村整体发展水平,遵循乡村自身发展规律,保留保护村庄肌理,体现江南特色,有风貌更要有韵味,有颜值更要有气质,有入眼的景观更要有走心的文化。二是积极引进各类优质社会资本、专业团队、能工巧匠参与到这项工作,增强更多的人气,为乡村发展增强活力。三是坚持发展美丽经济,应结合当地资源禀赋,叠加农村生态和人文资源,把盘活利用闲置房屋促进民宿发展与田园综合体、休闲旅游、体验教育、养生养老等融为一体,融合形成新业态新模式,发展各类衍生产品,真正实现美在生态、富在产业、根在文化,促进乡村可持续发展。

盘活农民闲置房屋使用权需要有强有力的创新举措和支持办法。针对存在的具体问题,建议采取如下对策。

一要发挥政府作用。应明确一个主管部门牵头组织推进这项工作,建立部门协调工作机制,农业、旅游、市场监督、公安、卫生、环保、规划、金融等部门要合力予以推进。市、区两级政府要发挥行业协会和集体经济组织的力量,构建多方参与的开发与管理机制。一是抓规划,由牵头部门做好闲置农宅流转的统一规划,切实加强政策指导。二是建平台,先期,以区为单位,由政府统一打造平台,做好协调统筹服务。未来条件成熟后,在全市层面统一建立平台,统一标准,面向海内外招标,提高资源利用率。三是创品牌,统筹加大宣传力度,扩大影响力。四是强监督,要注重审批之后的项目日常监督和长效管理。

二要出台扶持政策。市旅游局会同市农委等部门尽快制定上海民宿发展的指导意见,明确可操作性标准,研究出台消防、特种行业经营等领域便利市场准入、加强事中事后监管的办法。政策设计要维护好、保护好、实现好农民利益,在消防等方面要在守住安全底线的基础上,根据农民房屋实际,适当放低准入条件。规土部门应支持新建、改扩建乡村民宿项目与公共服务设施,允许在观赏农业型项目周边配套少量旅游服务功能用地。市级应给区级一定的自主权,建立容错机制,开展评比活动,实行优秀者后补助奖励。

三要强化设施配套。应加强多部门协同,整合优惠政策和资金支持,形成支持合力,按照统一规划,分步骤、有重点地抓好适宜民宿发展区域的乡村环境整治和基础设施建设,加快水电设施、排污纳管、内外交通、消防给水等基础设施改造和旅游服务设施建设,完善道路交通指引标识系统等。

四要融合文化元素。对农村中的保护村,要特别注意乡土文化保护,防止乡土文化被滥用甚至被破坏。在风貌塑造上留住乡村的"形",在文化传承上留住乡村的"魂"。要推行差异化竞争和品牌策略,注重促进本地文化和乡村产业与民宿的融合,发展集观赏性、娱乐性、体验性为一体的民宿综合体验产品。推行乡村规划培训师制度,培育一批优秀的民宿业主,讲好上海乡村文化故事,以满足人们追求异质文化的个性化需求。

五要打好改革基础。应排出时间节点,抓紧推进房地一体的农村集体建设用地和宅基地使用权确权登记颁证工作。为深化宅基地"三权分置",要坚守三条底线:一是盘活利用农民闲置房屋应在农民合法宅基地上的房屋进行,强调在规划保留保护的村庄内开展,房屋应符合城市总体规划和土地利用总体规划、产权归属清晰、处于闲置状态和可安全使用等要求,并经农村集体经济组织认可。二是不得违规违法买卖宅基地,禁止下乡利用农村宅基地建设别墅大院和私人会馆;三是杜绝变相发展小产权房。

(2018 年 5 月)

（注：本文系笔者在上海市委党校第 55 期中青班学习时撰写的调研报告，参加调研起草的还有谭伟、何冬宾、张晨、楼建丽、晋洪涛等。调研报告得到中央农办主任韩俊和市委市政府领导的充分肯定，获得第十二届上海市决策咨询研究成果内部调研奖。）

12 农村土地承包经营权退出意愿调查
——基于上海四区 1255 份农村调查问卷的分析

一、引言

随着我国农业现代化进程的加快,农民专业合作社、家庭农场等新型农业经营主体迅速壮大崛起,农业适度规模经营成为必然趋势,这也促使各类经营主体加大了对土地的需求。2015 年,中央提出在有条件的地方开展农民土地承包经营权有偿退出试点。2016 年和 2017 年,中央一号文件提出农地"三权分置",支持引导农民依法自愿有偿转让土地承包经营权益。

农村土地承包经营权是指农民作为农村集体经济组织成员而享有的承包集体土地的权利,是当前农民拥有的最重要的土地权利。目前农民土地承包经营权退出主要有两种路径:一是强制性退出:国家或地方政府以公共利益的名义征收,使部分农民被动市民化而丧失土地承包经营权;二是引导性退出:地方政府制定激励政策,引导有条件地方的农户自愿退出土地承包经营权,并换取一定形式的补偿。

在城市化推进过程中,我国一些省市先后选点探索了引导性的土地承包经营权退出机制,并形成了各具特色的操作模式。显然,如何在农村土地所有权、承包权、经营权"三权分置"的大背景下,科学引导农民依法自愿有偿退出土地承包经营权显得尤为重要。鉴于当前我国的社会保障制度等尚不够完善,如果不加区别地推动农民推出土地承包经营权,可能会出现农户"被退地""被上楼"等问题。上海作为全国社会经济发展水平最高的地区之一,既有条件也有需求开展农民土地承包经营权有偿退出的探索。因此,以上海郊区农村为对象,研究科学性和可操作性兼备的农村土地承包经营权退出机制,在理论和实践两方面均有积极意义。

二、国内实践剖析

近年来,四川、重庆、陕西、宁夏、安徽、浙江等多地积极探索农村承包地退出机制,其中,重庆梁平、宁夏平罗、四川内江的做法具有典型性(表 1)。从三地承包地退出的实践看,基本模式都是政府引导、农民参与的形式,基本路径都是以农民承包地的退出来换取相应的经济补偿和社会保障,促进农民离土进城或者集中居住。但是,这些地区探索承包地退出机制的政策设计也存在补偿标准偏低、重货币补偿轻社会保障兜底、退出时限计算科学度较低等问题。应当说,由于全国各地发展程度不一,农村土地承包经营权退出应是一个渐进的过程。从现阶段各地的探索实践看,它们的做法有的是二轮承包期内土地经营权的退出,属于部分退出;有的是承包经营权完全退出,即农民将土地承包经营权退还给集体经济组织,彻底割断与土地的联系,真正融入城市化进程。然而,无论是部分退出还是全部退出,都存在一定的制度缺陷:一是土地收储制度会给地方财政带来压力;二是退地农民落户制度与国务院 2014 年7 月颁布《关于进一步推进户籍制度改革的意见》中"现阶段不得以退出土地承包经营权、宅基地使用权、集体收益分配权作为农民进城落户的条件"相冲突;三是农民退地后各利益主体权益盲点较多,容易给农户、经营业主、村集体经济组织埋下土地纠纷隐患。

表1   典型地区探索退出土地承包的做法

	重庆梁平	宁夏平罗	四川内江
退出条件	1. 整户退出,满足有稳定职业或收入来源、有城镇固定住所等条件。 2. 部分退出,面积不超过家庭承包总面积的50%。	1. 退出的承包地须经过确权颁证。 2. 须在城镇有固定住所并有稳定非农收入。 3. 须经过村集体"一事一议"同意。 4. 永久退出全部产权的农户,须放弃村集体经济组织成员身份。	1. 进城落户、外出务工等离开农村的人员。 2. 丧失劳动力的贫困人员。
退出程序	1. 农户自愿申请; 2. 民主决策; 3. 村镇审核; 4. 张榜公示; 5. 签约交割; 6. 注销权证; 7. 上报备案。	1. 农户共有人书面申请; 2. 村集体经济组织审核; 3. 协商评估; 4. 签订补偿协议; 5. 兑现补偿费; 6. 变更权证。	1. 农户申请; 2. 村民小组核实; 3. 村委会复核; 4. 乡镇批准; 5. 区农林局备案。
退出类型	1. 整户退出,集中用地。 2. 整片退出,定制用地。 3. 整社退出,统一用地。	1. 将承包土地经营权在二轮承包期内退出。 2. 将承包土地经营权永久退出。 3. 将宅基地使用权、房屋所用权同时退出和部分承包土地退出。	1. 退出承包地换现金。 2. 退出承包地换股份。 3. 退出承包地换保障。
补偿标准	1. 原则上不超过同期同区域国家征地土地补偿标准。 2. 目前试点村退出补偿标准为1.4万元/亩。	1. 退出土地按照当年土地流转价上浮5%的标准评估价值,并按二轮承包期内剩余年限计算,分期补偿。 2. 对永久退出的,一次性享受村集体"三资"收益分配。	1. 换现金(永久退出:土地流转价格2倍,以30年计算,给予3万元/亩一次性补偿;长期退出,按照850元/亩/年,以二轮承包剩余期限14年计算,给予1.19万元一次性补偿)。 2. 换股份(见社会保障)。
资金来源	集体经济组织自筹、金融机构担保融资、承接业主支付租金、乡镇财政借支、县级财政补助等方法多方筹措退地补偿金。	县政府设立500万元收储资金与移民安置资金捆绑使用,在村集体暂无条件支付收储费时,可用收储基金垫付。	1. 政府建立土地承包权退出补偿周转金。 2. 村集体经济组织借支并在发展过程中逐步偿还。

续表

	重庆梁平	宁夏平罗	四川内江
社会保障	1. 将退地农民纳入就业创业政策扶持范围，在金融信贷、创业服务等方面给予支持。 2. 引导退地农民参加城镇职工养老保险。	1. 老年农民退出的耕地可以一次性转让，也可以用流转获得的收益缴纳养老金，流转交易后置换养老服务。 2. 把两个闲置小学改造为农村养老院为退出农村土地和房屋的老年农民提供养老服务。	1. 对因病因残因老丧失劳动能力、资源永久退出整户承包地并参加退地养老保险的贫困户建档立卡。 2. 参保人员退出按每人每份2万元补偿，用于参加退地养老保险，区政府再给每个参保人员个人账户补助5 000元；多退出的承包地，集体经济组织按每份1万元标准给予农户一次性现金补偿。年满60岁的参保人员每月领取养老金180元，直至终身；未满60岁的申请领取退地换保困难救助金每月100元，直至60岁。
受益分配权保留	退地农民保留集体经济组织成员资格，仍可享受集体分红。	永久退出全部产权的农户，必须放弃农村集体经济组织成员身份。	保留退地农民的集体经济收益分配权。

资料来源：根据农业部全国农村改革试验区办公室提供资料整理而成。

三、上海郊区问卷调研分析

(一)上海的探索实践

上海农村人均占有耕地面积较少，除崇明区外，其他郊区农民人均承包地面积约为1亩。2015年下半年起，松江区探索开展了老年农民退出土地承包增保障的做法。截至2017年5月，全区32 775名老年农民退出了36 222.95亩承包地，并自愿签订了完全退出土地承包的确认书。2016年起，松江区对老年农民退出土地承包的(土地承包共有人中如有子女的，必须将整户承包地全部流转)，在每人每月860元农村养老保障金的基础上，由区财政每月再补贴664元，合计1 524元，使老年农民每月收入达到上海城镇居民保险相同的水平。其中，整户退出承包地的中青年农民不享受老年农民社会保障补贴政策，按土地流转每年享受折合250公斤稻谷的流转费，2029年二轮延包结束后仍享有承包权利。

奉贤区从2017年起，对承诺将承包地流转出的老年农民每月给予

100元的退养补贴。全区57 737名老年农民中,有36 579人符合退出条件并自愿退出,每年每位农民1 200元的退养补助金由区财政专门列支资金承担。

(二)问卷设计与基本情况

为进一步掌握上海郊区农户退出土地承包的意愿,退出机制的实施条件,以及影响退出土地承包的因素,笔者于2017年3月起,历时3个月对上海松江、奉贤、金山、崇明等4个远郊地区有承包地的农户开展了问卷调查,并进村入户对村干部和村民进行了座谈。

问卷设计包含了四方面的内容:一是基本信息,包括性别、年龄、学历、职业等,可作为问卷核心问题的样本类型遴选项;二是家庭经济情况,包括年收入、房产、汽车等,用以观察家庭经济条件对退出土地承包意愿的影响;三是土地承包信息,包括面积、地块数、流转情况等,用以观察承包地利用现状对退出土地承包意愿的影响;四是退出土地承包的意愿以及对补偿条件的意愿。

调查问卷共发放并回收了1 255份,均为有效问卷,其中松江区277份,奉贤区298份,金山区394份,崇明区286份,受访农户分布情况如表2所示,各项指标统计值符合正态分布的基本要求。

表2   问卷调查样本总体分布情况   单位:%

统计指标		比例	统计指标		比例
性别	男	62.6	职业	纯务农	35.1
	女	37.4		兼业	33.1
年龄	35岁以下	10		非农就业	31.8
	35~45岁	20.1	家庭年收入	2万元以下	11
	45~60岁	42.7		2~4万元	24
	60岁以上	27.2		4~6万元	29
初中以下	24.5			6万元以上	36
	初中	42	商品房	有	52.5
	高中/中专	18.5		没有	47.5
	大专及以上	15	小汽车	有	53.5
家庭平均承包地面积		3.3亩		没有	46.5

(三)退出土地承包的影响因素

统计显示,全部 1 255 名受访农户中,有 820 人表示愿意退出土地
承包,比例为 65.3%;有 435 人表示不愿退出土地承包,比例为 34.7%。
从调研情况看,影响农户退出土地承包意愿的因素,可以归纳为经济因
素、个人因素和家庭因素三类。

经济因素方面,笔者考察了农户退出土地承包意愿与家庭年收入、
商品房和小汽车的拥有情况的关系。统计显示,无论家庭年收入处于哪
一个档次,受访者关于退出土地承包的意愿大体相当,并没有出现两极
分化的现象;同样,受访者退出意愿与其家庭拥有商品房和小汽车的情
况也无明显关联(表 3)。笔者认为,上海作为国内最发达的地区之一,
城乡居民家庭经济水平普遍较高,因此经济因素对农民是否愿意退出承
包地的关键因素明显减弱。与问卷统计结果相呼应的是,在座谈时,笔
者了解到家庭经济条件较好的农户对承包地有较高的预期,待价而沽不
愿退出的反而不在少数。

个人因素方面,笔者发现年龄、学历和职业情况能够影响农户退出
土地承包的意愿。年纪轻、学历高、非农就业的受访农户,由于掌握一定
的职业技能,拥有稳定的工作收入,承包地的经济和社会保障功能对他
们而言较为淡化,因此一般愿意退出土地承包经营权。统计显示,35～
45 岁的青壮年受访农户愿意退出的比例为 74.3%,高于 60 岁以上的受
访农户(63%);高中(含中专)学历的受访农户,愿意退出的比例为
70.3%,高于初中以下学历的农户(64.8%);非农就业的受访农户,愿意
退出的比例为 69.7%,而纯务农的受访农户,愿意退出的比例则为
60.9%。

家庭因素方面,笔者认为影响退出土地承包意愿的,主要是承包地
情况和家庭结构。从承包地流转情况看,全部流转的农户中愿意退出的
比例为 66.5%,高于部分流转的农户(59.4%)。实地调研发现,松江和
奉贤两区承包地流转率分别是 99%和 70%,金山和崇明两区承包地流

转率均为50%,而这四区受访农户愿意退出土地承包意愿的比例分别是98.9%、78.9%、39.8%和53.8%,显然承包地流转率与退出意愿存在着对应关系(表4)。问卷统计还显示,松江、奉贤、金山、崇明四区受访农户家庭平均拥有承包地面积分别为2.8亩、2.6亩、4.2亩和3.4亩,对应退出意愿可知,家庭承包地越多的农户越不愿意退出土地承包。此外,笔者在调研座谈时了解到,已与子女分户承包的老夫妻农户,由于迫切希望提早享受社会保障,因此普遍愿意一次性全部退出土地承包,且年龄越大,退出承包地换取增加社会保障的意愿越强烈。

表3　　　　　　　　全部受访农户退出土地承包的意愿情况　　　　　　　单位:%

		愿意退出	不愿退出
年龄	35 岁以下	54.4	45.6
	35~45 岁	74.3	25.7
	45~60 岁	65.1	34.9
	60 岁以上	63.0	37.0
文化程度	初中以下	64.8	35.2
	初中	65.5	34.5
	高中/中专	70.3	29.7
	大专及以上	59.8	40.2
职业	纯务农	60.9	39.1
	兼业	65.9	34.1
	非农就业	69.7	30.3
家庭年收入	2 万元以下	65.9	34.1
	2 万~4 万元	70.8	29.2
	4 万~6 万元	66.9	33.1
	6 万元以上	60.3	39.7

续表

		愿意退出	不愿退出
商品房	有	66.6	33.4
	没有	63.9	36.1
小汽车	有	67.7	32.3
	没有	62.6	37.4
承包地流转情况	没有流转	68.2	31.8
	部分流转	59.4	40.6
	全部流转	66.5	33.5

表 4　　　　　　　　　　四区受访农户退出土地承包意愿情况　　　　　　单位:%

	愿意退出	不愿退出
松江区	98.9	1.1
奉贤区	78.9	21.1
金山区	39.8	60.2
崇明区	53.8	46.2

(四)退出承包地后补偿方式的选择

对愿意退出土地承包的受访农户,问卷设计了三种补偿方式,分别是"一次性经济补偿,每亩承包地补偿 5 万元左右""承包经营权证上的人都取得类似镇保的保障水平""每亩承包地补偿 2 万左右,承包经营权证上的人都解决就业"。统计结果表明,选择"承包经营权证上的人都取得类似镇保的保障水平"的有 441 人,排位第一,比例为 53.8%;选择"一次性经济补偿,每亩承包地补偿 5 万元左右"的有 233 人,比例为28.4%;选择"每亩承包地补偿 2 万左右,承包经营权证上的人都解决就业"的有 102 人,比例为 12.4%;另有 44 人不认可上述三种补偿标准,希望另行设计(表5)。

对 441 名选择"承包经营权证上的人都取得类似镇保的保障水平"的农户,笔者做了跟踪分析:45 岁以上的有 305 人,占 69.2%;初中及以下学历的有 296 人,占 67.1%;从事农业(纯务农和兼业)的有 295 人,占 66.9%;家庭年收入 4 万元以下的有 159 人,占 36.1%;承包地全部流转出去的有 357 人,占 81%(表 6)。由此可知,选择该补偿方式的受访农户,多为中老年群体,其文化程度相对偏低,家庭经济收入较低,从事农业生产且没有保留承包地的相对较多,因此把承包地视为养老的重要保障。

表 5　　　　　　　　**农户退出土地承包补偿方式选择情况**　　　　　单位:%

补偿方式	比例
一次性的经济补偿,每亩补偿 5 万元左右	28.4
权证上的人都取得类似镇保的保障水平	53.8
每亩补偿 2 万元,权证上的人都解决就业	12.4
其他	5.4

表 6　　**选择"权证上的人都取得类似镇保的保障水平"补偿方式农户的情况** 单位:%

		比　例
年龄	45 岁以下	30.8
	45 岁以上	69.2
文化程度	初中及以下	67.1
	高中及以上	32.9
职业	纯务农及兼业	66.9
	非农就业	33.1
家庭年收入	4 万元以下	36.1
	4 万元以上	63.9
承包地流转情况	没有及部分流转	19.0
	全部流转	81.0

对不愿意退出土地承包的受访农户,问卷设计了四种理由,分别是"补偿力度不够""与补偿无关,希望承包地能留给后代""不了解政策,吃不准""愿意从事农业,有稳定感"。统计结果表明,有 208 人选择"补偿力度不够",占 47.8%;选择"不了解政策,吃不准"的有 134 人,占 30.8%;表示希望将承包地留给后代和愿意从事农业的受访对象分别为 64 名和 29 名,分别占 14.7%和 6.7%。显然,不愿退出土地承包的农户主要是认为补偿力度不够,这从侧面印证了愿意退出承包地农户的意愿,即只要补偿达到了心理价位,农户是愿意退出土地承包的。

四、结论和对策建议

通过对上海郊区有承包地农户退出土地承包意愿的问卷调查,笔者认为上海农村土地承包经营权退出机制探索出了两种模式,即松江的完全退出和奉贤的不完全退出,它们都具有典型示范引领的意义。对于不完全退出者,在不放弃承包权的情况下,土地保障功能依然存在,其退出补偿标准主要基于"二轮"土地承包期剩余年限和承包地年均流转收益标准,给予适当社会保障补助,这也是奉贤区受访农户退出土地承包意愿高于金山、崇明两区的原因所在。对于完全退出者,由于农地承包者失去了"二轮"承包期内和期满后的土地承包经营权以及附着其上的所有福利,退出的补偿标准不能由土地的农业收入价值所决定,还要综合考虑土地的保障价值以及预期收益。退出补偿标准可基于农业收入的流转价值、当前的社会保障水平,以及适当、合理的预期收益进行综合测算。

此外,根据问卷分析结果,笔者认为推进农村土地承包经营权退出需要满足一定的客观条件。一是政策实施区域要有较高的城镇化率。城镇化率越高,农户的生产生活方式就越与城镇居民近似,越容易融入城市,承包地的社会保障属性越弱,退出土地可获得较客观的经济收益。二是农村土地承包确权登记颁证工作扎实。农村承包地确权登记颁证,有利于明晰土地的财产权利,有利于规范土地流转,实现农业适度规模经营。三是政策实施区域要有较高的经济发展水平。四是政府要制订出台相关引导性政策。

针对上述结论,笔者认为将来进一步探索农村土地承包经营权退出机制应采取五方面的措施。

一要因地制宜确定选择退出模式。在试点开展农民土地承包经营权有偿退出过程中,建立多元化的退出模式,是当前和今后一段时期需要不断探索研究的重点。在推进过程中,既要考虑"二轮"承包期内农民所拥有土地承包权和经营权的退出,还要研究"二轮"承包期满后的土地承包经营权归属问题,要统筹兼顾,不能搞一刀切。辩证地看,未来上海开展农民土地承包经营权有偿退出的重点,应放在引导完全退出上。

二要充分尊重农民意愿。政府部门在探索推行退出土地承包政策时,必须因地制宜,在条件成熟的地区先行试点;应尊重农户的个人意愿,并充分考虑不同农户群体的诉求;政策设计要有弹性,分类制定补偿方案供农户选择,从而保障政策实施的公平性,提高施政满意度。

三要加快户籍制度配套改革。建议建立健全完整的社会保障体系,即从激励农户主动退出承包地及农户长远生计考虑,为农民建立一个"福利包",主要包含社会保障,包括失业、养老、医疗、工伤等保险;教育保障,让完全退出承包经营权的农户子女能享受在城市公立学校平等入学的权利;住房保障,将完全退出承包经营权的农户纳入政府住房保障体系等。

四要继续提高非农就业水平。农民只有拥有稳定的工作和社会保障才可能会放弃土地。要帮助农民提高非农就业能力,开展多层次、多领域、多形式的职业教育、技能培训,提升其融入城市的能力。

五要完善土地承包经营权证。目前全国各地正在开展的土地承包经营权确权登记颁证工作,颁发的权证是承包权和经营权合一的。需要探索颁发土地经营权证,为今后分阶段有步骤实现不完全退出经营权和完全退出承包权提供支撑。在此基础上,还应加快对《农村土地承包法》的修改完善,从而在法律上对探索土地承包经营权退出机制予以保障。

（2018 年 10 月）

（注:本调研报告得到中央农办、农业农村部领导吴宏耀的充分肯定,获得第十二届上海市决策咨询研究成果二等奖。参加调研起草的还有张莉侠、张晨、楼建丽等。）

13 发展壮大上海纯农地区集体经济问题研究

　　纯农地区是上海重要的功能区之一,承担着农业生产、生态建设、耕地保护等重要任务。所谓纯农地区,就是指区域内拥有的永久基本农田且面积达到区域总面积一定比例(20%)的镇、村,全市共有 48 个乡镇、624 个行政村,主要集中在崇明、奉贤、金山、松江(浦南地区)、青浦(青西地区)等中远郊地区。这些地区因受土地规划和区域布局的限制,主要以种植粮食、蔬菜或林业发展为主,缺少强村富民的产业载体,农村经济社会吸引力弱,发展突破口难以寻求,成为乡村振兴发展的重点和难点所在。

　　经分析,上海市纯农地区的集体经济主要存在"三个低":一是村级资产低。从资产总量来看,2017 年度全市村级集体总资产 1 397.1 亿元,其中:中远郊 311.6 亿元,仅占 22.3%。二是村级收入低。从村可支配收入来看,2017 年度中远郊村均可支配收入 258 万元,仅相当于近郊村均可支配收入 1 278 万元的 1/5。2017 年全市集体年收益 50 万以下的村 369 个,95% 位于中远郊。三是农民收入低。据调研,个别薄弱村去年农民人均可支配收入仅为 16 350 元,不到全市农民平均水平的 60%,只有全市居民平均水平的 27%。2017 年,全市农村相对薄弱村共有 164 个,全部集中在中远郊地区。

　　纯农地区是上海城乡一体化进程中的特殊形态地区,这些地区的区域发展规划限制较多,增收渠道同质化明显且趋于紧缩,村级经济缺乏发展空间,不同程度存在"有钱的找不到方向,没钱的办不成事";特别是多数经济薄弱村空壳村缺乏发展条件,领导班子缺乏发展思路和发展动力,配置资源能力不强,创收增收渠道不多,主要依赖各级财政补助,村级集体经济缺乏有效的发展空间,不同程度存在"一产只能种、二产不能动、三产空对空"的现象;而且农村集体资产的经营所得与集体组织成员之间的利益关系并不直接,造成集体缺乏发展的内在动力,成为当前乡村振兴发展的重点和难点所在。

上海乡村振兴的短板在农村,发展壮大纯农地区的集体经济尤为重要,这是缩小本市城乡差距和统筹城乡发展的一项重要措施。目前,基层普遍存在纯农地区的集体经济要不要发展的思想疑虑和片面希望依靠政府"输血"来维持村级组织正常运转的思想误区。近期,我们通过对上海市纯农地区的集体经济发展情况的调研,认为纯农地区完全有基础、有条件发展壮大集体经济,关键是各区要增强信心,因地制宜,找准路子,努力补上纯农地区集体经济乏力的短板,这必然对本市乡村振兴起到事倍功半的成效。

当前,上海发展壮大农村集体经济主要有八种类型。

1. 留存物业型。例如,2015 年起,青浦区练塘镇结合"198"区域土地减量化工作,通过对接新城开发建设项目,以土地附条件出让方式,在开发成本价以内用减量化补偿资金为集体经济购置优质的商业物业。目前,练塘镇共购置物业 2 万平方米,2018 年可收取租金 1 370 万元。又如,奉贤区金汇镇统筹集聚镇村两级集体闲置资金,聚小为大,投资商务楼宇物业来获得固定利率收益、分红收益。据测算,金汇镇投资的物业项目年均可获保本收益 2 160 万元,平均每村 120 万元,投资回报率达 6%。

该做法是将推进"198"区域土地减量化工作与支持纯农地区集体经济发展相结合,与推进农村集体产权制度改革相结合,在区层面将低效建设用地减量化的指标统筹平移到新城、区级工业园等规划发展区域,在附条件土地出让合同中明确,开发建设完成后按照约定的比例为农村集体经济组织留存物业,由农村集体经济组织用节余的减量化补贴资金按照成本价购置,确保长期稳定的经营性收益。

2. 合作开发型。例如,松江区通过"区区合作、品牌联动",在新桥镇、九亭镇等街镇以镇联合社下属集体资产公司为出资方,与临港集团漕河泾开发区组建以开发、运营、租赁、投资发展等不同功能形式的混合制发展公司来发展集体经济。目前,各街镇总投资额 11.76 亿元,市值超过 20 亿元,集体资产实现大幅增值。如新桥集体资产公司持股40%,与漕河泾共同合作成立"上海漕河泾开发区松江高科技园发展公司",成功上市后,新桥镇集体资产持有股本 5 435.95 万股,按现市值已达 11 亿元左右,达到了当初出资额 4 000 万元的 20 多倍。

该做法是集体经济组织和市级产业园区共同出资,实现国有资产与镇级集体资产的捆绑。产业园区开展招商引资、筛选项目、服务企业等工作,区、镇两级政府积极营造良好的外部环境,并在镇级层面统筹农村集体资金、资源优势共同参与园区开展建设。政府、园区、农民、企业发挥各自优势,通过抱团发展打造紧密的"利益共同体"。

3. 资产托管型。例如,奉贤区于 2013 年成立上海百村实业有限公司,以经济薄弱村集体经济组织持股、区属国企托管的"造血"帮扶新机制,打造由 100 个经济薄弱村出资成立、每村占股 1% 的集体经济共建共享共育平台,围绕美丽健康等重点产业,积极开展实体经济企业招商引资和优质项目落户工作。五年来,百村实业累计实现物业资金收入 2.1 亿元,税收 18.9 亿元,物业面积达 14.2 万平方米,账面资产达 8.7 亿元。2018 年,奉贤区又成立了覆盖区内 176 个集体经济组织的上海百村科技股份有限公司,建立了以精准帮扶为特色的百村富民公司,设想通过建立以国有资本和集体资本联动发展,构建市场化、股权化为模式的帮扶新机制。

该做法是在区级层面搭建共有共育共享的发展平台,整合村集体集体经济经营性资产,明确村集体经济组织的股东身份,建立股份合作实体,委托区属国有企业实际运营,通过"国集联动"的方式提升管理运营水平,帮助村级集体经济组织从"单打独斗"转向"抱团取暖",促进村级资产的保值增值。

4. 盘活资产型。例如,从 2015 年起,松江区中山街道在理清农村集体资产产权关系、规范农村集体经济运行管理的基础上,向存量资产要效益,在全区首开向行政办公占用使用集体用房收租的先河,出台了《中山街道关于进一步规范各直属公司租赁合同管理和租赁行为的暂行办法》,要求使用集体资产(含集体所有土地)的政府部门包括派出所、房管中心、城管中队、文化中心等单位必须与街道联合社下属资产公司签订租赁协议,统一录入"三资"监管平台,并向集体经济组织支付租金,年均租金 900 多万元。这一做法已在松江全区各街镇逐步推广,近四年来,全区 14 家镇级联合社已连续累计分红 12.89 亿元。

该做法是激活农村非经营性资产,由集体经济组织制定对合同与租赁的管理细则,与租赁方积极协调,在清理不合理、不规范的历史遗留合同的基础上,加强集体资产的规范管理,设定土地租赁合同的期限;所有经营租赁合同全部录入区"三资"监管平台,通过信息化手段,实现对集体资产资金资源的动态管理;财政资金和集体资金严格分账使用,分清政府与集体的事权财权,理顺集体和财政两本账,促进非经营性资产出效益。

5. 公益项目型。例如,2016 年起,浦东新区将 74 个薄弱村的 4.5 亿元区级帮扶专项资金予以统筹整合,委托给区级国有的浦东农业发展公司,由其进行统一管理,投资老港垃圾填埋场建设,这一项目是由市级财政托底保障的公共服务项目,每年可以获得 5.7% 的稳定收益。又如,2018 年,奉贤区结合区垃圾焚烧厂二期项目建设,支持集体经济投资 2 亿元、占股 25%,让其共享长期稳定收益。

该做法是在整合农村综合帮扶等用于支持集体经济发展的财政专

项资金的基础上,委托具备相关资质的区级国有企业统筹管理,投资参与收益稳定的市、区重大公益项目建设,让集体经济共享收益。

6. 统筹开发型。例如,嘉定区在 2018 年 4 月制定出台《嘉定区产业园区平台公司认定管理实施意见(试行)》,推动平台公司申购新增工业用地、结余工业用地,承接园区的开发建设、运营管理。鼓励区域内的农村集体经济组织成立园区平台公司,开发建设特定区域或范围内标准厂房等相关物业,用于发展和壮大镇、村集体经济。目前,已有外冈、华亭和嘉定工业区等 3 个镇的 5 家平台公司获得第一批认定,作为 104 区域相应的拿地区域的开发建设和运营管理。

该做法是加强区级资源统筹倾斜,重点在纯农地区的 104 区域新增工业建设用地指标,鼓励区域内的农村集体经济组织成立园区平台公司,开发建设特定区域或范围内标准厂房等相关物业。

7. 产销对接型。例如,2018 年,浦东新区促成清美集团与宣桥镇、泥城镇、老港镇签订建立蔬菜种植基地的合作协议,并与浦东商业集团签订战略合作意向书,通过建立从田头到餐桌的绿色生态全产业链体系,变分散的、小型的、非标的农业种植为集中的、规模的、标准化的农业产业体系,从而推进农村产业融合,建立有效的产销对接模式。又如,金山区与长宁区开展农产品销售和旅游推介对接,组织长宁区属企业在金山建干货食品加工厂,举办金山蟠桃节长宁专场等,促进金山农民增收。

该做法是集体经济组织利用土地等资源性资产,引入联合工商资本和社会资本发展都市现代绿色农业和休闲农业乡村旅游,培育新型农业经营主体和农业企业家,推进产业融合发展、新型主体联合发展,完善利益联结机制,带动农户创业增收。

8. 民宿带动型。例如,浦东新区川沙镇连民村利用靠近迪士尼的区位优势和当地河道景观,吸引社会资本开发村内闲置农房,通过打造不同主题的居住空间,发展乡村民宿产业,实现农民年房租收入 3.6 万元至 15 万元不等,且每年递增 5%。又如,奉贤区南桥镇六墩村动员村民将 11 000 平方米的宅基地开展使用权流转,通过与村委会签订流转协议,获得逐年递增的租金收益。以每户 200 平方米的宅基地为例,按照租金 1.2 元/平方米/天的标准,每户村民流转租金约 9 万元/年;以租期 10 年进行计算,每户村民将获得稳定收入 90 万元。

该做法是激活农村闲置房屋等"沉睡"的资源,由集体经济将农户流转出的闲置农房统一组织,统一对外寻求合作,引入社会资本和先进管理经验,社会资本负责经营管理,农民获得租金收入并参与经营收益分配,具有"统一组织、一体化发展、专业化管理、规模化经营"的特点,可有效解决村民及村集体资金短缺问题。通过该方式,农民既能获得租金收入,又能带动当地发展特色农业、绿色农业,获得农产品销售收入,还能获得收益分红和就业收入。

上述八种发展壮大农村集体经济的类型,可以归结为两种模式。第一种为物业分红模式,其优势是借助靠近城区禀赋发展物业项目,使集体经济组织获得稳定的租金收益;其缺陷是租金收益与房地产市场的形势密切相关,产业的可持续性不强,且不能有效解决农民就业问题,还会催生食利阶层,滋生背靠大树好乘凉的"等靠要"思想。第二种为产业发展模式,其优势是在"农"字上做文章,向上下游产业链延伸拓展,增加涉农地区的知名度和吸引力,带动区域整体发展,既可解决农民就业,又可实现资产增值;其缺陷是起步阶段难,前期投入资金缺乏,容易出现发展层级低、科技含量不高的情况,且易于同质化。江浙地区发展集体经济,更多是依靠产业而非物业。当前,上海集体经济的发展偏重于物业分红模式。

与江浙两地相比,上海纯农地区事实上也有具有地域特色的农产品、自然景观和人文风俗,不应妄自菲薄,完全可以在发展物业分红型集体经济的同时,进一步激发农村基层的创造性和创新性,强化产业发展型集体经济的发展,使之更可持续。鉴此,新形势下纯农地区发展集体经济,可以实施"1234"方案。

"1"是指实现一个目标,即纯农地区应结合实际,选择适宜本地区发展集体经济的模式,农民的满意度、获得感、幸福感。

"2"是指做到两个结合,即与新一轮农村综合帮扶相结合,通过建设一批长期稳定收益的帮扶"造血"项目,发展壮大集体经济,提升自主发展能力;与产业相结合,使集体经济发展从偏重物业分红向发展产业转型,形成农民持续增收的长效机制。

"3"是指从"三个低"变为"三个高",即纯农地区的村级资产和村级收入有显著提高,农民人均可支配收入增幅明显高于全市农村常住居民人均可支配收入增幅。

"4"是指聚焦四个领域。一是聚焦特色农业、创意农业,通过加强科技支撑、品牌培育和产销对接,挖掘内部潜力,生产市场接受度高、附加值高的绿色优质农产品,实现农业提质增效。二是聚焦休闲农业和乡村旅游,优先在具备自然人文资源和周边有比较完备的旅游设施的"三边一岛"(迪士尼边、淀山湖边、黄浦江边和崇明生态岛)开展探索,通过科学布局和品牌打造发展乡村民宿。三是发展传统经典产业和文化产业,通过挖掘发扬海派特色餐饮、曲艺、民俗等元素和非物质文化遗产,提升地区知名度,实现经济发展。四是聚焦康养产业,选择环境宜人的地区发展疗养、康复、养老等产业,通过集聚人气带动周边产业发展,形成产业集群效应。

上海发展壮大农村集体经济应在政策支持和工作措施方面加大力度。

(一) 关于政策支持

一是加大对纯农地区投入力度。调整完善土地出让收入使用范围,进一步提高纯农地区的投入比例,探索将因村集体土地被大量征用以及"198区域"土地减量化所得补偿资金用于设立乡村振兴专项基金,通过"统筹在区、造血在镇、输血到村"方式,寻找村级集体经济发展新途径,促进纯农地区村级集体经济持续健康发展。

二是完善物业分红型的政策扶持。扶持发展村级物业经济,探索对纯农地区农民长效增收平台回购、改造或开发经营性物业,由财政按其资本金以外的银行贷款给予适当贷款贴息补贴。在落实纯农地区建设物业项目税费优惠政策基础上,对村集体经营或参股其他项目在税费上可免尽免、可减尽减、可返尽返。对村级集体经济组织物业出租的房产税、营业税以及村级公共事业建设工程所征的有关地方税收,有条件的地方可由财政部门实行先征后奖。

三是加强产业融合型的政策支持。加强统筹协调和规划引导,优化纯农地区产业融合发展布局,整合推动高端优质资源要素优先流向经济相对薄弱地区,努力在"农"字上做文章,充分利用现代信息技术改造提升传统农业,积极推进覆盖农业全产业链的标准化和品牌化建设,创新农产品电子商务模式和运营机制,鼓励乡村振兴专项基金加大向纯农地区投入力度,推动农业与休闲旅游、文化教育、健康养老等产业深度融合,挖掘利用农业新的高附加值功能,进一步增强农业发展质量,培育乡村发展新动能,有效推动纯农地区的村级集体经济由"三个低"转向"三个高"。

四是增强纯农地区的转移支付。进一完善生态补偿机制,拓展生态补偿范围,不断提高生态补偿标准,调整完善生态补偿转移支付办法,持续增加生态补偿转移支付资金规模,增量资金重点聚焦纯农地区的产业发展、生态环境改善、基础设施建管、公共服务保障和基层组织建设等重要领域,有力促进纯农地区经济社会全面发展。

(二)关于工作措施

一是加强组织领导。市有关职能部门应结合各自职能研究制定相应政策措施,做好顶层设计;各区是推动纯农地区发展壮大集体经济的责任主体,应统筹各方资源,完善激励约束机制,不断加大对本地区纯农乡镇和纯农村的支持力度。

二是加强绩效考核。健全完善工作考核体系,将发展壮大纯农地区集体经济工作纳入乡镇领导班子年度绩效考核。市、区有关职能部门应加强考核督查,做到年初有部署,年中有督查,年末有考核,确保支持纯农地区集体经济发展的各项政策落地见效。

三是加强宣传引导。及时总结好的经验、好的做法,挖掘先进工作典型,开展多种渠道、多种形式的宣传,创造条件营造纯农地区自觉发展壮大集体经济的良好氛围。积极推广物业分红型、产业融合型等典型模式,更加注重通过产业融合带动集体经济发展,进一步激发发展壮大纯农地区集体经济的内生动力。

四是加强队伍建设。加强纯农地区干部队伍建设,注重对纯农地区干部的教育培养和任用,拓宽选用和交流渠道,研究与纯农地区发展壮大集体经济相适应的干部待遇,为纯农地区干部发展壮大集体经济构建良好的运行机制。

（2018 年 11 月）

（本调研报告得到市委、市政府领导肯定,参与调研起草本报告的还有顾海英、张晨、楼建丽、吕祥等。）

14 | 关于上海农村宅基地问题的调查和建议

一、调研基本情况

调查显示,本市郊区在集约利用农村宅基地、新建翻建房屋、农民退出宅基地等方面新旧问题叠加、难点堵点交织,一些问题已进入解决的"窗口期"。

(一)因历史遗留,宅基地使用总量偏大、布局散乱、利用低效,规划进展缓慢影响乡村振兴战略推进

一是在数量上,宅基地总量偏大,占比偏高。据市规土部门统计,2010—2016年全市农村宅基地总量由477平方公里增加到514平方公里,增加了7.8%,约占集体建设用地总量的50%。农村宅基地不降反增的趋势与历年宅基地政策导向明显不符。

二是在分布上,宅基地点多面广,布局散乱。本市农民历来有沿河顺势建设宅基地房屋的习惯,导致农村宅基地近80%位于城镇规划建设区外。数据显示,2016年全市农村总户数99.13万户,涉及有宅基地约75万户,而其中30户以下的自然村落就有3.2万个。

三是在利用上,宅基地管理粗放,超标占地普遍。由于使用和监管不到位,后续管理粗放,一户多宅、建新不拆旧、城镇户口家庭占用宅基地等现象突出,"空心村"宅基地出租、闲置和废弃现象明显。据调查,70%的受访者反映自家宅基地与自留地分设两处。

调研发现,村庄规划和村庄布点规划编制滞后,造成了本市宅基地分散、利用不集约的问题,同时也影响到乡村振兴战略的推进。目前,保留保护村中基本完成布点规划的不足 30%,加之土地用途的严格限制,未来一个时期推进乡村振兴战略难有发展空间。

(二)因政策滞后,宅基地房屋破旧不堪、危房隐患、空置率高,居住功能呈现进一步弱化趋势

一是农民宅基地房屋建设面貌破旧,缺乏特色。据调研,20 世纪 70－80 年代建造的房子占 56.8%,90 年代建造的占 24.8%,2000 年以来新建的房子不到两成。由于建设质量不高,不少房屋已经老旧甚至破败不堪,超一半的受访者希望翻建房屋。同时,大多数农民的宅基地房屋少有特色和文化传承。

二是农民宅基地房屋危房比例大,存在安全隐患。调研中,约 29.7% 的受访者认为自家房屋是危房,很多房屋已出现墙体开裂、墙皮脱落、瓦片掉落、电线老化等情况,存在较大安全隐患。而外来居住人口对出租房屋更是疏于管理,任其破败。

三是农村宅基地房屋空置率高,使用效率低下。调查发现,居住在农村的绝大多数是老年人,且房屋完全自住的仅有 33.0%,自住为主、子女偶尔回家的占 41.3%,有空余房间出租的占 20.8%,完全空关的则有 4.9%。

从调查来看,本市农村宅基地房屋利用效率不高,居住功能呈现高度弱化趋势。在这一背景下,简单推进"小村并大村"式的村庄归并,无法从根本上解决农村"空心化""老龄化"的难题。

(三)因政策过严,宅基地建房新建不许、翻建太难、修缮太繁,农民合理需求长期得不到满足

一是新建房屋限制过死。由于村庄规划尚未编制完成、建设用地指标管控严格、缺少集体建设用地指标、宅基地建房政策规定严格等原因,农民新建宅基地申请很少获批。

　　二是翻建房屋控制严格。由于翻建房屋的数量控制严格,原拆原建不能"长高长胖",再加上不少村庄的宅基房是连排连体共墙结构,翻建需要多家同时进行,农民翻建申请获批耗时长,翻建房屋矛盾突出。

　　三是修缮房屋手续繁琐。按照规定,修缮房屋首先要评估为危房,才能申请修缮。但一方面,农民申请危房评估需要自付高达 6 000 元的费用,另一方面,由于评估周期较长,房屋破损越来越严重。更重要的是,修缮不允许整体翻建,但小修小补无法从根本上解决房屋质量问题。

　　调查显示,郊区农民对住房翻建、新建的需求普遍强烈,但又因政策限制难以满足,约有 65.6% 的受访者对当前宅基地和农村建房政策表示不满。而根据基层反映,相关规定中有关建房条件的人口、占地面积和房屋高度等规定的已不适应新形势需要,亟需修改完善。

(四)因政策不明,农民对退出宅基地政策疑虑高、退出要价高、未来期望高,宅基地使用人身份构成愈加复杂

　　一是农民对宅基地退出政策疑虑较高。第一,对宅基地权属性质认识不准确,73.8% 的受访者认为属于农民自己所有,20.3% 认为归国家所有;第二,近三成受访者对宅基地退出抱观望心态,四成受访者不愿退出宅基地;第三,对村集经济组织政策有疑虑,42.5% 的受访者对通过获取补偿放弃村集体资产份额没有考虑清楚。

　　二是农民对宅基地有偿退出普遍要价较高。据访谈,若有偿退出宅基地,在愿意退出的受访者中,九成以上希望按合适的面积换取城镇产权商品房,或按征地标准拿到货币补偿。如果按动迁标准安置,受访者的期望是折合 3 套中等面积的商品房,考虑郊区房价水平,相当于 1 000 万元的货币价值。另外,部分受访者房屋为 2000 年以后新建或翻建的,补偿要价则更高。

　　三是农民对宅基地经济价值的预期不断增高。一方面,除了满足自身居住需要外,大多数农户将宅基地房屋租赁或用于商业用途。另一方面,村级集体产权制度的改革实现了"村民变股东、资产变资本"。在调查中,73.8%的受访者认为宅基地属于农民私有,对将宅基地归为私有财产抱有很高的期望价值,75.7%的受访者认为子女应该无条件继承宅基地。

本市农民对退出宅基地的意愿表现出的"三高",将会随着城市化进程加快、宅基地多样化用途显现进一步提高。同时,随着宅基地使用人户籍身份构成的复杂化,将来推进宅基地退出政策会越来越难。

二、解决农村宅基地房屋问题的对策建议

妥善解决上海农村宅基地房屋问题,必须加强顶层设计,既要与现有的政策法规体系相吻合,又要与上海超大城市郊区特点相适应,构建新型农村宅基地政策。

(一)把握三大原则,加强规范宅基地房屋建设管理

1. 牢牢把握工作底线。一是尊重和保障农民权益。要在广泛调研的基础上,了解群众的真实意愿,切实保障住有所居。二是严格规范宅基地使用。进一步探索宅基地所有权、资格权、使用权"三权分置",严格实行土地用途管制,严格禁止下乡利用宅基地建设别墅大院和私人会馆。

2. 注重土地集约利用。要本着集约用地的原则,结合资源禀赋条件,联动制定产业、文化、旅游"三位一体",生产、生活、生态"三生融合",工业化、信息化、城镇化、农业现代化"四化同步",项目、资金、人才"三方落实"的农民宅基地房屋建设规划。对一些"散、小、密"的居住点,要按照建设用地指标不增加、基本农田面积不减少的原则,采取异地新建方式,推进村庄适度集中。

3. 科学处理好三个关系。一是注重长远规划与短期需求相结合。把准乡村振兴战略要求,科学制定宅基地住房专项规划;明确农民宅基地建房资格权,细化人口、面积、高度等操作标准。二是注重整体推进与重点突破相结合。选择基础条件较好的村庄先行试点,从而带动农村宅

基地建房整治工作全面开展。三是注重把握好国家、集体、个人三者之间关系。明确宅基地所有权属于村集体,使用权和地上房产均属于农民个人。

(二)抓紧摸清底数,科学制定宅基地房屋战略规划

对"三高沿线"(高压走廊、高速公路、高铁沿线等)、生态敏感区、10户以下的小型自然村落以及规划撤并村,要摸清底数,制定推进集中居住方案。一是实行城乡建设用地增减挂钩,采取"等量置换、等价交换"方法,组织农民居住向城镇集中。二是探索宅基地本村或跨村平移,在确保基本农田总量不减少、建设用地指标不增加的前提下,促进宅基地相对集中。

(三)强化分类施策,不断加大宅基地房屋政策扶持

房屋新建翻建,要明确资格权人身份要求,确定为规划撤并村的,应严格禁止新建翻建;确定为规划保留村的,应以统一建房为主、自主建房为辅。退出宅基地房屋,要以政府为主导,搭建中介服务平台,研究设计购房券、保障券政策,在纯农地区开展试点;由集体经济组织出资回购发展乡村民宿等新产业;建立负面清单制度,引入工商资本推行整建制宅基地房屋退出。农民集中居住,近郊城市化地区应以进城进镇上楼安置为主;远郊地区推进上楼安置的同时,也可本村或跨村宅基地归并。

(四)坚持稳步有序,探索推进农村宅基地改革创新

1. 抓紧开展农村宅基地确权登记颁证。结合上海郊区实际,因地制宜、分类指导,加快推进农村宅基地确权登记颁证,依法确认农民的宅基地使用权,有效解决土地权属纠纷。

2. 探索宅基地资格权有偿退出机制。对农民持有《农村居民宅基地使用证》的闲置农村住宅,鼓励有条件的农民永久性退出宅基地资格权,根据登记的合法面积,给予一定货币补偿;对登记的合法面积超过规定的农户,采取部分有偿退出方式,鼓励按照新的标准翻建,减少的面积实行货币补偿;对于不愿有偿退出的农户,应允许其在符合规划的前提下按原面积进行翻建。

3. 设计乡村样板宅基房。按照各区村庄整体规划,开展农村宅基房设计,体现区域农村风貌和乡村韵味。样板宅基房要针对农民不同诉求,设计多种类型、不同价值层次的农村宅基地房屋供农民自行选择。

4. 体现特色村特色风貌。对各区的村域特色进行系统分类,以留下乡韵、记住乡愁、传承乡脉为目标,引导村庄特色化发展,具体可细化为建筑特色、环境特色、景观特色、产业特色等。

(2018 年 12 月)

（注：本调研报告得到中央农办、农业农村部领导韩俊的充分肯定。参加调研起草的还有顾海英、张晨、楼建丽、晋洪涛等。）

15 | 农村集体资产股份有偿退出与继承的理论研究和地方探索

一、引言

党的十八届三中全会提出要赋予农民更多财产权利,保障农民集体经济组织成员权利,积极发展农民股份合作,赋予农民对集体资产股份占有、收益、有偿退出及抵押、担保、继承权。近年来,国内对这一领域的理论研究取得明显进展。黄延信[1]从法律层面对农村集体经济的基本概念及内涵特征进行了梳理,提出探索集体经济有效实现形式,赋予集体资产权能。于飞[2]提出共同共有和集体所有是两种不同的法律概念,不能以共有来解释农村集体所有制。集体所有与总有最近似。总有制度的目的是确保团体成员的共同生存。集体所有制改革应当淡化团体所有,增强个人支配与个人利益归属。张晓山[3]对有关农村集体产权制度改革的几个理论问题进行了梳理,提出应及时对中国农村集体所有制从理论、法律和政策层面进行探索。国务院发展研究中心农村部[4]也提

---

① 黄延信等著:《农村集体经济组织产权制度改革实践与探索》,中国农业出版社,2014 年 10 月版,第 9—11 页。

② 于飞:《集体所有、共同共有、总有、合有的关系,提交给国务院发展研究中心举办的农村集体经济组织产权制度改革研究座谈会的论文》,2014 年 12 月 1 日。

③ 张晓山著:《关于农村集体产权制度改革的几个理论和政策问题》,《中国农村经济》2015 年第 2 期。

④ 国务院发展研究中心农村部编:《集体所有制下的产权重构》,中国发展出版社,2015 年 9 月版,第 150—162 页。

出对农村集体所有制下的产权必须通过深化改革进行重构。陈锡文①指出,农村集体产权制度改革的目的是要把集体资产查清楚,把收益分配权落实到每个成员头上,绝不是把集体的资产分割到每个成员头上。韩俊②分析认为,农村集体经营性资产的股份合作制改革,不同于工商企业的股份制改造,只能在农村集体经济组织内部进行,是一个内改制,其核心是保护好农民集体经济组织成员权利,重点是明晰农村集体产权归属,赋予农民更多财产权利。

在实践层面,上海是我国农村集体产权制度改革的先行地区,近年来,通过规范改革程序,创新登记形式,健全工作机制,各项改革走在前列。至 2017 年底,全市 98% 的村完成了村级改制,50% 的镇完成了镇级改制。上海市农村集体产权制度改革进入了法治化新阶段。北京市不断深化改革,农民获得感明显增强,全市 1 373 个村集体经济组织实现股份分红,占 35.2%,137 万股东实现人均分红 3 467 元。浙江省在推进农村集体产权制度改革的同时,拓展发展集体经济的有效路子,鼓励改制地区采用项目股份制方式筹措项目建设资金,走出社区寻找开发项目。③ 江苏苏州对所量化到人的股权份额进行"固化到户、户内共享"的静态管理,做到以户为单位、股权份额"生不增、死不减、迁入不增加、迁出不减少"。目前,苏州已有 95% 的社区合作社完成"股权固化"的工作。④ 对股权(份额)管理,在具体推进过程中,集中有两种情况:一是在城市化地区已撤制村组的地方,对入股股民的股权应实行静态、基本封闭的管理模式。二是对农村地区村委会和村集体经济组织都还共同存

① 陈锡文:在 2017 年全国"两会"记者会上的讲话,2017 年 3 月 9 日。

② 韩俊:《农村集体产权改革》,在推进农村集体产权制度改革加强农村集体资产监管立法研讨会上的报告,2017 年 4 月 22 日。

③ 程渭山著:《关于浙江省农村集体产权制度改革的调查与思考》,《农民日报》2014 年 12 月 17 日。

④ 陈建荣著:《苏州探索和推进农村集体产权制度改革的实践与思考》,"清华三农论坛 2017",2017 年 1 月 6 日。

在的地方,其股权(份额)可实行动态管理模式,待撤制村组时,可及时锁定基数,实行静态固化管理。从各地探索集体资产股权有偿退出与继承的经验看,[1]必须严格限制股权的有偿转让,除内部股民自由转让外,不允许外来人员受让本公司股权;防止内部股民恶意买卖股权;内部股民股权转让、亲人间的继承或赠予必须经个人或家庭申请、董事会同意、双方签字确认、司法公证(家庭成员增减属家庭内部结构变化的事情,由家庭内部协商确定)。

二、农村集体经济组织特别法人相关理论研究

(一)总有制度与"母鸡"理论

今后相当长一个时期,建立在产权清晰基础上的股份合作制经济是中国发展集体经济的有效形式。[2] 首先,农村集体经济组织以社会主义的公有制为基础,其以土地为中心的主要生产资料是农民集体所有,并以宪法和法律直接予以确认。它是具有中国特色的社会主义在中国广大农村的经济基础和组织保证。其次,它适应中国农村在社会主义初级阶段的必然发展规律,也就是说能够适应农村生产力的发展和维护最广大农民群众的根本利益。农村集体经济具有以下特征。

一是社区性(区域性),集体经济组织是指界定在一定区域范围内,集体经济组织与成员不可分割,成员是封闭的圈子,权利义务"进"则"与生俱来","退"则"自然弃失",不对外开放。

二是合作性(共有性),集体资产由组织成员共同所有,资产收益和劳动成果归成员共同分享,权利义务均等。

三是排他性,尽管集体经济组织的层次不尽一样,小到村组,大到乡

---

① 2017 年 12 月,全国 29 个试点地区完成了为期三年的改革试点任务,六项权能改革取得阶段性成效。

② 方志权著:《农村集体资产管理的法律问题研究》课题和《农村村级集体经济组织产权制度改革的地方实践与对策研究》,《科学发展》2011 年第 5 期。

镇,但每个集体经济组织的资产、成员边界是清晰的,上下左右不能侵权。

四是多功能性,集体经济组织既承担了生产功能、生活功能,还承担了公共公益服务、社会管理等其他功能。

同时,按照《村民委员会组织法》规定,农村基层社会的自治组织虽然是村民委员会和其下设的村民小组,但在当前的农村基层组织中,大多是农村集体经济组织与村民小组或村民委员会是同一机构,即两枚印章一套机构。二者决策机制相似,实践中职能相互重叠,特别是对农村基层社会的管理与服务,两者难以截然分开,具有较为明显的"政社合一性"。

综上可见,农村集体经济组织既不同于一般的经济组织,又不同于社会团体,也不同于行政机关,自有其独特的政治性质和法律性质。正是由于这种特殊性,决定着农村集体经济组织的职能作用及其成员的资格权利等重要内容。《民法总则》已经明确,要赋予农村集体经济组织特别法人地位。农村集体经济可用"母鸡"理论进行阐述。① 只有这样,集体经济发展才能逐步适应市场经济,并不断适应城乡发展一体化的需要。只有这样,才能做到"两个促进",即采取多种渠道发展壮大农村集体经济,通过哺育养健集体经济这只"母鸡"下更多的蛋,从而建立健全农民持续增收的长效机制。

(二)内改制与"放风筝"法理

集体经济组织就像是一只放飞于农村上空的风筝,为了让风筝飞得更高更顺畅,在风筝的这一头,政府必须牢牢地拽着那根线。农村集体经济组织给农民的分红,就像大人给小孩的压岁钱,不能不给,又不能随其任性。收放之间,需要智慧管理,通过加强集体资产的监督,实现"两

---

① 改革不是杀鸡取卵,而是养鸡下蛋。改革后,集体资产才能"人人有份",条件好的都能吃个荷包蛋,条件一般的来个西红柿炒鸡蛋,条件差的喝个蛋花汤。改革后即便手里暂时还捧个空碗,也知道母鸡早晚会下蛋。

个防止"，即在改革过程中，坚守农民利益的底线。在股权转让方面，规定转让范围、受让人持股上限，防止集体经济组织内部少数人侵占、非法处置集体资产。针对一些农民存在的希望撤镇撤村处置兑现现金、注重眼前利益求实惠的心态，坚守集体所有制的底线，杜绝农村集体经济产权制度改革推进过程中出现"一撤就分、一分就光"的现象。防止外部资本侵吞、非法控制集体资产，制定章程，明确规定现阶段集体资产股权转让(赠与)、退出、继承限定在本集体经济组织内部。同时做到"两个确保"，即确保农村集体资产保值增值，积极引导农村集体经济组织发展不动产及物业、租赁管理项目。确保农村集体经济组织和成员基本利益，坚持效益决定分配原则，明确不得举债分配，明确建立农村集体资产收益以丰补歉机制。

三、农村集体资产股份的有偿退出和继承的实践

(一)集体资产股份的有偿退出

根据我们对 29 个试验区有偿退出试点情况的调查，目前已有 24 个改革试验区出台了集体资产股份有偿退出的相关办法，辽宁省海城市、青海省湟中县等 5 个试验区尚未出台相关办法。

2016 年上海市闵行区在全国率先出台了《闵行区村集体经济组织股权管理暂行办法》(闵府发〔2016〕20 号)，对有偿退出做出如下规定：村集体经济组织章程中对有偿退出要有明确规定，经上一级集资委批准，方可实行股权有偿退出。有偿退出的程序，本人提出申请，经成员代表会议讨论通过实行股权有偿退出的，由集体经济组织按上年度末审计的账面净资产进行计退。同时，暂行办法规定因大病、火灾、车祸或其他不可预见灾难等特殊情况退出股权的成员享有回购权，回购价格按上年度末审计的账面净资产回购。在总结闵行区试点经验后，上海市于2017 年 11 月 23 日出台了《上海市农村集体资产监督管理条例》，将集体资产股权管理以法规形式予以固化。其中，第二章权属确认的第十一

条对有偿退出（转让）做出明确规定：农村集体资产份额可以在本集体经济组织成员之间转让、赠与，也可以由本集体经济组织赎回，但不得向本集体经济组织成员以外的人员转让、赠与。通过份额量化或者转让、赠与、继承等方式持有农村集体资产份额的，持有的总份额不得超过农村集体经济组织章程规定的上限。

北京市大兴区较早对有偿退出作出规定，明确有偿退出现阶段应严格限定在本集体经济组织内部，退出主要有股东个人内部转让和集体赎回两种方式。内部转让可以股东股份全部转让，也可以是部分转让；股东股份全部转让后，其股东资格自行终止。成员股东之间转让，协商定价受让人持股份额采取上限控制。受让人最终所持有的总股份，不能超过本组织总股份的3%，且不能超过个人股东平均股份的5倍。受让人按其所持股份获取收益，但不能因受让股份而增加其投票表决权，依然一人一票。转让程序要求：成员内部转让由董事会指派专人审核，要求转让双方提供有关证明材料，办理相关手续。在例行的股东代表大会上，董事会应将股份转让情况列入事项报告，向股东代表作出说明。目前大兴区不提倡采取集体赎回股份的方式。规定仅因全家定居国外，或发生大病、大灾、车祸和其他不可预见灾难等特殊情况，可暂时采取集体赎回方式，原则上价格按照股份获得时的原始价格。

与闵行、大兴等试验区相同，浙江省德清县股权退出的方式分为集体回购和内部转让两种。德清县既对股权转让方作了规定又对村集体经济组织进行了规定。规定股权转让方必须有固定住所、稳定收入并办理社保；单个股东转让的股权不得超过本村集体经济组织股份总数的3%；同一年内转让的股份总量不得超过股份总数的10%。同时规定村集体经济组织流动资金占总资产10%以上，且近三年经营性收入年均增幅达5%以上时才可开展集体赎回。

综观25个制定有偿退出政策的试验区，各地对股权有偿退出（转让）上限均有规定，但标准有所不同：福建省闽侯县要求同一股权户受让股权后享有的股份数额不得超过本集体个人股总数 5%；宁夏回族自治区银川市金凤区、北京市大兴区、浙江德清县均要求受让人最终所持有的总股份不能超过本集体经济组织总股份的 3%；云南省大理市、湖北省京山县、山东省昌乐县要求受让方所持个人股比例不得突破总股本的 5%；天津市宝坻区要求受让方占有的股权比重不得超过本集体经济组织股权总量的 10%。

据调查，虽然 25 个省（市）制定了集体资产股份有偿退出管理办法，但真正实施者寥寥。上海市闵行区有 6 个镇 17 个村 2 291 人开展了股权有偿退出，退出金额 7 938 万元；广东省佛山市南海区转让 18 宗，股权数 99 股；赠与 35 宗，股权数 263 股。其他地区均未实际开展。

（二）集体资产股份的继承

根据我们对 29 个试验区调查，目前已有 24 个改革试验区出台了集体资产股份继承权的相关办法，辽宁省海城市、青海省湟中县等 5 个试验区没有出台相关办法。

2016 年上海市闵行区出台《闵行区村集体经济组织股权管理暂行办法》（闵府发〔2016〕20 号），对继承权作出如下规定：法定继承人为本集体经济组织成员的，按照法定顺序继承股权。法定继承人为非本集体经济组织成员，被继承人所持股权原则上由本集体经济组织回购或转让给集体经济组织其他成员。如继承，继承的权属受限。无法定继承人的，被继承人所持股权归集体经济组织所有。法定继承人一般应在被继承人死亡后六十日内，依照有关规定办理股权继承手续。股权继承一般遵循以下程序：法定继承人向理（董）事会提出书面继承申请。理（董）事会进行审核把关。法定继承人持相关资料到公证机构公正或到村集体经济组织见证，由公证机构出具公证文书或村集体经济组织出具证明材料；若已经司法判决或调解的，法定继承人能够提供确认股权继承人股权的判决书（调解书），则无需再证明。法定继承人凭公证文书或村集体经济组织证明材料或司法判决书（调解书），到村集体经济组织办理股权继承手续,进行股权变更登记。股权继承时,法定继承人应提交公证机构或村集体经济组织出具的被继承人死亡或宣告死亡的有效证明材料,以及被继承人的股权证书。存在多名法定继承人的,需提供多名法定继承人的股权证书。在总结上海市闵行区试点经验后,2017 年 11 月 23 日上海出台的《上海市农村集体资产监督管理条例》将集体资产股权管理以法规形式予以固化。第二章权属确认第十一条规定农村集体资产份额可以依法继承。农村集体经济组织成员以外的人员通过继承取得份额的,不享有表决权,但农村集体经济组织章程另有规定的除外。通过份额量化或者转让、赠与、继承等方式持有农村集体资产份额的,持有的总份额不得超过农村集体经济组织章程规定的上限。

北京市大兴区在完成整建制农转非且资产清晰的股权固化村中,开展了股权家庭内部继承试点。规定在成员股东死亡后,股份可以继承,且不受上限限制。继承人为本集体经济组织成员的,可按其所持股份获取收益,但不因受让股份而增加其投票表决权,依然一人一票;继承人为非本集体经济组织成员的,其权利义务由本村集体经济组织章程规定。实践中,大多数村规定非成员继承人只享受收益权,不享受民主管理权;无继承人的,被继承人所持股份列入集体股;暂时无法确定继承人的,股份由农村集体经济组织暂时保管,股份分配暂停发放;如存在多名继承人的,也可在协商一致前提下,由一人代表继承。

山西省潞城市规定因继承、赠与成为股东但是不符合成员资格的,只享受收益权,不享受民主权利。同时强调只有申请登记为成员的,才可享受民主权利。

贵州省湄潭县规定股权可继承,股权继承人依据《中华人民共和国继承法》①相关规定确定。②

据调查,全国 29 个试验区中有 5 个地区开展了集体资产股权继承

---

① 2021 年 1 月 1 日《中华人民共和国民法典》施行,《中国人民共和国继承法》同时废止。
② 我们认为农村集体资产有其特殊性,将集体资产股权继承按照《继承法》实施是不妥当的。

权试验；上海市闵行区 30 个村 6 494 人开展了股权继承，涉及金额 31 175 万元；浙江省德清县已有 2 553 户中的家庭成员通过规范的程序继承了股权；北京大兴区 51 个村发生股权继承 2 065 人，继承金额 17 795 万元；广东省佛山市南海区发生继承 240 宗，股权数达 1 242.3 股；重庆市梁平县 6 户 7 名去世成员，均按程序办理了股权继承。河南济源和湖南资兴两地正在进行有偿退出试点探索。其他地区均未实际开展。

综上，实现中国农村集体经济有效形式任重而道远，推进农村集体资产股份权能是一个比较漫长的过程。笔者认为，就全国面上看，现阶段重点是清理界定好农村集体资产，用好并管好集体资产，既要防止在改革中少数人对集体经济的侵占，非法处置集体资产；又要防止集体经济被社会资本所侵吞，非法控制集体资产。今后，随着农村集体资产价值不断显化、随着法律法规不断健全，可不断加大改革力度、深度和强度，引入现代企业制度和市场主体，充分完善集体经济资产股份权能。农村集体产权制度改革的根本在于健全适应社会主义市场经济体制要求、以公平为核心原则的农村集体产权保护法律制度。应抓紧研究制定农村集体经济组织方面的法律，赋予农村集体经济组织法人资格，明确权利义务关系，依法维护农村集体经济组织及其成员的权益，赋予农民更加充分而有保障的基本权益。

（2019 年 3 月）

（参加本调研报告起草的还有蔡蔚。）

16 | 上海市松江区发展家庭农场的实践与思考

从 2007 年起,松江区在全国率先创办粮食生产家庭农场,为破解"谁来种田、怎样种田"的难题进行了探索。十余年来,松江区家庭农场日臻完善,至 2018 年末,全区发展家庭农场 906 户,经营总面积 13.8 万亩(户均 152 亩),占粮食生产面积的 95%,户均年收入达到 13.8 万元,农民拥有"体面的收入",过上"体面的生活",使农业成为"体面的职业"。十余年的探索实践,成功走出了一条超大城市小农户和现代农业有机衔接的发展之路,实现了产品绿色、产出高效、产业融合、资源节约、环境友好的目标要求,家庭农场模式也已成为推进乡村振兴、实现产业兴旺的典型模式。

一、主要做法

(一)坚持"家庭经营、规模适度、一业为主、集约生产"的基本特征,注重完善制度建设,促进家庭农场高质量发展

松江区着力于解决"地从哪里来"和推行农业生产规模化、专业化,十余年探索建立了三项制度:一是建立农地流转制度。在推进农村土地承包经营权确权登记颁证的基础上,鼓励和规范土地流转。按照"依法、自愿、有偿"的原则,创造性地推行农民承包土地委托村集体经济组织统一流转的方式,将土地交给真正有志于从事农业生产的农民经营。目前,松江区农民土地承包合同签订率达到 99.9%,权证发放率达到

100％。同时,该区将土地流转费由原本固定的 600 元/亩调整为以 500
斤稻谷实物折价,使流出土地农民和家庭农场之间的利益由市场调节,
既确保了农民的土地承包权益,又保证了家庭农场经营的合理收益。二
是建立土地适度规模经营制度。为避免因经营土地面积过大造成农民
之间收入差距悬殊,松江区特别注重把握"度"的问题。以粮食生产家庭
农场为例,松江区将其经营规模控制在 120～150 亩,一方面可确保种粮
农民通过农业劳动获得比在企业务工高一些的收入,有利于家庭农场经
营者队伍稳定,另一方面与当前农业机械化能力和家庭农场自耕生产能
力相适应,提高了劳动生产率。三是建立经营者准入和退出制度。准入
制度包括两个方面:一方面,依据"吃苦耐劳、钻研技术、善于经营"的标
准,在村级集体经济组织内部通过自愿申报、民主评定,择优选择本地专
业农民、种田能手经营家庭农场;另一方面,倡导发展种养结合、机农一
体家庭农场,使经营者成为既种粮、又养猪、还会农机操作的自耕农。退
出制度主要也有两项:设定经营者年龄限制,年满 60 岁自动退休,将土
地交给年轻农户经营;建立相应的考核制度,围绕"减少户数、扩大规模、
延长承包期"的发展目标,制定考核奖励实施意见,设立考核奖补资金,
实行考核不合格淘汰机制。2018 年末,全区家庭农场共 906 户,比户数
最多时减少了 28.5％。

**(二)坚持积极探索多种形式家庭农场发展,注重健全体制机制,促
进家庭农场协调发展**

松江区从五个方面不断健全体制机制,注重增强家庭农场的发展内
涵。一是完善基础设施机制。松江先后建立了 3 个良种繁育基地,粮食
作物良种覆盖率达到 100％;对种养结合的家庭农场,允许一定土地用
于建设工作用房和猪舍,由区级财政投入开展标准化建设,实行农田设
施专用;累计建造了 2 800 吨烘干能力的设施,为全区家庭农场经营者
提供稻谷烘干服务。从今年起,还加大冷链仓储设施建设力度,计划 3
年实现冷链仓储量 2.2 万吨,提升稻米的仓储水平和运输能力。二是实

行登记备案机制。在村级集体经济组织内部通过自愿申报、民主评定的基础上,由区、镇两级对家庭农场进行资格审核认定,填报家庭农场登记表和经营情况表,加强家庭农场管理。目前全区家庭农场登记实行全覆盖。为实时掌握家庭农场经营情况,松江区将家庭农场信息纳入松江农业大数据信息平台和市新型农业经营主体信息管理系统,开展网上报备,实行网上监管。三是建立统计监测机制。松江区建立了家庭农场统计运行监测指标体系,开展家庭农场全面统计和样本家庭农场生产经营情况典型监测。通过每年选取 50 户样本,全面了解掌握家庭农场种植面积、亩产量、亩均收入、水稻价值、亩均成本和化肥农药使用等情况,实行动态监管,提升农产品质量安全监管效能。四是健全生态循环机制。推广粮食生产与生猪饲养的种养结合循环农业,使猪粪尿就地还田利用,通过绿色防控,增施有机肥、减少农药化肥使用等技术和措施,农田生态环境不断改善,为绿色食品认证奠定良好基础。目前,全区已建种养结合家庭农场 91 户,农产品绿色食品认证率为 7.65%,位居涉农区前列。

(三)坚持将小农户与现代农业有机衔接,注重培育新型经营主体,促进家庭农场与各类经营主体融合发展

松江区注重加强面向小农户的培训培育和社会化服务,促进经营主体的联合发展、融合发展,促进农业由生产型向生产经营型转变。一是培育新型职业农民。目前,全区累计培育认定新型职业农民 1 063 名,家庭农场持证率达到 70%。通过鼓励有一定专业技能的子女继承父业,优化家庭农场经营者的年龄结构。目前,全区经营者平均年龄 48 岁,比全市面上年轻了 10 岁。二是强化社会化服务。完善农资服务。扩大农资连锁经营覆盖面,建立 14 家农资超市门店,做好种子、农药、化肥等生产资料统一到村送户服务。开展信息服务。区农业农村委和电信部门合作建立了农业大数据信息平台全面,并为所有家庭农场经营者配送一部手机,及时提供气象、植保、市场、价格等各类信息。推进机农一体。目前全区已建成机农互助点 100 个,作业覆盖全区 17 万亩粮田,实现水稻生产全程机械化 100%,全区粮食作物耕种收综合机械化水平达 95.1%。加强农机服务。完善农机 4S 店综合服务管理系统建设,提升农机专业保养、维修、评估、处置等服务能力。三是构建联合发展模式。鼓励家庭农场与其他新型农业经营主体融合发展,积极探索"农民合作社＋家庭农场""农业龙头企业＋农民合作社＋家庭农场"等多种发展形式相结合。例如,农业龙头企业松江松林公司与 80 户家庭农场建立了利益联结机制,通过提高稻米收购价格,仅此一项,每户家庭农场年收入可多增收 3 万元。松江区还成立了家庭农场联合会,加强对农资配送、职业农民培训、大米加工等方面的服务能力。四是实行统一品牌经营。在规模化、专业化生产的基础上,松江积极培育"松江大米"品牌和地理标志,组织家庭农场加入该产业体系,采取统一供种、统一服务、统一加工的方式实行标准化生产,对符合品牌质量要求的家庭农场允许加盟使用这一品牌。2018 年,"松江大米"优质水稻品种种植面积扩大至 3.6 万亩,带动农户数增加至 250 多户,平均销售价格为每斤 7 元,亩产值在 3 800 元左右,比常规稻生产收益翻一番,实现了农民增收。

(四)坚持问题导向、加强顶层设计,注重完善政策体系,促进家庭农场可持续发展

松江区针对家庭农场不同发展阶段的需求和瓶颈问题,为全国家庭农场发展提供了新鲜经验。一是完善补贴政策。在起步阶段,2007 年,区财政给予家庭农场经营者每亩 200 元的土地流转费补贴。2013 年起,将这项普惠制的补贴改为考核奖励。在壮大阶段,为解决融资难问题,松江区将家庭农场纳入小额信贷保证保险范围,通过财政补贴,为家庭农场提供发展所需的贷款贴息服务。二是提升养老水平。为鼓励土地流转实现规模经营,松江在 2008 年制定了老年农民实行退地养老保障政策,明确只要老年农民将承包土地交给村集体统一流转,就可增加享受每月 150 元的退养补助。2015 年下半年起,为进一步提升老年农民的退养水平,在每人每月 860 元农村养老保障金的基础上,由区财政每月再补贴 664 元。截至 2018 年底,全区已有 3.46 万名老年农民提高了养老保障水平,达到 1 842 元/月(含 150 元/月补助金)。三是强化社会保障。2017 年 8 月,松江区出台了家庭农场经营者参加城镇职工基本养老、医疗保险的政策,由区财政对家庭农场经营者进行社保补贴,补贴金额为每人每年 2 万元。2018 年 11 月,松江区还创新了一项政策制度,明确家庭农场等职业农民可参照本市灵活就业人员相关规定加入城镇职保体系,以本市上年度城镇职工月平均工资 60% 作为家庭农场经营者月基本缴费基数,在此基础上给予 60% 补贴,由区镇两级财政按照比例承担。目前全区已有 321 户家庭农场报名,其中已开通 116 户,为农业新型经营主体解决了社保后顾之忧。四是创新保险政策。2018 年 3 月,松江区制定了以奖代补耕地质量保护的实施方案,创新启动全国首个耕地质量保护险试点,鼓励家庭农场以购买保险的方式保护耕地。通过对耕作层厚度、土壤有机质含量进行客观监管和评价,调动农民保护耕地的主动性和积极性。目前,全区已有 480 户家庭农场投保,覆盖面积 7.6 万亩。

二、实践体会

(一)发展家庭农场是促进小农户和现代农业发展有机衔接的必然选择

小农户是我国农业生产的基本组织形式,家庭农场是小农户的升级版。通过发展家庭农场,松江区改变了土地一家一户分散经营方式,引入现代生产要素扶持改造小农户,将土地、劳动力、农机等生产要素适当集中,实现适度规模经营,提升了农业经营集约化、标准化、绿色化水平,有利于作为一个新型经营主体参与市场竞争,实现小农户和现代农业发展的有机衔接。家庭农场的发展,使松江区农户数量从 2007 年的 4 900 户调整到目前的 906 户,大大提高了劳动生产率,大大推进了农业现代化进程。

(二)发展家庭农场是实施乡村振兴战略的客观要求

家庭农场作为新型农业经营主体,着力破解了"谁来种地""如何种地"难题,通过依靠高度机械化、规模化和社会化服务,大幅度提高农业劳动生产率,是农民增收和产业振兴的助推器。组建家庭农场后,松江区粮田由本地农民规范种植,改变了过去 1/3 粮田由外来户不规范种植、掠夺性生产的情况,通过实施绿肥、发展种养结合家庭农场和推进秸秆还田等措施,对增加土壤肥力、养护农田作用明显,有效促进了农业生态环境改善。松江家庭农场发展十余年来,家庭农场经营收入从刚开始户均 4.6 万元提高到目前的 13.8 万元,其中机农结合和种养结合家庭农场户均收入普遍超过 30 万元。发展家庭农场,取得了生产发展、农民增收、生态改善、耕地保护的良好成效。

(三)发展家庭农场是巩固党的执政基础的现实需要

小农户是党的重要依靠力量和群众基础。以家庭承包经营为基础、统分结合的双层经营体制,是我国农村的基本经营制度,需要长期坚持并不断完善。农地所有权、承包权、经营权"三权分置"作为党中央重大的农村政策,有利于提升小农户生产经营水平,拓宽小农户增收渠道。组建家庭农场,发展适度规模经营,实现"三权分置",有利于在坚持家庭经营基础性地位的同时,提升小农户组织化程度,提高农业竞争力,进一步激发农村基本经营制度的内在活力,夯实现代农业经营体系的根基。土地所有权属于村集体经济组织,便于根据本村实际制定家庭农场户数和规模经营者条件,有利于实现守土有责、保护耕田、优化土地资源配置、决定土地流向。土地承包权属于农户,通过土地流转获得稳定的流转费收益,实现离土离乡不离利益,同时也能保障其知情权,参与所有的决策表决过程。土地经营权属于家庭农场主,按照合同期内经营土地,安心从事农业生产,有利于经营者稳定队伍、提高素质。

松江区发展家庭农场的探索与实践,是增加农民收入、提高农业竞争力的有效途径,也是沿海经济发达地区建设现代农业的前进方向和必由之路。未来,松江区将继续在绿色生产、品牌建设、政策激励等方面加大探索力度,不断提升家庭农场经营能力和发展水平。

（2019 年 7 月）

（注:本调研报告得到中央农办、农业农村部领导韩长赋、韩俊的充分肯定。参加调研起草的还有张晨、楼建丽等。）

17 日本都市农业发展的经验教训及其启示

都市农业在世界各国大城市中广泛存在,但因不同国家不同地区的社会政治制度差异很大,加之经济发展水平、自然历史条件不一,导致了各国都市农业产生和发展的起因、演变的过程也各不相同,表现形式各具特色,进而决定了其发展模式千差万别,功能定位各有侧重。与欧美相比,日本的农情和中国更加接近。日前,笔者赴日东京、大阪等地对都市农业进行了考察。

国际化大都市的东京还有没有农业?答案是有。东京都23个区都有都市农业,全都保留了超过50万亩的农业,承担了不小的农业生产功能,即便是繁华的练马区也保留了215公顷的农用地。经考察,日本东京、大阪等地的都市农业具有"三高"特征。

第一,高品质。在日本,上市的农产品都是色泽亮丽,令人赏心悦目,给人留下了深刻的印象。市场上所有代销的农产品,都是经过精心包装的,没有散装更没有带枯叶出售的,农产品包装上都印有产品名称、产地、生产者姓名。日本的农产品讲究的是"最佳赏味期",不注明保质期。日本农民从事生产的重要目标是追求质量,所以日本农产品不但销路畅,而且价格优。日本的任何农产品都有自己的底气,比如口感、甜度、水分等,高颜值高品位高价值是日本农产品的特色。在日本,无论种植何种作物,都体现了日本农民绣花般的细致,在外表美的背后,是日本农民对农业标准化的刻意追求。

第二,高体验度。在日本,都市人深度参与都市农业,生产者与消费者建立了相互信赖关系,都市农业真正成为大城市不可或缺的组成部分。市民对地产特色农产品有深厚的感情,强调地产地销,一个地区农产品价格最高的是本地产的、有特色的,具有较高的区域农产品品牌力和竞争力,当然,最好是有文化的有故事的。农业经营者经常会邀请消费者来到基地,体验种植和生产,让消费者真正知道蔬菜、水稻是如何种植来的,经过交流互动,增强消费者的信任度和忠诚度。市民对农业的参与度极高。通过整合本地自然环境、历史遗产、文化遗存、特色饮食和风土人情资源,灵活开展旅游事业;引导初高中学生进行休闲旅游,学习体验农业农村生活;促请从乡村去都市和境外的本地老年退休人士回村养老,招请热爱农业的年轻人和具有农业技能的农业志愿者来村定居。三种方式富有特色:一是鼓励各地挖掘有形无形文化遗产,激活传统文化生机与魅力;二是通过"公路驿站",将公路休息区开发建设成各具特色的旅游点和公共生活服务点;三是城市与乡村签订合作协定书,像走亲戚一样进行互动。

第三,高效率。日本的都市农业2%的农地提供了8%的农业总产值。产品的信誉度高,市场占有率高,农产品实现了货畅其流,其实质是小规模的农户+专业化社会化的生产体系,分享社会化经营利润。

日本都市农业之所以走在世界农业的前列,主要由"五个高度"予以支撑。

高度专业化。具有差异的才是和谐的是日本农业的显著特征。日本农业生产的专业分工十分明确,一个地区有一个地区的产业特色,一个农户有一个农户的主导产品,优势互补,相互依赖,共同构建起日本农业经济框架。日本农业没有小而全,不为自给自足,而是专业化分工、工厂式生产,除了自己生产的几个品种外,其他品种全部从市场购买,这样既扩大了生产规模,获得了规模效益,又促进了农户与农户、农协与农协之间的交流,繁荣了市场。

高度生态化。日本农民非常注重土地保护,实现可持续发展是农业经营者首要考虑的方向。在日本农村,人们可以看到刚翻耕过的耕作层均呈深褐色,土壤团粒结构良好,土质细腻而均匀,像海绵一样。健康的土壤才能有健康的农产品,已深入人心。

高度社会化。日本农协已发展成集经济职能与社会职能于一体的团队,其功能多样而全面,涵盖了农业生产、农产品购销流通等各个领域,负责农业生产资料采购、农民生产计划、农产品销售,将政府发放的补助金分发给农户或有关团体,代表农民向政府行政部门反映意见。日本农业因为农协周到的服务而得到发展,农协的作用无可替代。

高度产业化(全产业链)。功夫在农外。实践大食品、大农业的理念,延伸产业链、提升价值链,大力发展农业六次产业。社会分工细化以及社会组织方式变革衍生出农业众筹、订单农业、社区支持农业、农村养老服务业、农业生产性服务业、农产品私人定制等社会化农业新业态。鼓励非农企业进入乡村发展,到 2017 年,参与农业生产经营的非农企业数量由 2010 年的 761 家增加到 3 030 家,大大促进了乡村就业和收入提高。

高度科技化。日本 2050 年农业人口将减少到 100 万人,其中三成是 85 岁以上老年人。一是发展机器人农业。机器人拖拉机效率是常规机械的 1.5 倍,日本已经成为农业无人机喷药第一大国,喷药无人机从 1995 年的 307 架增加到目前的 2 400 多架。二是占领科技最前沿。植物工厂是现代设施农业的最高阶段,使农业从自然生态束缚中脱离出来,按计划周年性进行植物产品生产的农业系统,2018 年起从试验示范进入了大面积推广。三是高度重视农业教育。注重农民进修培养,农民素质普遍提高,农业科研与实验机构直接相互协作配合,实现了科研成果在各地的运用与推广。

当然,日本都市农业发展过程中也存在不少问题,最突出的是"三高"问题,制约了其可持续发展。

高龄化。2018 年农业从业人员 175 万,平均年龄 66.8 岁;65 岁以上的农民占到了 60%,抛荒地不断增多,同样面临"谁来种田"的问题,一些地方陷入人口减少、产业衰退的恶性循环。

高补贴。在日本农林水产省的主页上,形形色色的补贴项目高达 470 种,农林牧渔都得到了方方面面补贴,补贴对象有涵盖整个农业的,还有对特定对象的补贴。补贴分为软件补贴和硬件补贴。硬件补贴的对象包括机械设备等约 400 多种;软件补贴的对象是协议会、推进大会、调查项目、实证项目。日本农业成了靠政府补贴过日子,农民收入中的 50%左右主要是靠政府补贴。好在政府补得起,否则难以维系。

高保护。日本对农产品进口设置这样那样的壁垒以保护各类农产品市场。目前日本粮食等主要农产品的自给率仅为 39%。由于对农产品的刚性需求,到头来还得依赖进口,进口比重不断增加,从总体看,日本农业缺乏国际竞争力。

为了解决这些问题,日本采取了一系列对策措施:

倡导六次产业化。日本鼓励发展六次产业。农业有望吸收包括加工、流通、餐饮、旅游在内等领域的六次产业,大农业、大食品融为一体。2017 年日本农业生产额 8.5 万亿日元,而其食品加工业是农业生产总额的 9 倍(75 万亿日元)。

倡导发展开放农业。调整出口结构,构建产官学结合的食物价值链,到 2020 年实现农林水产、食品出口额达到 1 万亿日元(2013 年 5 505 亿日元)。

倡导推行农业法人制度。2010 年农业法人数为 17 558 个,2020 年要求达到 3.5 万个。农业法人具有多种优势,家庭与经营分离、劳动报酬明确化、对外信用增强。这几年,日本政府出台扶持政策,鼓励农地实现规模化经营,农业经营者既可以租地种也可以买地种,从而提升农业整体经营能力。

倡导引进培育新农民。政府通过资金支持等政策,鼓励年轻人移居乡村创业。受相关政策利用推动,最近 10 年新进入农业领域的创业人数增加到原来的 3 倍。政府创建"区域振兴协力队",公开招募年轻人,经考试选为队员后到乡村工作生活 1～3 年。政府为每人每年提供 200 万日元生活补助和 200 万日元活动经费。至 2017 年,49 岁以下新务农人员实现连续 4 年超过 2 万人。

（2019 年 8 月）

18 | 上海建设首批乡村振兴示范村成效初显

　　乡村振兴示范村建设是上海实施乡村振兴战略的重点工作。2018年6月起,上海选择奉贤区吴房村等9个村率先启动了乡村振兴示范村建设。① 6月底,9个示范村先后完成了既定的建设任务,并相继通过了区级验收和市级复核。目前9个示范村的形态和风貌焕然一新,一条符合超大城市特点和规律的乡村振兴示范引领之路正在形成。

一、基本情况

　　为发挥好首批乡村振兴示范村的典型引路作用,我们在示范村遴选时综合考虑了不同地域、不同发展水平及产业特色等因素,并按照"模式优先、层次多样"的原则,确定了9个村开展示范创建。

　　首批示范村呈现如下特征:一是地域分布比较均衡。示范村分属9个涉农区,近、中、远郊均有分布,村域总面积计25.21平方公里(村均面积2.8平方公里),总农户数6 023户(村均669户),总人数18 036人(村均2 004人)。二是发展模式各具特色。9个村立足不同的资源禀赋,呈现出农业特色型、生态宜居型、区域联动型、产业融合型等多种发展模式。三是项目建设涵盖多领域。据统计,9个示范村共计开展了224个建设项目,涵盖了农民集中居住、生态环境建设、公共服务设施、

---

　　① 浦东新区赵桥村、闵行区革新村、宝山区塘湾村、嘉定区向阳村、奉贤区吴房村、松江区黄桥村、金山区水库村、青浦区莲湖村、崇明区园艺村。

农业产业新业态等多个领域。

二、初步成效

一年来,各涉农区按照"产业兴旺、生态宜居、乡风文明、治理有效、生活富裕"的总要求,坚持因地制宜、改革创新、系统谋划、综合施策、精准发力,稳步推进示范村建设,成效初显,共植了一棵根深、枝繁、叶茂、花妍、果硕的"振兴之树"。

(一)牵住"产业兴旺"牛鼻子,激发乡村发展新动能

各示范村注重运用现代产业发展理念改造传统农业,着力提升农村产业高质量发展,写好了三篇大文章:一是调优农业结构。按照农业供给侧结构性改革要求,各示范村与市内外知名科研技术团队合作,引进优良品种、实行生态种养,共计提升农业生产设施 1 900 亩,改种药材、林果等高效经济作物 2 000 余亩,实现了农业提质增效。例如,赵桥村和吴房村分别打造水蜜桃、黄桃产业链;塘湾村建设"宝农 34"大米核心产区;莲湖村大力培育蛙稻米、红柚、蓝莓、铁皮石斛等特色产业。二是提升品牌效应。在调优农业结构的基础上,各示范村加强"一村一品"建设,通过品牌培育提升农业附加值。例如,园艺村打响"崇明黄杨"品牌,组织农户抱团发展,改变一家一户低端销售模式,2018 年全村造型黄杨销售收入达 4 000 万元。三是延伸产业链条。各示范村共引进 60 余家市场主体,在加强农产品产销对接的同时,探索发展乡村民宿、众创空间、科普教育等新产业新业态,建成 28 个休闲农业和乡村旅游景点,延伸了农业的产业链条。例如,莲湖村与叮咚买菜等 25 家新型农商企业建立合作关系,实现线上线下多渠道农产品销售。

(二)下好"生态宜居"先手棋,彰显江南水乡新风貌

各示范村以乡村规划为引领,统筹田水路林风貌元素,扭转了农宅房屋"散、乱、小"的状况,重塑农村人居环境下好了三步棋:一是推进集中居住。革新村、黄桥村、水库村、向阳村等通过平移、翻建等实施途径,

230户农户实现向规划保留居住点集中,150户保留点农户通过布局微矫正的方式实现原址翻建,节地率均达到25%以上,探索形成了一整套可操作的政策、机制和路径,为全市农民相对集中居住的"平移"模式提供了样板。二是加强生态治理。各示范村全域开展村庄清洁行动,共整治建设用地14万平方米、河道水系62公里、绿化植树21万平方米,新建生活垃圾处理设施48座,生活污水处理率达到100%,实现了"田园生活,城市品质"。同时,吴房村、莲湖村、塘湾村等还注重保留保护原有的生态要素,创新河道整治施工工艺,修复流域景观,再现了江南水乡的自然肌理。三是提升建筑风貌。各示范村在房屋新建、翻建过程中注重元素统一,做到组团式布局与乡村自然环境相互融合,共计完成农户房屋、庭院风貌改造2 343户。目前,有6个村呈现出"白墙灰瓦坡屋顶,林水相依满庭芳"的江南水乡村景,有3个村呈现出现代田园别墅的时尚风情。

(三)打造"乡风文明"软实力,谱写人和邻睦新乡韵

各示范村厚植乡土文化,结合自身特色,激活传统文化中的正能量,做到了既塑型又留韵,着力在三个方面下功夫:一是提炼文化符号。各示范村提炼体现乡土文化特色的符号和元素,将其运用在村标志、标识、小品、墙绘中,保留乡村"原真、原味、原生态"。例如,吴房村挖掘梳理贤文化、美文化、旌义文化、吴房掌故等,生动展现地方乡土韵味;赵桥村将名人贤达留下的笔墨以墙画形式印刻村头村尾,再现乡村历史文化。二是厚植农耕底蕴。9个示范村结合各自特色,开展村史馆建设、村志编撰、村歌谱写、村LOGO设计等文化建设,出版了《但说吴房》《革新村前身今世》等地情书籍,创作了《葵花向阳》《清清渡港河》等村歌,给传统文化赋予了时代精神。三是涵育文明乡风。各示范村注重建设文化广场、文化墙、文化客堂间等文化阵地,定期开展文化活动,推进移风易俗。例如,塘湾村成立驻村文化指导小分队,依托各村民小组布设的文化广场、农家书屋、农民课堂等,开展了"唱响塘湾""书香塘湾"等文化沙龙活动,有效提振了村民的精气神。

(四)夯实"治理有效"基本盘,增添基层基础新亮色

各示范村通过党建引领振民心、为民服务暖民心、共建共享聚民心,乡村治理体系实现了三个强化:一是强化党建引领。各示范村共建立党建服务点 17 个,构筑"党支部—自然村—党小组—党员"四级党建网格,建立党员服务群众"微网格",及时倾听村民呼声,常态化开展宣传和群众服务工作。例如,革新村成立"联在革新"党建联盟,29 家区域知名企事业单位近百名"两新"党员志愿参与"益企进乡村""义诊进革新"活动。二是强化服务能级。9 个示范村共计建设各类公共服务用房 67 间,总规模 3 万平方米,公共服务空间较原先增加 1 倍以上,构筑了从中心到站点的家门口服务网络。同时,各示范村全面实现村干部"下楼"开放式办公,完成了阳光村务工程,全过程实现了村务公开、财务公开、党务公开。例如,向阳村利用 AI 技术构建"家门口"服务体系,通过物联网、大数据实现无线网络覆盖、路灯控制、安防监控、空气监测、人群感知等智能应用。三是强化善治共享。各示范村通过编写通俗易懂的村规民约引导村民参与村庄建设和管理,从百姓家门口的事做起,发动村民参与示范村建设。例如,赵桥村搭建的妇女微家、互助睦邻点、老娘舅工作室,园艺村搭建的"乡居汇"自治小组等,都较好地激发了乡村振兴的主人翁意识。

(五)播种"生活富裕"幸福果,顺应美好生活新期待

各示范村建设充分调动基层创造活力和内在动力,倾听农民心声,回应群众期盼,让广大农民有更多获得感,着力从三方面拓宽增收渠道:一是激活存量资源,增加财产收入。有 7 个村吸引社会资本开办乡村民宿,使农房的租金从按"间"算变成按"平方"算,农民的年租金收入较原先可翻两番,由原先的 3 万元增长到 8 万～10 万元。有的村则将土地经营权作价入股,实现农民变股民。例如,水库村 97% 的承包地完成入股,核心区承包地的招商流转价格翻了一番,使全村增加约 110 万元的土地收益。二是拓宽就业渠道,增加工资收入。各示范村既通过引入新产业新业态,增加服务型就业岗位,又鼓励村民创新创业,共同致富。例如,革新村为村民免费提供自产自销疏导点50个,引导村民制作传统特色小吃在古镇销售;塘湾村发展康养产业,预计可为全村新增就业岗位180人。三是培训生产技能,增加经营收入。各示范村注重提高村民生产技能,通过引进专家开设"田间课堂""首席技师工作室"等,对村民开展培训进修、技术交流,提升村民的经营能力。例如,园艺村聘请上海植物园盆景艺术专家,建立"艺园"盆景工作室,教授村民布局整枝技术,将绿化用黄杨改造成精致的盆景作品。

回顾一年来的建设历程,首批乡村振兴示范村建设之所以取得阶段性的成效,发挥了较好的示范引领作用,我们感到有四个方面的体会:高位推动是根本保障。一年来,全市上下贯彻落实"五级书记"抓乡村振兴的要求,将示范村建设作为年度工作重中之重抓实抓好。市委、市政府主要领导亲自部署、亲自推动,分管领导对示范村逐一考察指导。各涉农区均建立领导小组、指挥部、工作组三级组织构架,党政一把手亲自部署、谋划、推动示范村建设,实施挂图作战机制,以目标倒逼责任,以时间倒逼进度,销项式完成建设任务。部门联动是重要支撑。市、区各部门密切配合,通过完善政策机制、优化管理机制、落实扶持机制,同频共振推进示范村建设。市级层面制定了村庄规划导则、乡村振兴规划土地政策、民宿指导意见等政策,加大了示范村建设制度供给力度;深入推进"放、管、服"改革,采用勘察、设计、施工一体化的项目管理模式,简化审批流程,提高审批效率;建立"整合+奖励"扶持机制,将"四好"农村路、河道整治、污水处理、生态廊道、村庄改造等项目资金打包整合,并建立每村2 000万元奖励资金,鼓励基层主动作为。基层发动是坚实基础。示范村所属镇强密度、高频次、持续性开展村民宣传发动工作,引导全体村民从"要我振兴"到"我要振兴"。不少村干部率先垂范,自己动手整理家园、扮靓庭院,通过直观感受让村民发自内心地参与示范村建设,让示范村建设真正落地生根。村企互动是动力源泉。各示范村建设注重发挥市场专业力量在产业策划、村庄规划、景观设计中的重要作用,成立镇、村、社会资本平台公司,开展产业运营。各示范村在利用财政资金保障公共服务和基础设施建设的基础上,积极探索村集体经济组织利用土地、房屋等资源作为资本,与社会资本共同参与产业运营,构建村企利益共享机制和村民收益分享机制,变"输血"为"造血",提升乡村经济发展的源动力。

三、启示思考

乡村振兴示范村建设是国际大都市郊区实施乡村振兴战略的有益探索,理应发挥其典型示范引领作用。我们感到,首批示范村建设中一些共性经验值得在第二批 28 个示范村建设中加以借鉴,使之实现新的突破,形成新的特色。

一是应坚持注重策划先行、规划引领。乡村振兴既要目标明确,更要精准发力。首批示范村建设坚持"不策划不规划,不规划不设计,不设计不施工"的工作思路,从乡村产业发展、村庄布局优化、乡村风貌提升,到人居环境改善、乡村治理深化、农民持续增收等方面都进行了系统布局,实现示范村建设谋定而后动。这是首批示范村建设取得成功的奥秘,必须在今后的工作中贯彻始终。

二是应坚持注重产业谋划、科学定位。首批示范村注重挖掘乡村多种功能和价值,聚焦重点产业,聚集资源要素,培育新业态,发展新动能,取得了较好成效。第二批示范村建设应继续坚持因地制宜、突出特色,激活要素、市场和各类经营主体,更好地培育一批承载乡村价值、体现乡土气息的产业,以乡村产业兴带动村庄人气旺,实现集体收入丰,避免出现因产业不兴造成示范村依旧老龄化、空心化等现象。

三是应坚持注重多方参与、良性互动。乡村振兴既需要政府高位推动,更需要发挥村民的主体作用,调动农民群众参与建设的积极性、主动性和创造性,避免出现"上热下冷""干部干、农民看"的现象。政府部门应持续优化乡村营商环境,在工商资本融资、乡村人才吸引、资源要素配置等方面出台更具针对性的支持政策,吸引社会资本加大投入,发挥企业的专业和市场优势,撬动、盘活各类市场资源投入示范村建设。

四是应坚持注重软硬并重、协同发展。第二批示范村建设应避免先硬后软的思维惯性,做到硬件软件同步谋划、同步实施。在做好农村基础设施建设的同时,加强精神文明建设,深挖乡村文化。要保持乡愁乡情和乡村风貌,建设青石板路、紫荆长廊、生态护坡等富有农村特色工程,避免农村建设成为城镇化的小区,缺乏乡村自然肌理。

五是应坚持注重机制建设、政策供给。总结推广首批示范村建设的好机制:一要加强部门联动机制,同频共振推进示范村建设。二要优化挂图作战机制,以目标倒逼责任,以时间倒逼进度,销项式推进建设。三要强化项目管理机制,深化涉农领域"放、管、服"改革,优化乡村建设项目审批流程和环节。四要完善资金投入机制,加快涉农资金的统筹整合,创新财政资金投入方式,形成财政优先保证、金融重点倾斜、社会积极参与的多元投入格局。五要建立利益联结机制,聚焦生活富裕,拓宽农民增收渠道,提升农民获得感和满意度。

(2019 年 10 月)

(注:参加本调研报告起草的还有陈云、张晨、楼建丽、蔡蔚、徐力等。调研报告得到国务院、中央农办、农业农村部领导和市委市政府领导的肯定。)

19 上海市乡村振兴指数指标体系构建与评价测评研究

实施乡村振兴战略,是上海建设"五个中心"和现代化国际大都市,以及迈向卓越的全球城市的必然要求。乡村是上海发展的重要组成部分,在促进经济发展、提升城市品质、传承乡村文化、扩大环境容量等方面具有不可替代的作用。上海的乡村振兴,是基于全球城市坐标下的乡村振兴,是基于城乡一体化发展格局下的乡村振兴,是基于长三角一体化发展大趋势下的乡村振兴。上海的乡村振兴,除了必须达到国家对发达地区的农业农村现代化建设要求之外,还要向着更高的国际先进坐标去努力,并为各地提供更加领先的示范样本。鉴于此,课题组以 2035 年为标杆对照期,运用指标体系评价法,研究编制上海全市及九个涉农区的乡村振兴指数,以期从实践层面为全国各地开展此项工作提供有益参考。

一、乡村振兴指标评价研究的综述

2018 年中央一号文件以乡村振兴战略为主线,细化和部署了乡村振兴战略的时间表和路线图。在此背景下,各地围绕乡村振兴规划编制,都提出了相应的乡村振兴指标体系及其振兴目标值。

如何引导乡村振兴各要素有效集聚,助力乡村全面持续可协调发展,以往学者们主要从乡村经济、综合发展(李裕瑞等,2011)、乡村活力(沈费伟等,2017)、乡村性、地域功能等视角对乡村发展进行了分析,为乡村振兴评价提供了有益的借鉴。在评价乡村振兴成效方面,近年来多数研究从经济维度、政治维度、社会维度、文化维度、生态维度等方面构建指标评价体系。经济维度方面主要考虑乡村的经济发展水平、产业融合、产业发展等方面选取相应的指标进行衡量;政治维度方面包括体制机制建设,基层党建情况等方面,学者们城乡融合发展体制、农村土地制度创新、强农惠农政策扶持、农业支持保护制度建设、农民权益保障体制机制、村党组织书记兼任村委会主任等方面选取相对应的指标进行评价(廖彩荣等,2017);社会维度方面考虑了人才队伍建设,有学者认为人才队伍建设是乡村资源禀赋的重要体现,乡村人才发展战略是"乡村振兴"的动力之源,学者们主要选取了新乡贤、技术专家、企业家、创业者、志愿者等指标对人才发展战略进行评价(张丙宣等,2018;赵秀玲,2019;马彦涛,2018);文化维度方面学者们主要选取了农村人口高中及以上比例,农民文化娱乐支出比重,农村文化建设达标率,村文娱设施覆盖率,乡镇图书馆覆盖率,文明户或五好家庭比例,互联网入户率,农业远程教育覆盖率等指标对文化建设、精神文明进行评价(李秀霞等,2006);生态维度方面主要从生产生态环境和居住生态环境两方面选取指标,相应的指标主要包含农药使用、森林覆盖率、农村的水资源、厕所卫生情况、生活垃圾处理情况等(袁久和等,2018;陈秧分等,2018;谷建全等,2018)。

另外,一些学者也结合各地实际,研究编制了地方版的乡村振兴指标体系。中国社科院朱钢等学者对浙江省湖州市的乡村发展战略进行指数测评。江苏省苏州市则委托中国农科院对当地农业农村现代化水平进行了指数测评。

课题组认为,乡村振兴是一个多尺度、多主体、多领域的演化过程。这个进程,固然受乡村自身因素的影响,但影响最大的则是所在地区的城市发展基础和城市发展定位。因此构建乡村振兴指标体系,更要立足于城市这一重要元素。

二、上海乡村振兴指数指标评价体系框架构建思路

(一)构建原则

1. 科学性原则

贯彻落实中央关于乡村振兴的重大方针政策与规划部署,对照上海制定的乡村振兴规划和实施方案,以"绿色田园、美丽家园、幸福乐园"为总体要求,科学、系统地反映乡村振兴的理论内涵与目标。

2. 国际性原则

上海的乡村振兴,要按照建设卓越全球城市的总体定位,对标国际最高水平,特别要对标与上海具有相近特点的国家或地区,如日本、韩国等。

3. 客观性原则

上海乡村振兴指数评价体系强调理论与实践相结合的原则,在农村经济发展的理论基础上,充分结合上海乡村的实际情况和城市发展的总体趋势,客观度量和反映上海及各区的乡村振兴真实轨迹。

4. 灵敏性原则

测度乡村振兴水平的指标选择,体现与实际发展情况的灵敏对接,体现与未来趋势和成长空间的灵敏反映,并可反映和评价基层推进乡村振兴的年度实际成效。

5. 可比性原则

评价体系应具有普遍适用性和可行性,统计上具有可操作性。一方面要立足现有统计方法与统计口径,确保数据明确、获取简便,发挥对各涉农区的指挥棒和评价作用;另一方面,指标计算具有可操作、可量化和可比性,便于计算形成综合性指数,反映各区各街镇的乡村振兴水平。

(二)评价领域建立

对接《上海市乡村振兴战略实施方案(2018－2022 年)》提出的"三园工程",以"美丽家园、绿色田园、幸福乐园"三大领域为一级指标构建

指标体系。

1. 美丽家园

旨在全面提升农村环境面貌。要大力改善农村环境质量,促进自然、田园与农居村庄全面融合。可从三个方面予以衡量:一要坚持高标准、高质量,着力推进村容村貌整治。以乡村振兴示范村、美丽乡村示范村建设为引领,打造体现上海水平、富有江南水乡特色的美丽乡村。推动农民相对集中居住,更加集约利用土地,更好配套公共服务设施。特别在垃圾分类处理、生活污水处理与厕所设施上,要坚持城乡一体化标准。二要坚持源头治理,大力改善农村土地生态环境。不断提高河道水质,强化生态空间建设保护,推进农业废弃物综合利用,降低化肥、农药使用量。三要大力改善农村基础设施条件。建成高质量的村内道路和村村通公路,还要分享现代轨道交通和电子商务的辐射和便捷。

2. 绿色田园

旨在全面实现农业提质增效。作为上海的乡村地区,绿色田园建设必须以科技驱动、绿色发展为导向,着力建立健全满足全球城市发展需求,实现高质量发展的乡村产业体系。可从两个方面予以衡量:一是夯实现代农业发展基础,加快农业现代化进程。特别要坚持创新驱动发展,提高农业科技水平、机械化水平和标准化农田水平,构建现代农业经营体系,促进农业绿色化、品牌化发展。二是促进产业融合发展,培育乡村经济新动能。提高乡村产业投资力度,为乡村产业兴旺发展提供保障;促进农业与物联网、旅游、文化、休闲等产业融合发展,培育乡村新产业新业态。

3. 幸福乐园

旨在全面促进农民持续增收。要以实现城乡一体化发展为导向,深入推进农村精神文明建设,打造有效有序的善治乡村,全面改善和提升乡村民生和农民生活水平。可从三个方面予以衡量:一要不断提高农民思想道德文化素质和农村社会文明程度。坚持教育为本,提高农民的现代文明素质,培育新型职业农民。大力改善农村公共文化设施,以市级文明村为标杆,推动更多的村镇努力对标,全面创建。二要建立健全现代党领导下的乡村社会治理体制,建设善治乡村。重点推进现代化的规划管理与智能化的农村治理。坚持农村基层党组织的领导核心作用,推动自治、法治、德治的有机融合,让广大农民群众有更多的获得感和满意度。三要加快提升农村生活水平。提高农村居民,尤其是低收入农户生活质量。按照城乡均等化配置的要求,在医疗、养老、低保服务上加快缩小城乡差距。

(三)评价指标选择和目标值设置

1. 评价指标选择

基于统计指标甄选的五大基本原则,本研究根据上述三大维度和 8 个相应的表征指标(二级指标),进一步选择 42 个测度指标(三级指标),构建上海市乡村振兴指数指标评价体系。其中,美丽家园包含 3 个二级指标和 11 个三级指标;绿色田园包含 2 个二级指标和 14 个三级指标;幸福乐园包含 3 个二级指标和 17 个三级指标,见表 1。

表 1　　　　　　　　上海市乡村振兴指数指标评价体系

一级指标	二级指标	序号	三级指标	单位	指标数据来源
美丽家园	村容村貌	1	市级及以上示范村占比	%	市农业农村委
		2	农村居民居住集中度	%	市住建委
		3	农村生活垃圾分类收集覆盖率	%	市绿化市容局
		4	农村无害化卫生厕所普及率	%	市卫健委
		5	农村生活污水处理率	%	市水务局
	生态环境	6	生态空间综合指数	—	市绿化市容局市水务局
		7	地表水水(环境)功能区达标率	%	市生态环境局
		8	农业废弃物综合利用率	%	市农业农村委
		9	化肥农药减量度	—	市统计局
	基础设施	10	公共交通通达率	%	市交通委
		11	村内道路完好率	%	市住建委

续表

一级指标	二级指标	序号	三级指标	单位	指标数据来源
绿色田园	农业发展	12	农业科技进步贡献率	%	市农业农村委
		13	农业机械化率	%	市农业农村委
		14	农业劳动生产率	万元/人	市统计局
		15	农业亩均产值	元/亩	市统计局
		16	高标准农田占比	%	市农业农村委
		17	市级及以上农业龙头企业数量	个	市农业农村委
		18	农业产业化组织带动率	%	市农业农村委
		19	区域公共品牌与地理标志产品数量	个	市农业农村委
		20	地产农产品绿色食品认证率	%	市农业农村委
		21	粮经综合比	—	市统计局 市农业农村委
		22	农业保险深度	%	市农业农村委
	产业融合	23	乡村产业新增投资额	万元/户	市农业农村委 市统计局
		24	人均乡镇财政收入	万元/人	市统计局 市财政局
		25	乡村休闲旅游吸引度	人/平方公里	市农业农村委 市文旅局
幸福乐园	乡风文明	26	城乡义务教育五项标准达标率	%	市教委
		27	新型职业农民占比	%	市农业农村委
		28	村综合文化活动中心服务功能达标率	%	市文旅局
		29	市级及以上文明村和乡镇占比	%	市文明办
	治理有效	30	智慧村庄建设水平	%	市经信委
		31	阳光村务工程普及率	%	市民政局
		32	村民对善治满意率	%	市农业农村委
		33	农村基层党组织和党工作覆盖率	%	市委组织部
	生活富裕	34	农村常住居民人均可支配收入	万元	调查总队
		35	低收入农户占比	%	市农业农村委
		36	人均集体经济收入水平	—	市农业农村委
		37	市级示范养老睦邻点覆盖率	%	市民政局
		38	长期照护服务覆盖率	%	市民政局
		39	村级卫生服务机构配备医生数量	名/所	市卫健委
		40	农村居民健康素养水平	%	市卫健委
		41	城乡养老金发放水平	—	市人社局
		42	城乡最低生活保障金发放水平	—	市民政局

对于 42 个三级指标的具体选取，在专家咨询和部门咨询的基础上，采取理论与实际相结合的方法。一是对应国家乡村振兴规划纲要提出

的指标项;二是体现上海特殊领先性选择加入的特色指标项;三是借鉴乡村振兴先行地区使用的一些附加指标项,如湖州市、无锡市等;四是对于一些理论性上具有必要性但实际采集却难以实现的指标,用含义接近的具体指标予以替代。

2. 目标值设置

本指数测算的目标值设置,以战略发展为导向。主要考虑了以下三个因素:一是国家与上海乡村振兴规划提出的相关目标值。重点考虑国家对发达地区提出的率先基本实现农业农村现代化的要求。二是对标上海城市发展的战略定位。即围绕建设卓越的全球城市和世界级城市群核心城市的战略要求,对标国际最先进的乡村发展水平,考虑到日本乡村发展已经进入到稳定的良性发展阶段,农业农村现代化也早在 20 世纪基本实现,一些衡量日本乡村发展的指标出现钝化,增速放缓或已停滞。因此,选取日本及大东京地区的现状作为 2035 年的目标值,指导上海农业农村建设加速追赶、趋近日本农业发展水平。三是结合上海发展的实际。主要是对于一些我国特有或上海特有的指标,需要充分考虑上海自身因素,因地制宜。另外也考虑到阶段性实现的可能性、现实性。2015、2019 年基底值的测算与 2035 年标杆值的设置见表 2。

表 2　　　　　　上海市乡村振兴指数指标体系基底值及标杆值

序号	三级指标	单位	2015 年基底值	2019 年基底值	2035 年标杆值
1	市级及以上示范村占比	%	1.90	10.29	35
2	农村居民居住集中度	%	22.44	24.16*	80
3	农村生活垃圾分类收集覆盖率	%	0	100	100
4	农村无害化卫生厕所普及率	%	98.3	100	100
5	农村生活污水处理率	%	53*	84	99
6	生态空间综合指数	—	26.82	31.95*	32.64
7	地表水水(环境)功能区达标率	%	24	87.3	100

序号	三级指标	单位	2015年基底值	2019年基底值	2035年标杆值
8	农业废弃物综合利用率	％	89.5	98*	99
9	化肥农药减量度	—	36.6	49.9*	100
10	公共交通通达率	％	76.4	79.7	100
11	村内道路完好率	％	38.00*	44.33	75
12	农业科技进步贡献率	％	70	75.6	90
13	农业机械化率	％	83	94	99
14	农业劳动生产率	万元/人	7.3	7.87	18
15	农业亩均产值	元/亩	3162	3 619	5 500
16	高标准农田占比	％	52.14*	59.10	90
17	市级及以上农业龙头企业数量	个	95	88	120
18	农业产业化组织带动率	％	30.7	32.87	95
19	区域公共品牌与地理标志产品数量	个	1.33	1.89	5
20	地产农产品绿色食品认证率	％	6.41	20.34	50
21	粮经综合比	—	1.06	0.80	0.43
22	农业保险深度	％	4.29	6.06	8
23	乡村产业新增投资额	万元/户	3.53*	4.43*	8
24	人均乡镇财政收入	万元/人	1.27	1.47*	3
25	乡村休闲旅游吸引度	人/平方公里	3 542	3 786*	5 500
26	城乡义务教育五项标准达标率	％	77.2	90.0	100
27	新型职业农民占比	％	2.1	5.5	99
28	村综合文化活动中心服务功能达标率	％	90.28	100	100
29	市级及以上文明村和乡镇占比	％	61.21	64.65	90
30	智慧村庄建设水平	—	54*	60*	100
31	阳光村务工程普及率	％	0*	100	100
32	村民对善治满意率	％	62*	84.24	99
33	农村基层党组织和党工作覆盖率	％	100	100	100

续表

序号	三级指标	单位	2015 年基底值	2019 年基底值	2035 年标杆值
34	农村常住居民人均可支配收入	万元	2.32	3.32	10.6
35	低收入农户占比	%	7.76*	6.40	0.1
36	人均集体经济收入水平	—	44.71	50.19*	100
37	市级示范养老睦邻点覆盖率	%	0	96.61	100
38	长期照护服务覆盖率	%	5.0	9.9	100
39	村级卫生服务机构配备医生数量	名/所	2.7	2.27	2
40	农村居民健康素养水平	%	17.27*	27.91	40
41	城乡养老金发放水平	—	1	1	1
42	城乡最低生活保障金发放水平	—	1	1	1

注:(1)带 * 数据为估计值。(2)粮经综合比、低收入农户占比为逆指标。

(四)测算方法

数据标准化处理主要包括数据同趋化处理和无量纲化处理两个方面,一是对评价指标中的逆指标进行正向处理,使得所有指标对测评方案的作用力同趋化,本指标体系以正向指标为主,仅"粮经综合比""低收入农户占比"为逆指标;二是需要进行数据无量纲化处理,即各指标值都处于同一个数量级别上,以确保数据的可计算性,在具体处理中,将各指标 2035 年目标值作为 100 分,理论最小值为 10 分,将评价年度的指标数值进行相应的标准化,取值在 10~100 之间。

指标赋权,体现了各子系统及其内部指标的在评价体系中的重要性,目前较多使用的赋权方法包括平均法、专家评分法、熵值法、主成分分析法等。考虑到乡村振兴指数评价的复杂性特征,以及时间维度上的纵向可比性,本研究在等值赋权法(平均赋权法)的基础上,采用德尔菲法(专家咨询法)进行指标的进一步甄选和指标赋权。最终形成指标综合权重分配体现未来工作重点(见表 3)。

表3　　　　　　　　　上海市乡村振兴指数指标体系权重方案

一级指标		二级指标		三级指标		综合权重/%
名称	权重/%	名称	权重/%	名称	权重/%	
美丽家园	30	村容村貌	50	市级及以上示范村占比	25	3.75
				农村居民居住集中度	50	7.50
				农村生活垃圾分类收集覆盖率	5	0.75
				农村无害化卫生厕所普及率	5	0.75
				农村生活污水处理率	15	2.25
		生态环境	30	生态空间综合指数	35	3.15
				地表水水(环境)功能区达标率	25	2.25
				农业废弃物综合利用率	20	1.80
				化肥农药减量度	20	1.80
		基础设施	20	公共交通通达率	45	2.70
				村内道路完好率	55	3.30
绿色田园	30	农业发展	60	农业科技进步贡献率	10	1.80
				农业机械化率	10	1.80
				农业劳动生产率	10	1.80
				农业亩均产值	10	1.80
				高标准农田占比	5	0.90
				市级及以上农业龙头企业数量	10	1.80
				农业产业化组织带动率	10	1.80
				区域公共品牌与地理标志产品数量	10	1.80
				地产农产品绿色食品认证率	10	1.80
				粮经综合比	10	1.80
				农业保险深度	5	0.90
		产业融合	40	乡村产业新增投资额	40	4.80
				人均乡镇财政收入	30	3.60
				乡村休闲旅游吸引度	30	3.60

续表

一级指标		二级指标		三级指标		综合权重/%
名称	权重/%	名称	权重/%	名称	权重/%	
幸福乐园	40	乡风文明	30	城乡义务教育五项标准达标率	30	3.60
				新型职业农民占比	30	3.60
				村综合文化活动中心服务功能达标率	20	2.40
				市级及以上文明村和乡镇占比	20	2.40
		治理有效	30	智慧村庄建设水平	30	3.60
				阳光村务工程普及率	20	2.40
				村民对善治满意率	25	3.00
				农村基层党组织和党工作覆盖率	25	3.00
		生活富裕	40	农村常住居民人均可支配收入	20	3.20
				低收入农户占比	15	2.40
				人均集体经济收入水平	15	2.40
				市级示范养老睦邻点覆盖率	10	1.60
				长期照护服务覆盖率	10	1.60
				村级卫生服务机构配备医生数量	10	1.60
				农村居民健康素养水平	10	1.60
				城乡养老金发放水平	5	0.80
				城乡最低生活保障金发放水平	5	0.80

三、上海乡村振兴指数测评结果

(一)测算结果

2018 年,上海乡村振兴指数总得分为 63.45 分(最高得分为 100 分)。其中,"美丽家园"得分为 61.64,"绿色田园"得分为 60.94,"幸福乐园"得分为 66.69。

2019 年,上海乡村振兴指数总得分为 69.32 分。其中,"美丽家园"得分为 65.82,"绿色田园"得分为 63.19,"幸福乐园"得分为 76.53。

　　"美丽家园"领域包含村容村貌、生态环境和基础设施三个二级指标,2019 年的得分分别为 50.66 分、87.28 分、71.54 分,相较而言,村容村貌仍是上海农村生态文明建设的主要短板。从具体指标来看,评价结果较好的指标是"农村生活垃圾分类收集覆盖率""农村无害化卫生厕所普及率""农业废弃物综合利用率",已达到或接近满分,这得益于上海长期坚持基础设施建设投入向郊区倾斜的政策导向,近年来又扎实开展"五违四必"整治和农村人居环境整治;评价结果相对较差的指标是"农村居民居住集中度""市级及以上示范村占比""农药化肥减量度""村内道路完好率",目前已经找准了工作的发力点,下一步要牵住攻坚克难的"牛鼻子",下大力气加以推进。

　　"绿色田园"领域包含农业发展、产业融合两个二级指标,2019 年的得分分别为 64.15 分、61.77 分,促进农村产业融合是下一阶段工作重点。从具体指标来看,评价结果较好的指标是"农业机械化率""农业科技进步贡献率",预计"十四五"期末可达到满分,这得益于多年来各级政府持续增加投入,提升农业设施装备水平,加强农业技术攻关和成果转化;评价结果相对较差的指标是"农业产业化组织带动率""区域公共品牌与地理标志产品数量""地产农产品绿色食品认证率""农业劳动生产率",需要我们创新工作方式,积极聚焦推进,增加绿色优质农产品供给,不断提升农业的产业链、价值链,推进乡村产业融合发展。

　　"幸福乐园"领域包含乡风文明、治理有效、生活富裕三个二级指标,2019 年的得分分别为 66.73 分、85.85 分和 77.04 分,治理能力是上海推进乡村振兴的优势领域。从具体指标来看,评价结果较好的指标是"农村基层党组织和党工作覆盖率""城乡养老金发放水平""城乡最低生活保障水平""村综合文化活动中心服务功能达标率""阳光村务工程普及率",近年来就已达到满分,这得益于我市持续推进城乡一体化,健全城乡融合的体制机制,创新农村社会治理,注重公共服务资源配置向郊区人口集聚地倾斜;评价结果相对较差的指标是"新型职业农民占比"

"农村常住居民人均可支配收入",需要我们深化完善城乡一体化发展的路径和政策措施,不断提升农民群众的获得感、幸福感和安全感。

随着上海市乡村振兴工作的全面启动,2019 年上海乡村振兴指数总得分增加 5.87 分,进步速度较往年大幅提升。多项具体指标得分显著提高,包括"阳光村务工程普及率""农村生活垃圾分类收集覆盖率""市级示范养老睦邻点覆盖率""长期照护服务覆盖率""农村居民健康素养水平""地产农产品绿色食品认证率""市级及以上示范村占比"等,这体现了 2019 年上海市乡村振兴工作的重点方向。

(二)趋势分析

课题组在对 2018 年、2019 年进行全市现状模拟的基础之上,进一步综合测算 2015—2019 年度各指标变化趋势,结果如表 4、图 1 所示。

表 4　　　　　上海市乡村振兴指数一级指标测评结果及变动趋势

指标名称	2015 年得分	2016 年得分	2017 年得分	2018 年得分	2019 年得分	得分年均增加值
乡村振兴指数	55.74	57.57	60.66	63.45	69.32	3.39
美丽家园	50.21	53.16	56.45	61.64	65.82	3.90
绿色田园	55.26	56.29	58.61	60.94	63.19	1.98
幸福乐园	60.26	61.85	65.37	66.69	76.53	4.07

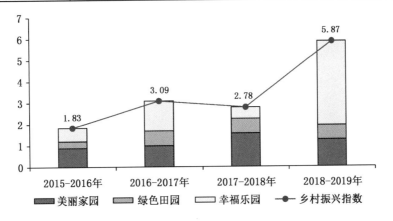

图 1　上海市乡村振兴指数年度进步率及三大维度增长份额

2015 年至 2019 年五年中,上海乡村振兴指数总得分从 55.76 分上升到 69.34 分,年均增加 3.39 分。其中,美丽家园年均增加 3.90 分,绿色田园年均增加 1.98 分,幸福乐园年均增加 4.07 分。"美丽家园""幸福乐园"领域的进步较快,反映出近几年在两山理论和乡村振兴推动下,乡村环境面貌与乡村软实力提升的成效更为突出;"绿色田园"领域的年均增速相对较慢,现代农业建设依然存在较多提升空间。

参照近五年的发展情况,简单推算未来上海乡村振兴指数发展趋势。以乡村振兴综合指数年均增加 3.39 分为依据进行推算,2020 年"十三五"期末可达到 72.73 分,2022 年乡村振兴规划阶段性目标完成时可达到 79.52 分,2029 年可以基本达到日本当前发展水平。

从一级指标来看,幸福乐园、美丽田园可分别于 2025 年、2018 年率先实现目标,绿色田园的实现周期相对较长,2035 年可达到 94.94 分,增速有待进一步提高。

从二级指标来看,按照年均得分增加值推算,生态环境、治理有效指标 2022 年可率先达标,生活富裕指标 2025 年可提前达标,村容村貌指标 2033 年可提前达标。农业发展、产业融合、基础设施、乡风文明等四个维度按照当前增速,2035 年分别能够达到 98.28 分、89.94 分、93.53 分和 94.00 分,无法如期达标。尽管按照相关规划,这些领域的未来分值增幅将有所提高,但仍需在发展中进行重点关注,尤其是产业融合方面的相关指标。

(2019 年 10 月)

参考文献:

[1] 李裕瑞,刘彦随,龙花楼.黄淮海地区乡村发展格局与类型[J].地理研究,2011(9):1637－1647.

[2] 沈费伟,肖泽干.浙江省美丽乡村的指标体系构建与实证分析[J].

华中农业大学学报(社会科学版),2017(3):45—51.

　　[3] 廖彩荣,陈美球.乡村振兴战略的理论逻辑、科学内涵与实现路径[J].农林经济管理学报,2017(12):795—802.

　　[4] 张丙宣,华逸婕.激励结构、内生能力与乡村振兴[J].浙江社会科学,2018(5):56—63.

　　[5] 赵秀玲.乡贤重塑与乡村善治[J].东吴学术,2019(1):5—12.

　　[6] 马彦涛.打造我国乡村治理体系的三维审视[J].宁夏党校学报,2018(1):65—69.

　　[7] 李秀霞,刘雁.社会主义新农村评价体系研究[J].农村经济,2006(11):105—107.

　　[8] 袁久和,吴宇.乡村振兴战略下我国农村发展水平及耦合协调评价[J].农林经济管理学报,2018(4):218—226.

　　[9] 陈秧分,黄修杰,王丽娟.多功能理论视角下的中国乡村振兴与评估[J].中国农业资源与区划,2018(6):201—209.

　　[10] 谷建全,刘云,郜俊玲,马永华.河南省乡村振兴指标体系研究[J].农村·农业·农民,2018(4):24—35.

　　(注:本调研相关报告得到中央农办、农业农村部领导韩俊和市委市政府领导的肯定,获得第十三届上海市决策咨询研究成果一等奖。参加本调研起草的还有王振、海骏娇、楼建丽、张晨、乐菡等。)

20 | 关于更好发挥本市国有企业对乡村振兴带动作用的调研报告

按照市委财经领导小组的部署安排,近期,市农业农村委牵头,会同市国资委、市发展改革委等部门,组织力量,通过情况排摸、专题座谈、实地调研、典型剖析等方式,对本市国有企业参与现代农业、乡村建设以及参加乡村振兴示范村创建等情况进行了调研。现将有关情况报告如下。

一、国有企业参与乡村振兴的做法与成效

本市国有企业参与乡村建设主要经历了三个阶段。2006 年,市委组织部、市委农办发动国有企业与农村基层采用党组织结对帮扶的形式扶持现代农业和乡村经济发展。国有企业各级党支部通过捐赠资金物资、建设村民实事工程、销售农副产品等途径,帮助结对村农户解决生产生活的实际困难。据统计,目前共有 278 家国有企业(中央企业 48 家、市属国企 51 家、区属国企 179 家)与近 500 个村级党组织建立了结对关系。这种帮扶形式以"输血"为主,结对企业党支部每年向结对村捐赠的资金为 3 万~5 万元。

2013 年起,国有企业参与农村帮扶进入了新阶段。市委、市政府通过制度安排,统一部署开展农村综合帮扶工作,发动国有企业对奉贤、金山和崇明 3 个重点区进行对口帮扶,明确每家国有企业每年为受援区捐赠资金 500 万元。在第一轮(2013—2017 年)帮扶过程中,28 家企业累计捐赠资金 7 亿元,出资参与项目 17 个,捐赠资金由受援区统筹管理,

主要以购买物业不动产的方式为经济薄弱村带来持续稳定收益,村民获取收益分红。2018 年起,本市启动了第二轮农村综合帮扶,参与的国有企业增加到 32 家。这种帮扶形式以"造血"为主,通过资产管理获得收益。上述两种帮扶形式,一定程度上起到了"雪中送炭"的作用,对推进乡村建设和现代农业,带动经济相对薄弱地区的经济社会发展起到了较好作用。但由于这些帮扶方式相对单一,总体来看,对农村产业发展的带动作用还不强。

2018 年本市实施乡村振兴战略以来,国有企业主动发挥自身优势带动农村发展,在运作模式、运行机制、投入规模等方面都进行了有益探索,迈出了国有资本助力乡村振兴的新步伐。据不完全统计,目前本市有 50 余家国有企业(5 家中央企业,20 多家市属国企,24 家区属国企)与各涉农区、镇、村主动对接,开展了形式多样的项目合作,主要集中在崇明、奉贤、金山、松江等 4 个区。经梳理,本市国有企业在乡村振兴中发挥带动作用的主要类型有四种。

(一)参与示范村建设型

在参与乡村振兴过程中,一些国有企业积极与地方政府进行战略合作,以市场化运作参与乡村振兴示范村建设,在村庄改造、产业运营等方面进行探索。国盛集团探索国有资本助力乡村振兴新路径,在奉贤区青村镇联合镇集体企业、社会资本共同注资成立思尔腾平台公司,整体推进吴房村乡村振兴示范村建设,并引入 44 家企业,围绕"黄桃＋"发展农创文旅、乡村民宿、医药康养等新产业新业态,实现乡村产业深度融合。同时,国盛集团还设立了"长三角乡村振兴股权投资基金",首期认缴规模 15 亿元,以此吸引更多优质产业导入当地,帮助青村镇实现产、城、乡融合发展。国盛集团已在第二批乡村振兴示范村金山区和平村推广这一做法。地产集团通过引入市场资源,与嘉定区华亭镇合作开发占地 10 平方公里的"乡悦华亭"项目,探索将联一村建设成乡村振兴的示范区和引领区。建设过程中,地产集团以现金增资,村集体公司以集体建设用地使用权作价入股,实现股份合作、联合开发。同时,地产集团采用村庄归并的方式为联一村村民建设集中居住住房,并将腾出盘活的 220 亩建设用地用于产业开发,打造现代农业、乡居康养、主题农旅等产业板块,帮助当地村庄发展新产业新业态。目前,集中安置样板区已完成建设,一期 187 户农户实现新房签约。

(二)农商对接型

在参与乡村振兴过程中,一些国有企业利用销售渠道和市场优势,深度参与农业产业发展,打通供应链、延伸产业链、提升价值链。百联集团依托庞大营销体系和网络带动农商对接,2018 年在金山区廊下镇建设占地 20 亩的"中央厨房和米饭工厂",与当地农民合作社达成合作关系,定点采购大米、蔬菜、猪肉等鲜活农产品,经加工后为旗下便利店提供盒饭、饭团等加热快餐食品。目前,该项目已实现日产快餐 15 万份,可支持供应 1 500 余家便利店。项目完全建成后,将实现年采购农产品 2.8 亿元,吸纳当地农村富余劳动力就业 500 多人。光明集团积极发挥渠道优势,与金山、青浦等区的农业龙头企业建立合作关系,打造"原料采购—中央厨房—终端门店"协同机制,并投资 1.3 亿多元收购了金山博海餐饮集团 38% 的股权,共同推出博海鲜食,为旗下 2 000 多家便利店提供半成品和成品鲜食。同时,光明集团还推动农工商超市与社区便利店合作,试点推出"社区便利店＋食堂"服务,满足居民堂吃和外带的消费需求。除市属国企外,奉贤、金山的一些区属国企也积极开展农商对接,派驻企业营销团队帮助结对村包装品牌,通过线上线下多种渠道经销农产品,带动村民增收致富。

(三)公共服务建设型

在参与乡村振兴过程中,一些国有企业积极参与农村公共服务设施项目招投标,承建软硬件项目,提升农村公共服务水平。仪电集团依托其在信息化技术领域的优势,以下一代广播电视网为基础,在松江、青浦、崇明三区开发信息发布展示系统和后台管理系统,推进"阳光村务"

和乡村党建信息平台建设,利用可视化管理的方式实现村务账务公开,全方位接受村民监督。同时,仪电集团还在崇明区竖新镇试点乡村居家养老服务,运用物联网技术在居家健康养老设备中植入电子芯片装置,使老人的日常生活处于远程监控状态。下阶段,仪电集团计划在 2 年内将"阳光村务"和乡村党建信息平台扩展到青浦、奉贤、金山、宝山等区;在 5 年内将乡村居家养老服务平台覆盖 15 万户以上的农村家庭,并通过数据库交汇实现村卫生所—镇中心医院—区人民医院三级数据共享。上海电气、北控水务、远达环保等企业积极参与农村生活污水处理,特别是中国中车在污水处理装备制造领域实力雄厚,2017 年起投资 20 多亿元,在崇明区三星镇等 7 个乡镇承接了近 12 万户农户的生活污水处理工程,创新采用分散式污水治理系统,改变了以往农村地区污水纳管"跑冒滴漏"的现象。在承接污水处理工程的基础上,中国中车还引入两个院士工作站及多所大学和科研院校实践基地,吸引业务合作伙伴入驻崇明注册登记,带动当地发展污水处理产业。

(四)涉农金融服务型

在参与乡村振兴过程中,一些金融类国有企业加大涉农保险、信贷等产品创新,给乡村振兴提供金融支持。太保集团旗下的安信农保是国内涉农保险业务的领跑者,近年来持续探索创推出新险种:为实现农业高质量发展,安信农保在崇明区试点 1 万亩优质稻米收入保险,推动农户调整优化种植结构,使粮食生产从追求数量向追求质量转变;在松江、金山两区分别试点 5 万亩耕地地力指数保险,选取耕地有机质等指标作为给付补偿金依据,激励农户自觉养地。为助力乡村振兴示范村建设,安信农保在金山区新义村试点乡村振兴示范村建设综合保险,在建筑施工、合同履约、社会治理等方面设计保险标的,以此化解矛盾纠纷。为满足农民对美好生活的需要,安信农保在浦东、奉贤两区试点农村特殊人群健康险,在国家福利保障的基础上,为农村妇女、儿童、残疾人、重病患者等提供商业保险保障。上海农商银行利用网点布局优势,持续完善支农惠农金融服务体系。一是长年坚持对"三农"贷款执行优惠利率,并且对贷款规模不设上限。2018年共发放涉农贷款476亿元,加权平均利率水平比沪上其他中资银行普惠口径低2个百分点。二是创新贷款业务,保障了农业农村发展的融资需求。比如,近年来在金山区试点土地经营权抵押贷款业务,累计发放贷款97笔,涉及额度1.29亿元,有力促进了农业适度规模经营。又如,建立"家园贷"银村联系机制,与600多个需要推进农民相对集中居住的行政村进行了业务对接,目前已锁定了60余个启动项目,为农户提供安置房装修贷款。

调研中,我们还了解到,有的涉农区也积极探索吸引企业参与乡村振兴的好做法。比如,崇明区以发展都市现代绿色农业为主攻方向,在2018年1月举行农业招商推介会,推出5万亩优质土地对外招商。在政策扶持方面,崇明将30亩以上农用地的流转管理统一集中到区级层面,通过公开交易平台统一发布招租,让投资者有更多选择空间,30亩以下农业用地的流转管理由乡镇审核并报区农业农村委备案。同时,为提高农业基础设施建设标准,减轻投资者进入高标准农业生产领域的压力,由区里全额出资建设玻璃大棚等农业设施,租赁给经营主体运营。2019年4月,崇明区再次举办"全球农业招商记者见面会",重点聚焦现代种植业、休闲农业、工厂化养殖和林下经济等,推出10万亩良田向全球优秀企业发出邀请,希望再引进一批优质新型农业经营主体。目前,已有32家优质企业成功签约落地,包括正大集团300万羽蛋鸡养殖、恒大上海现代农业产业园等优质项目,为崇明提升都市现代绿色农业发展能级添砖加瓦。又如,奉贤区利用"百村"公司这一优质平台,以做强大健康产业集群为着手,在2019年7月举办招商引资会,签约产业空间类、股权投资类、科技类、金融合作类、农艺公园类、战略合作类、服务贸易类等7大类37个项目,累计投资超过50亿元。其中,"百村"公司投资实体项目有百村科技"逸思医疗器械智能制造与研发产业园"项目、百村科技"腾瑞制药谷胱甘肽产业基地"项目、百村富民"国际制造服务中心"项目等 6 个,投资额达 20 亿元,着力聚焦奉贤东方美谷产业发展。据预测,37 个项目建成投产后,不仅将产生 15 亿元税收成果,也将继续为奉贤当地 176 个村级集体经济组织注入动力,持续帮助各村"造血"。

二、国有企业参与乡村振兴的期盼需求

总体上看,上海市国有企业在助力发展都市现代绿色农业和参与乡村振兴建设过程中,取得了一定的成效。同时我们在调研中也感到,为了鼓励引导国有企业更加主动参与乡村振兴工作,下阶段迫切需要政府部门在政策机制、管理服务等方面进一步加以完善,提高服务水平。

(一)政企对接机制有待完善,信息平台有待建立

调研中,企业普遍反映,政府如何更好地营造企业参与乡村振兴的良好环境,在市级层面加强顶层设计,做出制度安排尤为重要。大家表示,由于目前缺乏对接平台,国有企业和地方政府之间存在信息不对称,难以同频共振。企业反映,对市里已经出台的相关扶持政策知晓度不高,对各涉农区"三农"发展现状了解不充分,当地的优势和需求掌握也不全面。涉农区反映,他们不熟悉各类国有企业的业务特长,企业在参与乡村振兴过程中能在哪些领域、哪些项目精准对接还不明确。政企双方一致期盼在市级层面搭建信息共享平台,由政府业务主管部门牵头协调解决双方的供需对接问题。

(二)扶持力度有待加强,政策落地有待深化

企业反映,由于工商资本下乡通常涉及土地流转、基建和固定资产投入、人力资本培训等,但土地租赁合同到期后有时会面临农民提高租金、与其他主体签订合同的情况,也会发生因规划调整改变了农业用地性质,以致难以续约降低了资产专用性,使得它们存在"不敢进、不愿投、不能退"的心态,因此,目前主动参与乡村振兴的企业数量还不多(如目前参与推进农民相对集中居住工作的只有地产集团),发挥的作用尚未完全显现,积极性还没有被充分调动。我们分析汇总了四种类型的国有

企业的期盼。

1. 参与示范村建设型的企业提出,市里已明确各涉农区每年新增建设用地指标5%用于支持乡村振兴建设,盼望在各区承担建设项目时能够得到用地保障。同时,希望本市加快对农村宅基地的确权登记颁证工作,为推进农民相对居住创造基础条件。

2. 农商对接型的企业提出,农业生产和半成品加工需要设施农用地,由于永久基本农田的严格管控,目前只有粮食和蔬菜生产的配套设施涉及占用永久基本农田的,经论证后,可以实施划补调整,而非粮食和蔬菜生产以及工厂化作物栽培的项目难以选址落地。此外,企业还希望政府协调支持农产品品牌化工作,打造区域特色品牌,帮助企业提升市场竞争力。

3. 公共服务建设型的企业提出,基础设施和公益性服务项目不能对企业产生利润,项目建成后长期运维的支出费用较高,希望得到一定的财政补贴。同时,项目建设时企业要垫付大量资金,希望提高工程预付款比例,以缓解企业的资金回笼压力。

4. 涉农金融服务型的企业提出,今年5月市里出台的《关于促进金融创新支持上海乡村振兴的实施意见》包含了58项具体扶持措施,对引导国有企业、金融资本、民营企业等各类社会资本参与乡村振兴给予了极大支持。但在具体落实过程中,有的措施如推广农村土地承包经营权抵押贷款业务,还要金融、农业等相关主管部门加强政策宣传和业务培训;有的措施如创新农业保险产品,需要予以支持,以扩大推广范围;有的措施如拓展多元金融支持路径助力农民相对集中居住建设等,由于受到中央加强地方隐性债务监管的约束,使得金融资本参与遇到困难。

(三)管理机制有待完善,服务水平有待提高

国有企业反映,在参与乡村振兴过程中,政府还需要在管理服务方面给予更多支持。比如,地产集团提出,采用平移方式的农民集中居住项目,涉及立项、规划、供地、建房等多项具体手续,由多个部门分头审批,各项审批累计时间较长,影响了项目整体实施进度。比如,中国中车承接的公益型项目面广量大,同一类工程各乡镇单独分头开展招投标,影响了企业的工作效率。又如,百联集团有意愿建设现代农业生产基地,但企业自身缺乏农业生产技术储备,希望政府牵线搭桥,帮助提供技术培训。再如,仪电集团反映他们开发的"阳光村务"操作方案被简单照搬模仿,存在"劣币驱逐良币"的情况。

此外,国有企业普遍反映,由于自身对外宣传的能力有限,一方面,参与乡村振兴过程中取得的业绩较少为社会所熟知;另一方面,由于缺乏相应的激励机制,导致做好做坏都一个样,参与乡村振兴的热情恐难持久。

三、发挥国有企业对乡村振兴带动作用的对策建议

我市国有企业数量多、优势强、实力雄厚,在产业发展中发挥了"头雁"作用,因此,完全有基础、有条件引导国有企业在参与乡村振兴中发挥更大的带动作用。下阶段,政府部门应有针对性地为一些有资金实力、渠道优势、技术专长、业务经营对口的国有企业创造条件、做好服务、营造氛围,当好"店小二",让国有企业在实施乡村振兴战略中作出新的贡献。我们认为,要围绕"五个一"做好文章。

(一)构建一个信息交互平台

总结推广奉贤、崇明两区统一招商的做法,指导各涉农区围绕特定主题或重点建设工程,以招商会、推介会等形式面向社会各类企业进行招商引资。对确定的重点招商活动内容,可通过信息交互平台向匹配度较高的政企单位推送相关活动信息。市国资委、市农业农村委要进一步加强顶层设计,搭建国有企业参与乡村振兴信息交互平台,注重线上线下互动,市区两级联动,实现多功能服务:一是推送市里出台关于乡村振兴的配套政策文件,方便国有企业查询所需的扶持政策;二是收集汇总国有企业可在郊区农村开展业务的"特色清单",以及各涉农区的"需求

清单"和"项目清单",在平台统一发布,让国有企业和涉农区互相"点菜",并定期做好信息更新,使国有企业在对接乡村需求时更好发挥其业务优势;三是定期组织开展交流活动,使企业之间更好地分享经验、互通有无。信息交互平台建设要运用互联网技术和大数据思维,使国有企业和地方政府通过网站和手机客户端实现信息查询,通过定向检索或自动配对,筛选符合条件的目标对象。

(二)落实一整套相关政策措施

针对国有企业集中反映在"地"和"钱"方面遇到的实际困难,政府部门应完善工作措施,为国有企业积极参与乡村振兴提供有力支撑。

强化落实土地政策。一是加强乡村振兴用地计划的监督考核,市级主管部门要加大对各区乡村振兴用地计划执行情况的通报和考核,保障国有企业参与乡村建设优质项目的用地需要;二是加大协调力度,依法合规帮助企业充分利用存量设施农用地或集体建设用地上的闲置厂房进行更新改造,以满足企业经营业务和农业产业升级需要。三是结合郊区实际,统筹稳妥推进农村宅基地确权登记颁证工作。

组织实施金融政策。围绕现有政策落实落地,加强宣介和指导培训,细化配套操作措施。一是推广农村土地承包经营权抵押贷款和集体建设用地使用权抵押贷款试点;二是鼓励创新涉农保险产品,并积极予以支持;三是完善政策性农业信贷担保体系,发挥2亿元的信贷担保资金作用,确保符合"双控"标准的项目担保额不得低于总担保额的70%,发生风险时最高承担未偿还贷款本金部分的90%。

针对国有企业参与乡村振兴重点工作(特别是推进农民相对集中居住)偏少的情况,建议借鉴中心城区"旧改"模式,根据基层的需求意愿,建立有实力的国有企业参与农民相对集中居住项目建设的机制,运用市场化平台实施农民相对集中居住工作,通过银企合作,推动农民相对集中居住安置地块、出让开发地块的统筹平衡,体现城市对乡村的支持,助力城乡融合发展。

(三)完善一项农业重大项目支持政策

近期,市农业农村委会同市财政局将进一步完善农业重大项目扶持政策,形成与上海农业农村高水平发展相匹配的财政支农政策体系和项目管理机制。国有企业参与都市现代绿色农业重大项目建设的,享受面上支持政策。凡符合发展导向、市场前景和产出效益较好的项目,可加大政策支持力度。

(四)做大做强一个乡村振兴发展基金

按照中央的要求,要在市级层面设立乡村振兴发展基金,吸引各方资金参与乡镇产业园区建设、乡村产业融合发展、农村基础设施建设等项目。本市的乡村振兴发展基金可以考虑将市国资委所属的国盛集团已设立的"长三角乡村振兴股权投资基金"做大做强,吸引金融机构和社会资本参与乡村振兴。

(五)解决营商环境"最后一公里"问题

政府部门应进一步加强"放、管、服"改革,优化营商环境,为国有企业参与乡村振兴打通"最后一公里"。

注重简政放权。一是梳理现有的政策措施,对已不合时宜的文件要尽快废止,帮企业摘除政策"桎梏"。二是减少审批环节,提高审批效率。比如推进农民相对集中居住,要尽快明确工作流程,简化审批审核操作,市、区两级的相关手续要组织有关单位开展联合会审,通过合并手续等方式,缩短审批审核时间;对基建类项目,可推行整体打包立项的做法。三是优化工程招投标方式,同类项目应在区级层面打包统筹,切实减少企业的"重复劳动"。地方政府对国有企业承担公共服务项目的,要在工程预付款、后期运维等方面予以倾斜,纾缓企业的资金压力。

注重管理创新。一是建立激励机制,对国有企业参与乡村振兴取得显著成效的要进行表彰,增强其荣誉感。二是发挥考核的指挥棒作用,根据国有企业的类型建立差别化的绩效考核机制,鼓励引导企业主动参与乡村振兴。三是加强对国有企业知识产权的保护,营造公平、公正的市场环境,构建农民与国有企业合理的利益联结分配机制。四是及时总结国有企业参与乡村振兴的好做法好经验,多渠道、多形式开展宣传报道,积极营造良好的社会舆论氛围。

注重提升服务。一是做好政策宣传,各有关部门要向国有企业宣介乡村振兴的大政方针,帮助他们用好用活政策,进一步释放国有企业在资金、人才、技术、市场、网络等方面的综合优势,更好发挥其在乡村振兴中的带动作用。二是主动牵线搭桥,帮助国有企业与社区、学校等对接,畅通产品流通销售渠道,加强品牌扶持与市场推广。三是组织技术培训,对国有企业在农业生产、工程建设等领域的技术需求,要组织专业机构和专家进行技术辅导,提升其生产经营水平。

(2019 年 11 月)

(注:调研报告得到中央农办、农业农村部领导和市政府领导的肯定,参加本调研报告起草的还有陈云、张晨、楼建丽、蔡蔚等。)

21 | 上海盘活宅基地资源打造乡村人才公寓迈出新步伐

按照中央提出的深化农村宅基地制度改革,鼓励农村集体组织以出租、合作等方式盘活利用空闲农房及宅基地,实现好、维护好、发展好农民利益的要求,近年来,上海市浦东新区张江镇充分发挥毗邻科学城的区位优势,结合美丽庭院创建,积极探索盘活农民闲置宅基地,打造乡村人才公寓,既缓解了创新人才"居住难"的老问题,也为农民增收找到了新源头。与此同时,奉贤、青浦等区乡村也积极开展了这一探索,形成了良好的发展势头。

一、基本情况

上海市盘活宅基地资源,打造乡村人才公寓始于浦东新区张江镇。2018年,不少企业反映,随着张江科学城建设发展,不断增长的住房需求和有限的供给空间之间存巨大缺口。一方面,人才公寓面临5万套缺口,一房难求,已然成为张江科学城众多企业引进人才、留住人才的瓶颈。另一方面,部分村民有闲置宅基地房屋出租的意愿,但老旧的闲置农房在市场上租不出"好价钱",村民增收空间有限。

针对以上情况,浦东新区主动作为,顺应企业职工和本地农户的双向需求,打通城区与近郊的资源"梗阻",率先在张江镇新丰村将长期闲置的"农民房"改造为长租人才公寓,探索出一条由政府牵头、农民供房、镇企改造三方合力的乡村人才公寓新业态。这一实践得到不断复制,

2019年,奉贤区在南桥镇华严村开办了"星公寓";随后,奉贤区、青浦区将这一模式应用到乡村振兴示范村建设中,成了上海实施乡村振兴战略的新亮点。

据统计,截至2020年6月底,上海市共有浦东张江,奉贤南桥、庄行、奉城,青浦重固等3区5镇在辖区内的8个行政村开展了这项改革实践,共计改造宅基地房屋86栋503个房间,建筑面积2.36万平方米。其中,奉贤区改造宅基地房屋最多,共有3个镇6个村改造了61栋270个房间,最先营业的"星公寓"项目现已有76名青年白领入住;浦东新区张江镇又在环东中心村启动了第二期10栋人才公寓改造项目;青浦区徐姚村推出了4栋19个房间的乡村人才公寓项目。总体上看,目前上海乡村人才公寓运行良好。

二、主要做法

(一)坚持集体统筹,实现多元经营

开办乡村人才公寓,村集体经济组织的综合统筹作用至关重要。在自愿、依法、有偿的基础上,村集体与村民签署协议,统一流转宅基地房屋实现集中管理,租期10到15年不等(浦东为15年,奉贤、青浦为10年);村集体接洽经营公司,委托其从事房屋修缮改造和对外招租运作。这一方式有效保障了村民的财产权益。

实践中,乡村人才公寓的经营主体呈现多元化的特点。据了解,8个村的人才公寓建设项目中,4个由镇属集体企业负责经营,3个委托第三方企业负责经营,1个由村集体经济组织自主经营。

(二)坚持需求导向,农房变身公寓

为使老旧的农房变身青年人中意的新式公寓,在改造时都坚持市场需求:一是实现硬件升级。经营企业根据宅基地房屋的建造年代和样式结构进行一对一的设计和修缮,并在确保建筑安全的同时,为每间居室加装卫生间,设置公共洗衣间、厨房和活动室。二是完善软装配套。为

使青年白领居住更加放心,公寓还配备了密码门锁、全方位 24 小时监控探头、电子围栏、烟感报警等智能化安全设施以及无线网络等软装配套。三是组团开发统一风貌。为优化公寓布局,经营企业尽可能选取相邻的房屋进行流转改造,组团式开发,形成集聚效应,既能降低成本,又做到了房屋整体风貌的和谐统一,维护了乡村的自然肌理。

(三)坚持提升品质,打造人才之家

经营企业注重在运营维护上加强服务,提升品牌美誉度和影响力,谋求乡村人才公寓持久发展,为青年白领营造"家的感觉"。一是提升安全性。为便于外来人员管理,经营企业有针对性地与当地企业洽谈,以整栋包租的方式为企业职工提供住宿,有效防止了无序出租产生的人员结构复杂问题。二是提升舒适性。结合当地美丽庭院、和美宅基等环境整治工程,经营企业联合村委会共同完善绿地公园、篮球场、村卫生室等公共场所,为年轻白领提供良好的居住和休闲环境,引导他们与村民互动,成为乡村振兴的参与者。三是提升便捷性。在方便周边产业园区职工居住的同时,经营企业还增加了相应的物业服务,便利就学就医、居住证办理、快递收纳等服务,用于解决园区高级管理人员及白领生活配套。

三、初步成效

盘活农民闲置宅基地打造乡村人才公寓的做法实现了多赢,受到了广泛好评,为城市和农村架起了桥梁,实现了城乡融合"双破题、双提升"。

(一)城市人才安居和农民持续增收"双破题"

对年轻白领来说,乡村人才公寓单间的月租金明显低于市场价格,其所在公司与公寓经营企业建立合作关系,对入住职工给予租房补贴,进一步减少了实际月租金支出。而且乡村良好的生态环境增加了宜居舒适度,已然成为诸多青年才俊们的热门选项。

对当地村民来说,将宅基地房屋流转后,不仅可以获得可观的租金收入,修缮改造后的房屋质量和外貌都有了显著提升,也带动了房屋增值。据统计,近郊的人才公寓项目平均每栋可使村民增收 10 万元,远郊的租金在 4 万～5 万元,比改造前增长 30％左右。此外,签约村民还得到未来的收益保障,村民签订的协议中,将租金怎么增长、未来动拆迁了该怎么办等关心的问题写得一清二楚,使他们吃下了"定心丸"。

(二)农村人居环境和乡村发展活力"双提升"

乡村人才公寓有效带动了所在村庄道路、河道、绿化等软硬件的整体提升,原住村民宅前屋后美化庭院的意识得到增强,村庄外围脏乱差的现象得到有效遏制,村庄"景点化"的趋势日益显现。

人才公寓为城乡要素的双向流动发挥了桥梁纽带作用,地、钱、人等要素的价值得以开发和彰显,农村宅基地"三权分置"改革实践得以深化,城乡融合的步伐不断加快,农村公共服务的能级不断提升,城市的温度、乡村的温情得到充分展现。

探索盘活农民闲置宅基地打造乡村人才公寓是一项新生事物。我们认为,这项改革创新既是积极应对超大城市外来人才住房需求和城市居住用地稀缺矛盾的有效实践,也是贯彻落实乡村振兴战略的有益探索,为农村"三块地"改革提供了典型案例。今后我们将继续加强跟踪指导,不断总结试点经验,使改革的"盆景"变成美丽的"风景"。

(2020 年 9 月)

(注:本调研报告得到中央农办、农业农村部领导和市委市政府领导的充分肯定。参加调研起草的还有王常伟、陈云、张晨、楼建丽等。)

22 | 上海建成第二批 28 个乡村振兴示范村

为贯彻落实习近平总书记两次进博会期间考察我市工作的讲话精神，从 2018 年起，上海分三批开展了 70 个乡村振兴示范村的创建。日前，浦东新区川沙新镇连民村等 28 个第二批乡村振兴示范村完成了既定的建设任务，相继通过了区级验收和市级复核，整体成效初显，在推进农民相对集中居住、乡村产业融合发展、乡村基层治理等方面涌现出不少新亮点，通过创建示范村作为乡村振兴主要抓手的理念在上海已深入人心。据问卷调查，28 个村 3 771 位村民对乡村振兴示范村创建的满意度达到 98.8%。

一、创建情况

从总体看，第二批示范村创建的显示度、示范性、带动性较首批示范村进一步增强，呈现如下特征：一是涉及面广量大。28 个示范村分属 9 个涉农区，近、中、远郊均有分布，村域总面积 106.07 平方公里，总农户数 2.5 万户，总人数 73 849 人。二是产业类型多样。形成了特色农业型、产业融合型、生态保护型、休闲旅游型、区域联动型五类创建风格。三是项目领域多元。合计建设项目 401 个，村均 14.3 个，涉及农民相对集中居住、基础公共服务设施、生态环境优化、现代都市农业、乡村新产业新业态、发展机制培育等方面。

与首批示范村相比，第二批示范村建设始终践行"人民城市人民建，人民城市为人民"的理念,秉持了"高位推动、部门联动、基层发动、村企互动"的做法,努力做到"五个更加,五个做好"。

(一)更加注重夯实产业,做好富民文章

坚持把产业兴旺作为着力点,各村结合自然禀赋和资源特点明确长远发展方向,做大做强都市现代农业,谋划乡村产业融合发展,促进农民持续增收。

一是打好"特色牌"。既立足传统产品,又开拓新兴市场,持续放大特色效应。浦东新区公平村、大河村立足"一村一企一联合体",打造农产品加工销售产业链,实现带动农民就业增收。崇明区永乐村以打造"中国藏红花之乡"名片为重点,引进社会资本和科研机构,形成以藏红花种植加工为核心的特色产业集群。

二是构筑"产业链"。搭建农业"接二连三"的桥梁,最大程度实现价值溢出效应。青浦区将示范村的农业招商纳入全区整体招商格局,积极招引上海华固、上海佰麟园林等一批影响力大、专业强的企业扎根当地,实现农业一三产联动发展。

三是探索"新经济"。28 个村新产业新业态实现 100% 植入,提升开发乡村产业融合项目 48 个,发展了 10 余种新业态。宝山区聚源桥村引进安然园艺、一水间等花卉企业,在淘宝网等平台以"直播带货"的方式销售 200 多种多肉花卉,年销售额达 3 000 多万元,并开办电商创业指导课和互联网直播培训,帮助村民实现网上售货。浦东新区长达村与盒马鲜生共建"数字盒马村",打造数字农业示范基地。

(二)更加注重机制创新,做好改革文章

坚持把解决"急难愁"问题作为出发点,通过改革加快释放制度红利,"地、钱、人"等各类要素不断激活。

一是盘活"地"的资源。让各业用地发挥最大价值,筑牢产业之基。嘉定区联一村引入地产集团实行市场化运作,在全市率先探索集体建设用地使用权作价入股,将全村域整建制集中归并节约出的 150 亩宅基地统一调整为集体经营性建设用地用于商业开发。

二是撬动"钱"的价值。引进社会资本参与村庄发展,形成多方共赢的局面。松江区南杨村引进上市民营企业,利用农村集体建设用地入市发展农创、农旅产业和精品客栈等,实现村集体经济净收益 4 800 万元。金山区待泾村围绕"花开海上"项目,搭建企业和村集体利益联结机制,确定园区门票收入的 10% 返还给村集体,生态停车位的全部收益归村集体,流转土地费用比同类土地费用高 5%,园区招工优先招录本村人。

三是激发"人"的活力。加大筑巢引凤力度,吸引青年人、高端人才进村入乡安居乐业。奉贤区沈陆村、青浦区徐姚村以镇、村、社会资本合作的方式成立招商平台,统一流转农民的闲置宅基地房屋,打造符合企业需求的乡村人才公寓,促进形成了"一栋房屋一家企业、一栋房屋一群创客"的人才振兴局面。

(三)更加注重突出重点,做好宜居文章

坚持把"牛鼻子"工程作为关键点,农民相对集中居住和乡村风貌塑造两项重点建设工程着力向示范村聚焦,体现"各炒一盘菜、共摆一桌席"的集成示范效应。

各涉农区在充分尊重农民意愿的基础上,共计完成示范村内农户签约 2 429 户,其中"上楼"的有 1798 户,占 74%;"平移"的有 631 户,占 26%。总体上看,各涉农区的实践实现了三个"集约":一是实现土地资源集约,各示范村节地率均达到了 25% 以上,预留了建设用地指标;二是实现资金使用集约,用足市、区两级基础设施配套补贴、节地补贴等多项补贴政策,减少镇级资金压力;三是实现配套设施集约,将有限的资金集中投入社区服务站、中心卫生室、村民大食堂等少量的设施,打造高品质乡村公共空间。

示范村以擦亮"山水林田湖"生态底色为基础,自然环境、村庄肌理、历史文脉实现了重塑和再造,农房建设和风貌管控进一步规范,乡村风貌水平进一步提升。浦东新区以规划建设"大三园"为目标,做优做精做实"小三园",各示范村以"洁、齐、美"为标准实现宅田路水林统筹建设；嘉定区举办乡村设计大赛，建立乡村规划师人才储备库，形成乡村规划师咨询服务支撑团队，提高了全区乡村建设的质量。

（四）更加注重集群创建，做好带动文章

坚持把提升集聚效应作为落脚点，发挥示范村的辐射带动作用，实现景观集成、产业集成，为加快城乡融合发展奠定基础。

一是实现"连片建设"。化"盆景"为"风景"，促进由示范村向示范镇的转变。宝山区罗泾镇以打造长江口"五村联动"为抓手，建设沪北乡村振兴连片发展示范区，在空间联动上策划多条主题线路，分别做强"一朵花、一对蟹、一袋米、一篮菜、一蒸糕"，让鸡犬相闻的村落邻里呈现整体协同效应。青浦区强化"点片面结合"，规划重固镇 S26 北部片区、朱家角镇沈太路片区和练塘镇朱枫公路片区三大乡村振兴示范片区，促进规模联动、功能共享、整体打造，通过集中集聚拓展乡村振兴显示度。

二是实现"联动发展"。注重发挥示范村功能性设施对周边乡村的辐射和服务作用，在改"单兵作战"为"集团发展"方面有新进展。据观察，联动发展有两种类型。第一类是省际联动，例如，金山区山塘村联合毗邻的浙江平湖南山塘村联手打造"明月山塘"项目，搭建长三角乡村振兴农创平台，实现村域管理联防联控，努力把南北山塘村建成风貌统一、彰显特色、优势互补、协同发展的 4A 级景区。第二类是片区联动，例如，浦东新区连民村做足"四轮驱动"的文章，建立以"民宿＋"为核心的产业发展联盟，带动周边 9 个村共同致富。

（五）更加注重党建引领，做好善治文章

坚持发挥党建在创建乡村振兴示范村中的引领、服务和保障功能，构建三治融合的乡村治理新格局，农民群众的精气神越来越旺，实现了示范村从"要我建"到"我要建"的转变。

一是创新治理手段。发挥农村基层党组织的战斗堡垒作用和团结凝聚群众作用。例如，青浦区在示范村开展"五星四责三色"管理，对村民小组长进行"五星考评",每季度评选出五星组长 2 名,对出租房屋进行"四责管理""三色挂牌",实现村庄长治久安。

二是弘扬文明乡风。深入挖掘乡土文化,延续江南水乡气质文脉,提升乡村软实力。例如,闵行区同心村对有百年历史的金氏宗祠进行修缮,打造文化客堂间、新时代文明实践站,不定期地邀请专家学者上门讲学,提升村民文化素养。

三是实行智慧管理。推进平安乡村建设,用信息化技术、网格化手段实现农村长治久安。例如,宝山区、松江区以"雪亮工程"为抓手,推进实施示范村免费无线网络全覆盖,配齐门禁系统、高清探头、人脸和车辆识别装置,用"天眼"和"微脑"实现了管理端口前移,案件发生率显著降低,有效提升了村民的安全感。

二、体会启示

第二批 28 个乡村振兴示范村创建克服了新冠疫情、不利气候等因素的考验,回顾一年来的历程,创建之所以取得成功,我们有五方面的体会:

一是领导重视是关键。全市上下贯彻落实"五级书记"抓乡村振兴的要求,建立"一把手"工程的领导体制。

二是健全机制是保障。各涉农区建立"挂图作战"的工作机制,在镇设立指挥部,在村设立工作组,销项式完成建设任务。

三是形成合力是支撑。各涉农区选派规划、建设等专业人员驻村现场指导,聚焦人力、物力、财力,统筹各条线资源,做到"多个渠道蓄水,一个龙头放水"。

四是创新方式是动力。市、区两级有关部门开辟绿色通道,创新采用可容缺审批方式,构建"并联式"项目审批机制,确保按照时间节点高质量完成建设任务。

五是村民参与是根本。在村党组织的发动和带领下,村民参与创建的主动性和积极性有了明显提高。

下一阶段,上海将持续深化已建示范村的建设成果,提炼推广创建过程中好经验、好做法,努力解决短板和瓶颈问题,着力推进两方面的工作:一是积极探索将"美丽风景"转化成"美丽经济"的有效途径,使示范村健康可持续发展;二是积极探索打造乡村振兴示范片区、示范镇,使"盆景"转化成"风景",努力使我市的乡村振兴工作实现新突破,创造新成果,形成新特色。

(2020 年 11 月)

(注:参加本调研报告起草的还有陈云、张晨、楼建丽、蔡蔚、徐力等。调研报告得到国务院、中央农办、农业农村部领导和市委市政府领导的肯定,相关调研课题获得第十三届上海市决策咨询研究成果内部调研奖。)

23 上海在乡村振兴中充分体现经济价值、生态价值、美学价值的探索与实践

按照 2021 年 4 月李强书记提出超大城市乡村振兴要凸显经济、生态、美学"三个价值"的要求,一年来,上海各职能部门、各涉农区积极开展探索实践,取得了阶段性成效。实践表明,凸显乡村振兴"三个价值",既是与时俱进、顺应社会发展规律与人民物质精神需求的向往追求,也是对高质量推进"三园"工程建设的理念创新,让乡村价值在新时代散发出更动人的魅力。凸显乡村振兴"三个价值",既抓住了"产业兴旺、生态宜居、乡风文明、治理有效、生活富裕"总要求的本质所在,也为加快实现农业农村现代化赋予了更高层次的内涵升华。"三个价值"中,经济价值是乡村发展的核心,生态价值是乡村发展的基础,美学价值是乡村发展的灵魂,三者是一个有机整体,相互融合、互为促进、不可分割。通过探索实践,我们愈来愈认识到实现乡村"三个价值"的现实意义,既是推进超大城市乡村振兴的思想保障,更是从全局和系统的视角去审视谋划农业农村现代化的必由之路。

一、主要做法与初步成效

实施乡村振兴战略以来,上海以习近平总书记"两山"理论为遵循,聚焦美丽家园、绿色田园、幸福乐园"三园"工程建设,持续彰显了乡村的经济价值、生态价值、美学价值,形成了一批价值相互叠加融合的典型案

例,一幅具有超大城市独特魅力的乡村振兴画卷正在生动绘就、雏形具现,受到了基层干群和市民的欢迎。

(一)在乡村振兴中最大限度地体现经济价值

乡村振兴的经济价值,更多体现在产业兴旺的要求上,通过释放乡村的土地空间,使郊区从承担农产品保障供应功能向承担多元复合功能转变,由承担附属功能向承担核心功能转变,超大城市乡村的地位,已不再是单纯的农业生产基地,而是正在成为新时期二、三产业创新发展的摇篮。我们认为,乡村振兴的经济价值主要体现在三个方面:

一是打好"民生牌",保障地产农产品供应。为满足城市建设的需要,尽管近年来全市耕地面积逐步下降,由 2000 年的约 450 万亩减少到 2021 年的 243 万亩,但全市始终坚持以推进农业绿色发展为核心,铆牢实现高品质生产、高科技装备、高水平经营、高值化利用、高效益产出的目标,先后推进建设了 17 个绿色田园示范基地和 13 个绿色田园先行片区,守住了郊区农村作为农业生产"主战场""主阵地"的地位,为广大市民提供了丰富的地产农产品(表 1)。同时,全市充分利用超大城市科技、人才、信息、地理等优势,持续优化调整农业产业结构,推广良种良技良法,农业正朝着规模化、集约化、科技化方向迈进,特别是近年来通过大力招商引资(2021 年农业招商引资到位资金约 74.95 亿元),一批以崇明"由由"中荷现代农业创新园等为代表的现代化农业生产基地已经建成投产。据统计,近年来,上海农业总产值保持在 270 亿元左右,农业科技进步贡献率近 80%,农业亩均产值约 3 500 元。

表 1 上海主要农副产品产量和市场供给率

主要农产品	产量	供给率(%)
粮食	93 万吨	15
蔬菜	244 万吨	40
其中:绿叶菜	日均上市 3 100 吨	80

续表

主要农产品	产量	供给率(%)
生猪(含域外)	95 万头	8
家禽	760 万只	5
牛奶	29 万吨	30
水产品	25 万吨	25
其中:远洋捕捞	17 万吨	17
淡水养殖	8 万吨	8

二是构筑"全链条",促进产业增值增效。近年来,上海引导各类新型农业经营主体融合发展,推动农业龙头企业与农民专业合作社、家庭农场的互惠合作,通过系牢市场和品牌的纽带,搭建一产"接二连三"的桥梁,最大程度实现价值溢出效应。2021 年,全市共有各类农业龙头企业 269 个(市级及以上龙头企业 113 家),组建农业产业化联合体 60 余家,实现销售收入 1263 亿元,利润总额 34.85 亿元,带动本地农户 9.8万户,产业化组织带动率达 30%,保有区域公共品牌与地理标志农产品20 个。比如,浦东新区通过"一村一企一联合体"模式,各类农产品通过产业化联合体销售实现收入 4.2 亿元,约占全区农产品销售额的12.4%;参加产业化联合体的农户年收入达到 6 万元左右,远远超过全区农民年收入 3.6 万元的平均水平。又如,通过组织开展"百企连百村"活动,全市近百家农业龙头企业与 145 个村联结发展,逐步形成了从单向输血到双向合作的互惠模式,从土地流转到深度参股的共享模式,2021 年村企联结带动直接就业 1.30 万人、间接就业 3.59 万人,带动农产品初级加工、品牌销售共计 94.4 亿元。再如,金山区待泾村与上海蓝城公司共建集花卉生产、休闲观光、度假民宿、文旅零售、芳香产业于一体的"花开海上"生态园,已成为沪郊"网红"景区,开业以来累计接待游客超过 120 万人次,待泾村村民走上了"股金+租金+薪金+现金+保障金"的"五金"增收之路。

三是探索"新经济",实现经济创新发展。近年来,各涉农区注重在农村地区引进社会资本,盘活集体资产,导入现代服务业,对接城镇发展战略,培育了文化、电商、办公、体育、康养等 10 多种符合国际化大都市特点的乡村新产业、新业态。比如,自 2018 年上海出台促进乡村民宿发展的《指导意见》以来,全市共发展了持证乡村民宿 234 家(表 2),其中获评市星级乡村民宿 84 家(五星级 18 家、四星级 35 家、三星级 31 家),涌现出了浦东新区"宿予"、崇明区"顾伯伯"、金山区"青檐"版画民宿等诸多市场美誉度高的乡村民宿品牌,节假日一房难求。又如,奉贤区以打造"三园一总部"(一个庭院(园)一个总部、一个公园一个总部、一个庄园一个总部)为抓手,充分发挥市场机制,引入工商资本,在农村集体建设用地和保留的宅基地房屋上引进企(集团)总部,结合田成块、林成网、水成系、路成环、宅成景的实际效果,就地建设、就地修缮、就地提升,累计落户企业约 1 900 家,2021 年实现收税 8.78 亿元。"十四五"期间,奉贤区还将建设"东方美谷·丘山民宿"、"海国长城·上海渔村"等乡村综合体,成为总部经济的集聚地、文化创意的成长地。再如,华为公司在青浦区金泽镇投资 100 亿元建设研发中心,打造"中国硅谷",建成之后将导入 3 万余名科研人才,年产值预计达 100 亿元,并形成长三角示范区重要的创新产业集群,承接半导体研发设计总部、物联网总部、无线网总部等多种上下游企业入驻,金泽镇也将由"西劳东输"朝"东才西进"的人才集聚地转型。

表 2　　　　　各涉农区持证乡村民宿数量(2021 年底)

浦东	21	宝山	1
嘉定	4	奉贤	10
松江	1	金山	37
青浦	9	崇明	150

(二)在乡村振兴中生态价值不断凸显

乡村振兴的生态价值,更多体现在生态宜居的要求上,通过擦亮超大城市生态底色,发挥乡村和农田就近调节气候、净化空气、缓解城市热岛效应的作用,使郊区农村成为人类居住、生物繁衍的乐园。我们认为,乡村振兴的生态价值主要体现在六个方面:

一是构建生态空间。按照功能定位,国土空间可划分为城镇空间、农业空间、自然生态空间三大类。随着城市体量的由小变大,生态空间尽管受到挤压占用,但其作为"生命之源"的地位却愈发彰显。上海郊区农村所承载的生态空间保育任务,是超大城市永续发展的根脉。近年来,上海多措并举、多点发力,通过河道整治、植树造林、推广清洁能源、建设生态廊道等方式,让水更清、天更蓝、地更绿。据统计测算,2021年,郊区地表水水质优良(达到Ⅲ类及以上)断面比例为 79.2%,同比上升 6.6 个百分点,森林覆盖率达到 18.49%,森林生态服务功能年价值量约 152 亿元,生态空间综合指数达到 31.55(崇明区最高,为 74.55)。

二是优化人居环境。2021 年,上海将"农村人居环境优化"列入市委民心工程,各涉农区坚持"全区域、全要素、全覆盖"促进农村地区面貌整体提升,建设了 13.3 万户美丽庭院,完成了 2 万户农村生活污水处理设施改造,95% 行政村实现生活垃圾分类达标,无害化卫生户厕普及率达到 100%,农村迎来了春天的油菜花、夏天的荷叶、秋天的稻穗、冬天的麦苗。

三是实施农业减排。在世界各国共同减少碳排放的倡导下,上海的农业生产也越来越注重减轻对生态环境造成的负荷,通过推广各种绿色循环的生产理念和种养殖技术,落实农业减排责任。加快调整农业结构,退出麦子种植,扩大绿肥播种,由"一年两熟"变为"一年一熟",以降低耕地复种指数、推广水肥一体化、绿色防控技术等方式实现农药和化肥"双减"(图 1、图 2)。比如,崇明区持续推广稻鱼共生、稻虾鳖共生、稻虾轮作等稻田立体种养模式,示范面积约 2 400 亩,既能给水稻增加有机肥,也起到了生物除虫的效果。又如,上海获国家科学技术进步一等奖的"节水抗旱稻"品种,每亩种植的甲烷(CH_4)排放量降低 97%。加快农业废弃物利用,推进畜牧标准化生态养殖基地建设,规模化畜禽养殖场粪污处理设施装备配套率达100%;完成8.5万亩水产养殖场尾水治理设施建设和改造,全部实现达标排放;农作物秸秆综合利用率达到97%;农药包装废弃物实现100%回收,农膜回收率达96%。上海地产农产品绿色食品认证率达到27%(表3),走在全国前列。

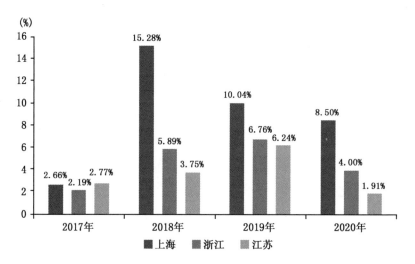

图1　上海与浙江、江苏化肥施用总量(折纯)下降对比情况

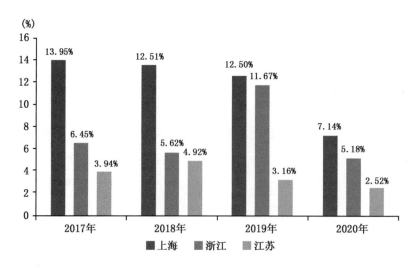

图2　上海与浙江、江苏农药施用总量下降对比情况

表 3		上海地产农产品绿色食品认证率		单位:%
2017 年	2018 年	2019 年	2020 年	2021 年
8.13	13.67	20.34	24	27

　　四是涵养各类湿地。上海地处江南水乡,全市共有天然湿地 46.46 万公顷,其中长江河口湿地整体被世界自然保护联盟(IUCN)认定为国际生物多样性热区,对流域生态安全具有重要意义。除此以外,由稻田和鱼塘组成的人工湿地,亦与天然湿地相互依存、互为补充,发展形成了完整的湿地生态文明,孕育了申城沪郊"鱼米之乡"的丰饶富庶。国际权威研究证明,稻田的生态价值是其经济产出的 7 倍。作为供给者,湿地为全市居民提供了"靠水吃水"的便利,如大米、鱼虾等生活必需的食物资源,以及为城市的供水、蓄水、净水发挥"守门员"作用。作为调节者,湿地也是"海绵城市"建设的重要组成部分,通过大气水体循环,调节局部地区的温度和降水,从而缓解城市的热岛效应,实现水资源的时空再分配。

　　五是打造郊野公园。为加强超大城市生态文明建设,从 2012 年起,上海启动了以郊野公园为重点的大型游憩空间和生态环境建设,计划到 2035 年建成 30 处郊野公园,迄今已建成开放 8 处。有别于传统的城市公园,郊野公园处于城市的生态缓冲带,通过对这些拥有良好田园风光、原生植被、自然景观、人文风貌的闲置空间资源的品质提升和生态功能再造,为市民营造了一处处亲近自然、放飞自我的"归园田居"。同时,通过保护式开发,郊野公园发挥了"通风口"的作用,既稳定了城市的增长边界,也以"留白"的方式优化了城市的空间结构布局,成为城市生命力的指标,赓续对"山水林田湖草"的忠实守护。

　　六是维系生物多样性。郊区农村作为城市的"腹地",是各类动植物繁衍生息的天然场所,是建设生态友好型社会的重要保障。为维系超大城市的生物多样性,上海动员社会各界力量参与保护野生动植物,营造人与自然和谐共生的良好氛围。在社会行动上,以长江大保护为主要抓手,全力实施"十年禁渔",持续开展"清船、净岸、打非"行动,划建长江口中华鲟自然保护区;自 2004 年起,开展市级增殖放流活动 29 次,累计放流珍稀水生生物 85 万余尾。在宣传引导上,通过媒体报道、科普展览、校园活动、志愿服务等方式,让广大市民更好地了解生活在同一座城市里的本土动植物,亲近自然、守护自然。据统计,上海有记录的鸟类有506 种,约占全国鸟类的 1/3;野生兽类有 40 余种,其中重新引入的獐的种群数量已达 300 余只,一丘之"貉"更成为种群自然恢复的典型。

(三)彰显美学价值在乡村振兴中的作用已成为上海实践的亮点

乡村振兴的美学价值,更多体现在乡风文明、治理有效的要求上,通过创建乡村振兴示范村、优化提升农村人居环境、制定新时代村规民约,持续挖掘、提炼、塑造乡村的美丽元素,赋予其现代都市审美需求,让市民感受景美、人美、心美,使乡村成为寓教于乐、陶冶情操的好去处。乡村之美,既体现在古村、古宅和老物件的悠悠岁月之中,也体现在农村新地标、新景观的现代元素之中,更体现在优秀农村传统文化、生活习俗的滋滋回味之中。上海乡村尝试多样美学探索,重要的是让乡村开始变得"自信",这不仅仅体现在美化环境时要保留自己的自然特色上,也体现在寻求长效、可持续性的"三个价值"的相互促进,更重要的是,要把乡村作为上海未来发展的战略空间、城市核心功能的重要承载地来谋划。我们认为,乡村振兴的美学价值主要体现在以下三个方面。

一是通过做强产业,彰显美学价值。近年来,上海在各涉农区积极培育美感度高的产业,让美丽风景变成美丽经济。一方面,赋能传统产业。比如,对休闲农业和乡村旅游项目进行软硬件提档升级,打造风景优美、海派味浓的乡村休闲旅游新高地,先后推荐 35 个乡村获评"中国美丽休闲乡村"称号,每年向社会发布 10 余条乡村休闲旅游行精品线路,让更多市民享受到沪郊乡村好风光。2021 年,全市休闲农业和乡村旅游接待游客 2 084.99 万人次,同比增长 42.64%(表 4)。青浦区张马村"寻梦园"、嘉定区毛桥村"愚农庄园"等景区在节假日实现爆棚。另一方面,植入现代产业。比如,宝山区塘湾村抓住大健康这一产业导向,引进馨月汇母婴专护服务有限公司,以萱草花繁育、加工、观光为配套,打造"中国首个母婴康养村",年均综合产值达 1 800 万元。同时,塘湾村联手毗邻的海星村做强"一对蟹",花红村做强"一袋米",新陆村做强"一篮菜",洋桥村做强"一蒸糕",齐心协力建设"五村联动"乡村振兴示范片区,形成了各美其美、美美与共的发展格局。

表 4　　　　　　　上海郊区休闲体验农业情况一览表(2020 年)

	数量(家)	观光人次(万)	营业额(万元)
浦东	6	21	1 960
闵行	3	18	1 020
嘉定	19	90	5 860
宝山	12	70	2 080
青浦	19	45	9 240
奉贤	40	130	6 500
松江	40	105	60 000
金山	20	285	6 330
崇明	873	402	65 660
总计	1032	1 166	158 650

二是通过策划艺术,升华美学价值。当前,到乡村找寻艺术灵感,开展文艺之旅已然成为一种潮流。同时,在超大城市乡村建设过程中,如何更好赋予其美轮美奂的视觉体验,也成为原住民、建设方、管理者的共识。为塑造乡村的形态之美,上海实行了乡村规划师制度和乡村建筑师制度,聘请专业人士在"策划、规划、设计、施工"各环节出谋划策、严格把关,因地制宜打造乡村风貌,既有"三分黑七分白"的江南特色,也有欧式小洋楼风格,再造了自然环境和村庄肌理。此外,村民也积极参与村内美化工程,如浦东新区率先在宅前屋后美化"小三园"(小花园、小菜园、

小果园)的成功经验在全市得以推广,花果飘香已经融入了村民的日常生活。为塑造村庄的意象之美,涉农区和乡镇鼓励艺术家走进乡村,成立工作室,策划艺术展,创作艺术品,激活了老旧乃至无用的乡村空间,让老厂房、旧仓库等成为艺术的载体,使最土和最洋相遇,让美成为城市人流连忘返的"诗和远方"。比如,青浦区林家村以"稻田林家,艺术乡村"为主题,"丁一鸣绘画艺术工作室""路上有马电影工作室"等一批艺术家工作室在 2021 年纷纷入驻,一个"与世界对话的艺术乡村"呼之欲出。

三是通过唤醒乡愁,铭记美学价值。当前,上海的城镇化地区扮演了物质文明主要供给者的角色,而郊区农村作为海派文化、江南文化的发祥地,作为浦江两岸乡愁的重要承载地,对提升市民精神文明素养显得日益重要。近年来,上海着力提升农村社会善治水平,持续健全农村公共文化供给体系,加大古镇古村古迹保护力度,举办传统民俗节庆活动,传承弘扬民间非物质文化遗产,全方位塑造海派文化、江南文化、红色文化,唤醒了市民记忆深处的脉脉温情。比如,浦东新区海沈村创作了沪上第一首村歌《潮起之地》,用欢快的旋律、浓浓的乡音串联起甘甜的 8424 西瓜、柔软的蓝印土布,以及奥运冠军钟天使冲刺时的激情债张,为村民和游客铺就了以梦为马的乡间小径。又如,拥有一千多年历史文脉的青浦区章堰村,携手中建八局以"生长、生存、新生"的理念将古宅、古桥等修缮翻新,投资 5 亿元打造 128 亩项目核心区,建设滨水街区、咖啡书店、时尚餐厅、特色民宿等商业业态和休闲空间,再现"金章堰"繁华景象。再如,以崧泽文化、广富林文化、马桥文化等为代表的远古遗存,和以陈云故居、张闻天故居、淞沪抗战旧址等为代表的红色革命教育基地都坐落在郊区,成为市民游客游玩打卡、缅怀瞻仰的去处。

二、存在不足

一年来,上海凸显乡村振兴"三个价值"的实践取得了初步成效,但由于时间较短，在思想认识、经验积累、项目选择、操作手势、政策支持等方面还有所欠缺，如何进一步发挥"三个价值"仍有很大的提升空间。

(一)要素配置有待进一步加强

总体上看，"三个价值"的发挥之所以受限，根本原因在于城乡之间各类要素流动还不充分。

土地保障上，尽管上海早已出台了一系列乡村振兴土地支持政策，但由于涉农产业的单位面积产值远低于制造业，有些地区没有完全落实将盘活的建设用地指标按照不低于5%的比例重点向乡村产业等倾斜的要求，或者"点状供地"条件严格、程序繁琐，导致一些发展潜力好的项目落地较慢。此外，尽管上海已完成了13个绿色田园先行片区的规划并启动建设，但一些具体项目仍因"多规合一"尚未完全实现而暂时无法落地。

资本投入上，像华为这样著名行业头部企业，以及先正达、正大等在国际上有市场话语权的农业领军企业落户郊区的数量还比较少；各类国有企业参与乡村振兴的积极性还没有充分调动，带动区域经济发展的力量还不够强；一些小微企业有意在乡村创闯一番天地，但投资兴业的路径还不够畅通。

社会参与上，村民的美学素养、生态观念还不足，乡村手工艺人青黄不接，像金山区中华村等具备农民画创作传统和人才储备的典型仍是凤毛麟角。同时，虽然一些地区将文创产业、艺术家等引入农村，但这些专业人士大多是将工作空间从城市转移到农村，而对乡土文化、乡愁经济的挖掘复兴还不够。

(二)价值挖掘有待进一步发力

缺少发现的眼光。有些地方对产业导入、项目建设的判断力不足，对功能承接的把握度不准，尤其在初创期，缺少战略眼光和审美眼光，农村各类优质资源和条件禀赋没有得到充分利用，三个价值"只知其一，不知其二"的情况比较普遍。

缺少创新的思维。有些地方开展工作习惯"拿来主义",学习有余而创新不足,或者用新瓶装旧酒,比如很多村子都搞墙画装饰,但真正"弹眼落睛"的不多,而像松江区改造"云间粮仓"的成功范例更是少之又少。

缺少提升的能力。有些地方面对新要求还未做好准备,行政部门开展工作从问题导向、目标导向朝价值导向迈进的能力还不高,寄希望一蹴而就"毕其功于一役",忽视了需要久久为功、循序渐进提升三个价值的基本规律。

(三)工作机制有待进一步完善

从合力机制看,各有关单位推进乡村振兴时"本位主义"的思维惯性较多,工作合力虽已形成,但价值合力还没有"拧成一股绳",用孤立眼光来看待农业、农村、农民的情况比较多,没有从地区的整体角度去谋划经济增长、风貌保护和美学设计,要想实现"1+1+1>3"的效果任重而道远。

从连接机制看,政府、集体、村民、游客等不同群体的利益诉求和出发点不同,两两交集多、共同交集少,缺少一根完整的"线"将每一个群体连接起来。同时,在价格机制上,乡村的生态价值和美学价值较难以货币衡量,"三个价值"叠加的溢出效应还没有在农民收入中得到充分体现。

从长效机制看,当前"三个价值"的体现主要依靠行政动员和财政投入,政府的"保姆"角色和"输血"行为占主导地位。但为长久计,政府只能托底三个价值的公益部分,非公益的部分必须依靠市场的力量来保持生命力,尤其是相关项目的运费费用,应当遵循"受益者支付"的原则。

三、对策措施

未来,上海超大城市进一步体现乡村振兴的经济价值、生态价值和美学价值,必须高质量推进"三园"工程建设,在确保粮食和耕地安全,保障重要农产品有效供给的基础上,突出绿水青山特色、做亮生态田园底色、守住乡土文化本色,彰显农村的"土气"、巧用乡村的"老气"、焕发农民的"生气"、融入时代的"朝气",不断促进生产保障功能坚实稳固、生态涵养功能加快转化、生活体验功能高端拓展、文化传承功能有形延伸,畅通现代要素向乡村流动的渠道,加速城乡融合发展,承接超大城市核心功能,探索建立乡村振兴多元价值的实现机制。

(一)完善顶层设计

一是加强思想认同。在政府各层面、各部门和社会各界牢固树立"乡村振兴价值共同体"的观念,从全局的高度谋划乡村振兴的"三个价值"。

二是加强舆论宣传。利用传统媒体和新媒体,多角度、全方位、立体式传播乡村振兴的"三个价值",引导全社会共同关注、协力支持,营造良好舆论氛围。

三是加强组织领导。建立统筹协调、分工协作的推进机制,聚焦主导产业、聚集资源要素、聚合服务功能,加快规划、政策、标准等有效衔接,形成乡村振兴"三个价值"的促进体系。

(二)强化工作抓手

一是优化人居环境。要全面提升村容风貌,彰显江南水乡韵味;深入推进厕所、污水、垃圾革命,筑牢乡村生态底线;持续推动公共基础设施均衡发展,提升乡村生活品质;不断加强自然景观修复和提升,凸显乡村环境品质;建立健全长效管护机制,推动农村人居环境持续优化。要切实发挥乡村规划师、建筑师的作用,带动激发村民参与规划设计和乡村建设的热情。

二是做强现代农业。加强招商引资,构建高效加工体系,打造农业全产业链。引导农业龙头企业组建产业化联合体,前端联结农业研发、育种、生产等环节,后端延展加工、储运、销售、品牌、体验、消费、服务等环节,实现农产品多元化开发、多层次利用、多环节增值。

三是加快产业培育。立足乡村特色资源,面向市场需求,挖掘特色产品,大力引进国际著名企业和行业头部企业落户郊区乡村,以特色产业培育优质企业,以优质企业带动产业提升,更好发挥政府政策配套和公共服务作用,有效承接城市核心功能和相关产业,推动乡村特色资源加快转化增值。

四是壮大集体经济。按照"资金安全、收入稳定"的要求,以区为单位统筹资金、资产、资源,健全区一级农村集体资产管理体制,引导集体经济发展健康养老、农业休闲、创意办公、职工公寓等新型产业,健全利益联结机制,确保农村集体经济不断发展壮大,确保农民财产性收入不断增值增长。

五是保护生态资源。坚持生态优先、绿色发展,注重人与自然和谐共生,保护山水林田湖等自然资源,打造一批循环农业示范样板,发掘生态涵养产品,发挥好农业农村保持水土、调节气候、消除污染、生态保育等重要作用。

六是丰富休闲体验。优化农村人居环境,加强软硬件建设,围绕多功能拓展、多业态聚集、多场景应用,开发乡宿、乡游、乡食、乡购、乡娱等综合体验项目,打造"看乡景、品乡味、享乡俗、忆乡愁"产品,提升乡村休闲旅游水平。

七是珍爱乡土文化。保护好古镇古村、文物古迹、传统民俗、手工技艺等物质和非物质遗产,打造具有农耕特质、民族特色、地域特点的乡村文化项目。大力弘扬以爱国主义为核心的民族精神和以改革创新为核心的时代精神,培育文明乡风,赓续红色血脉。

(三)夯实要素保障

一是落实乡村产业融合发展用地政策。保障农业农村合理用地需求,让土地切实发挥乡村振兴"三个价值"的载体作用;完善规划实施和调整机制,加快"多规合一"体系建设;持续推进简政放权,优化土地使用审批流程,加强事中事后监管。

二是吸引社会资本到乡村投资兴业。发挥上海市现代农业投资发展集团有限公司的牵头作用,吸引社会资本共同投资建设高端农业项目;强化金融扶持政策,为产品有市场、项目有前景、技术有竞争力的企业提供融资渠道和信贷担保。

三是筑牢科技和人才的支撑作用。引导在沪高等院校、科研院所放大科技创新优势,在郊区农村建立试验站、研发基地等,支持科技人才和高水平创新团队下乡开展智力服务,加强各类现代科技的运用示范;鼓励经营管理人才扎根乡村、兴办乡产、带富乡亲;扶持"田秀才""土专家""乡创客"和能工巧匠到乡村创新创业。

(四)鼓励各界参与

通过多种形式鼓励社会各界参与促进乡村振兴的"三个价值"。发挥智库的"头脑风暴"作用,深入开展相关研究,特别是测算度量生态价值、美学价值的贡献度,为政府科学决策汇聚民智、当好参谋、提供箴言。将乡村振兴纳入各级教育课程大纲,建设一批学农劳动、研学实践、科普教育等实训基地,创设一批农事生产、节气物候、自然课堂等科普教程。搭建城乡结对平台,引导居民社区、企事业单位、社会团体与行政村、集体经济组织等开展结对共建,加强城乡交流,共同守护美好家园。

上海的乡村越来越成为对城市、对居民不可或缺的稀缺资源,是人们感受纯朴的乡风、看见美丽的乡景、阅读深厚的乡史、品尝多滋的乡味、聆听熟悉的乡音、体会绵长的乡愁的绝佳去处。归根结底,只有让产业兴旺起来,环境兴荣起来,文化兴盛起来,才能充分体现乡村振兴的经济价值、生态价值和美学价值,才能擦亮超大城市乡村振兴的底色、亮色和成色。

(2022 年 3 月)

(注:参加本调研报告起草的还有陈云、张晨、楼建丽、蔡蔚、刘增金、

朱哲毅等。调研报告得到中央农办、农业农村部领导和市委市政府领导的肯定,获得第十四届上海市决策咨询研究成果内部调研奖和 2022 年农业农村部调研成果一等奖。)

24 关于探索地产绿叶菜平价直供中心城区的情况专报

为满足中心城区(尤其是封控小区)居民吃到地产新鲜平价绿叶菜的需求,近日来,我们组织各涉农区开展了地产时令绿叶菜公益团购直供的探索。

一、主要做法

近来,我们联合 9 个涉农区,遴选出首批 36 家有资质的农业企业(合作社),通过"上海三农""鱼米之乡"等公众号,APP 平台推出了 41 款绿叶菜平价团购套餐,采用公益团购的直供模式运达中心城区(尤其是封控小区)的居民手中。

绿叶菜公益团购直供,是指通过多方联动的形式,由政府搭台,公益团长牵线农业企业(合作社)与所在社区,将郊区的地产绿叶菜平价团购给中心城区的居民。

在生产端,做到"政府＋企业＋农户"三方联动。我们联动各涉农区,在最短的时间内排摸到有能力、有资质、有意愿的经营主体,明确绿叶菜的品种和数量,形成保供套餐。

在供应端,做到"政府＋居委会＋公益团长"三方联动。我们向系统内党员干部及工作人员发起动员,号召其担任所在社区公益团长,迅速建立了一支 140 人的队伍,作为社区志愿者完成采购对接。

这次探索的绿叶菜公益团购直供有三个显著特点:一是强调精准

性。品种精准——主要围绕广大市民青睐的地产时令绿叶菜，如青菜、韭菜、空心菜等组织直供；对象精准——遴选沪郊各蔬菜保供基地作为供货方，以确保绿叶菜优质安全，消费者则侧重中心城区（尤其是封控小区）。二是凸显公益性。价格公益——通过产销直供，减少流通成本，套餐搭配集中在青菜、生菜、芹菜、韭菜等5～6个主打绿叶菜品种，重量以6斤装为主，平均单价在40元/份左右，价格明显低于市场价格；团长公益——市农业农村委系统的党员干部响应号召，纷纷承担起所在小区的"公益团长"责任，这些同志绝大多数本身就是响应市委组织部"双报到"制度参与社区服务的志愿者，既了解供货方信息，又熟悉居民需求，有效避免了"中间商赚差价"。三是应季新鲜性。与一般客菜相比，地产绿叶菜保证了即采、即收、即送，上午采摘下午送达，第一时间满足了市民的尝鲜需求。而且，像茭白等应季特色蔬菜成熟上市，作为绿叶菜套餐的搭配品种，让市民尝到了鲜。

二、各方反映

截至2022年5月3日，全市中心城区累计完成绿叶菜公益团购直供套餐83 491单，其中约60%由浦东、金山、奉贤等区供应；中心城区有近60个社区开展了套餐团购，受益居民主要集中在长宁、普陀、静安等区。

从居民的反映看，据公益团长了解，收到团购的蔬菜后，居民好评如潮，很多人表示"有些日子没见过这样便宜新鲜的绿叶菜了"，都说新鲜、分量足，纷纷在团购群和朋友圈"晒图"，给团长点赞。

从企业的反映看，在这一销售方式的带动下，农业企业（合作社）积极性得到了调动，在第一批39家的基础上，又有几十家企业希望报名加入其中。我们已会同市商务委，再给500家农业企业（合作社）办理保供配送人员通行证，为扩大绿叶菜运送队伍创造条件。

作为组织方，我们认为绿叶菜公益团购直供是一次新的探索，推进情况比预计的要顺利。可以预见，团购直供的选择面将更广，价格将更加实惠,中心城区受益居民数量将更多。

三、存在问题

从几天的实践来看,绿叶菜公益团购直供在探索过程中也存在一些问题,需要加以完善:一是整体运力仍有待提高。受疫情对人员管控和车辆通行的限制,首批供应企业的整体运力不足,导致每天团购配送数量有限。二是简装绿叶菜运输保鲜难。由于目前包装箱成本过高且普遍缺货,采用塑料袋简易包装容易造成蔬菜挤压受损,对销售品质有一定影响。三是订单数量与套餐价格有待平衡。由于套餐价格实惠,利润较低,且跨区运输成本较高,农业企业(合作社)反映订单数量如果达不到一定规模,将难以长期经营。

四、下步打算

下一步,我们将加强经验总结,把绿叶菜公益团购直供的探索做得更扎实。一方面,打通堵点、补上短板。增加供应商名录,根据市民需求对套餐的绿叶菜品种作出动态调整,千方百计帮助农业企业(合作社)降低经营成本,将更多更好的平价地产新鲜绿叶菜送到市民的餐桌上。另一方面,创新模式、持之以恒。积极探索"后疫情时期"地产农产品实现平价直供社区的产销对接新渠道,进一步优化流程,减少流通环节,引导参与其中的农业经营主体加强品牌建设,更好承担社会责任,创新超大城市地产鲜活农产品经营新模式,实现农民增收、企业增利、市民实惠多赢的良好局面。

(2022 年 5 月)

(注:调研报告得到市委市政府领导的肯定,参加本调研报告起草的还有张晨、楼建丽等。)

25 上海城乡融合发展大背景下的百村万户大调研

从 2023 年 2 月起,上海市农业农村委组织力量,围绕"乡村产业、生活方式、生态环境、乡村治理、乡村文化、农民收入"六个领域开展调研。课题组设计调查问卷,用"解剖麻雀"的方式入户走访了九个涉农区的 61 个镇 209 个村,共发放问卷 10 579 份,回收有效问卷 10 399 份,并组织召开村民、镇村干部、专家等不同层面的座谈会 159 次,做到问计于民、问需于民,发现真问题,真解决问题。

在系统梳理问卷结果和座谈内容的基础上,课题组从四个方面进行聚焦分析,形成课题调研报告:一是对农民种粮意愿、进城落户意愿等内容对照分析,比较上海与全国情况的异同;二是找准上海农业农村发展的主要特征和问题短板,反映农村基层的需求期盼;三是提出上海全面推进乡村振兴,促进国际大都市城乡融合的对策措施;四是形成近期需要重点推进工作的任务清单,更有针对性地实施好乡村振兴各项措施和任务。

一、上海与全国问卷调研结果比较分析

对照中央农办 11 个领域在全国开展的问卷调查,课题组一一对应开展了上海农民意愿调查。从调研结果比较看,可分为三大类:

(一)土地利用、种粮意愿、公共服务、农村改厕、设施管护、乡村治理、移风易俗等七个方面调查结果明显好于全国,需要继续保持领先地位

土地利用方面：上海农村的宅基地规范利用性、承包地流转率和契约规范化程度高于全国水平。上海农村"一户一宅"的家庭比例达93.3％；九成以上的承包地实现了流转，流转率在全国名列第一，流转合同签约率达100％，流转稳定性达85.4％。种粮意愿方面：上海较高的承包地流转率为粮食安全起到了有效保障，农民继续种粮的意愿高于全国水平。近年来，上海着力推动"卖稻谷"向"卖大米"转变，积极发展粮食生产家庭农场，种粮收益持续提高，农民种粮的积极性明显提升。

公共服务方面：上海市域面积小，城乡基本公共服务和基础设施均等化水平相对较高，医疗和教育资源供给比较充足，因此无论是到市区就医还是到城区入学，都极为便利，农民对公共服务的总体满意度达87.6％。农村改厕方面：上海农村改厕工作全面完成，卫生厕所普及率接近100％，农民对改厕效果的满意度达98.8％。设施管护方面：上海村内公共基础设施管护效果明显好于全国，农民参与志愿服务的热情高涨。

近年来，上海坚持"人民城市人民建，人民城市为人民"的理念，发扬"全过程人民民主"，善治乡村、文明乡风已然形成。乡村治理方面：上海村级党组织引领乡村治理坚强有力，党员先锋模范作用彰显，村干部形象积极正面，群众认可度和信任度高，村民对自治的认可程度和参与意愿比较强。移风易俗方面：上海农村移风易俗成效明显，不良风气比全国低25个百分点。

（二）农民居住方面存在短板，农民诉求强烈亟待破解

上海农民房屋总体较为陈旧，农民对现有居住条件的满意度（79.5％）低于全国水平（91.7％）。大多数农民认为建房需要统一规划、统一风貌。

（三）文化生活、进城落户、农民养老等三个方面呈现多元化需求态势，需要因势利导建设，以适应发展需求

由于各地的人文风俗、地理差异、经济社会发展水平不同，在部分领域农民的需求呈现多元化趋势，上海的情况亦与全国不同。文化生活方面:从偏好看,上海农民追求精神层面的享受,全国农民偏爱体锻健身;从选择度看,上海农民热衷社交活动,全国农民经常收看影视广播;从传播形式看,上海农民倾向于现代网络新媒体,全国农民倾向于传统电视广播。进城落户方面:上海农民想进城落户的比例高于全国水平,但在位置选择上,上海农民希望在就近的乡镇落户,全国农民希望在县城落户;进城落户后,上海农民选择保留承包地和宅基地的比例低于全国水平。农民养老方面:上海和全国均有八成以上的农民选择在农村家里养老,但全国农民养老主要依托土地和房屋,上海农民养老主要依托养老金保障。

二、上海"三农"发展中的特征特色、问题短板和农民需求意愿

(一)关于促进乡村产业发展的调研

近年来,上海依托超大城市的市场和资源优势,大力发展乡村产业,取得较好成效,呈现两大新态势:第一,产业吸引力增强。超九成的经营者愿意继续从事乡村产业,其中,家庭农场(93.5%)、合作社(95.9%)、涉农企业(96.6%)等规模化经营主体继续从事乡村产业的意愿明显高于普通农户(88.7%)。17%的经营主体从事两种及以上产业类型。在松江,粮食、养殖、农机"三位一体"经营的家庭农场,年净收入约75.5万元,远高于单一经营的家庭农场。越来越多的高学历人才投身到乡村产业的发展热潮中,经营主体具有大专及以上学历的占38.7%,其中不乏知名学府的青年人才。第二,产业新业态凸显。除传统的种养殖业外,经营主体广泛涉猎农产品加工、农产品流通、休闲农业、其他服务业等新业态。63.4%的经营主体认为上海消费市场大是做强乡村产业的主要优势。56.1%的经营主体已熟练利用电商平台进行销售,利用自媒体销售的比例也超过了1/3。

调研显示,有四方面的问题亟待解决:一是成本相对偏高。成本高

是制约乡村产业发展的首要问题(63.6%),主要集中在农资价格和用工成本上。受访者表示,受国际市场影响,近年来国内农资价格,尤其是化肥价格飞涨,钾肥价格较 2021 年初涨幅超过 100%。二是适用劳动力偏少。60.3%的经营主体认为劳动力不足是主要瓶颈,特别是老龄化问题日益加重,农业生产已经从过去常说的"三个农民 200 岁"变为"四个农民 300 岁"。此外,从业人员学历层次低(17.8%)、专业能力不足(13.1%)等情况也颇为棘手。三是用地"卡得紧"。23.4%的经营主体遇到"用地难"问题,大家反映,设施农用地、建设用地"卡得过紧",影响了农业产业的提档升级,制约了产业融合发展;"农机无处停放、农具无处摆放、农资无处堆放"的问题时有发生;乡村休闲旅游也存在"汽车无处停、餐宿无处觅"的难题。四是经营主体影响力相对弱。受访的经营主体中有 35%是普通农户,即使在全市面上,知名度高的农业龙头企业数量也不多。

受访者有两大期盼:一是盼望延长产业链。78.4%的受访者计划在今后五年里拓展业态类型,实现产业融合。其中乡村民宿等休闲旅游(68.4%)和农村电子商务(49.3%)是经营主体最希望进入的领域。对延长产业链,种养殖业的主体较为青睐预制菜加工(27.7%)和仓储物流服务(26.8%),认为有赚头。二是盼望获得政策支持。53.6%的经营主体希望政府加大对乡村产业支持力度。从支持领域看,75.7%的经营主体希望得到财政政策支持,67.0%的经营主体希望得到土地政策支持。

(二)关于改善农民生活方式的调研

上海郊区农村经济发达,农民生活方式方面发生了显著变化:首先,农业规模化经营的全面推进为进一步改善农民生活方式提供了前提条件。上海超九成农村承包地已流转,位于全国前列,基本实现承包地"向规模集中"。农民就业高度非农化,生产方式的变革直接带动了生活方式的变革。其次,农民期望"城乡两便"的新型城镇化生活为改善农民生活方式提供了重要遵循。上海城镇化率已超九成,农民生活方式并没有简单地朝着城市化方向演变,六成上海农民首选城乡"两栖"的居住模式,农民更加青睐能够充分享有城乡两种好处的大都市郊区生活方式。近七成上海农民不想把户口迁移到城镇,变成纯粹的市民,这是在充分理解了城镇生活的好处之后主动地选择要留在乡村。第三,重塑乡村聚落体系,推进农民相对集中居住是改善农民生活方式的"牛鼻子"。调查显示,如果将货币化退出和进镇上楼两种退出宅基地的方式合并,退出、平移和不愿参与集中居住的比例各占 1/3;56.1%的受访者表示"很愿意"或"比较愿意"参与现有的农民集中居住,其中,平移、上楼、货币化的比例是"5∶4∶1"。调查还显示,九个涉农区中,松江区(77.8%)农民愿意参与集中居住比例最高,崇明区(31.3%)则最低。农民参与集中居住的意愿差异大、动机更是多样。第四,优化农村公共服务体系,提高公共服务能力是改善农民生活方式的"催化剂"。调查显示,农民对公共服务总体上感到"很满意"与"满意"的占比为 87.6%,"催化"了政府部门更好地谋划农村社会经济发展,改善农民的生活方式。

受访者反映,当前改善农民生活方式进程中还存在两大问题亟待破解:一是农民居住条件还不理想。调查显示,57.1%的上海农民房屋年龄已超过 30 年,近八成农民住房为 2007 年以前建设。调查显示,近五年有 9.8%的农户参加了集中居住,即使再加大农民集中居住力度,短期内也难以明显缓解这一难题。二是乡村风貌还没根本改变。调查显示,除了宝山农民房屋比较新颖外,上海其他涉农区"布局分散、房屋破旧、风貌凌乱"的总体状态没有根本改变。

受访者有两个强烈意愿:一是农民翻建房屋意愿强烈。调研显示,在比较严格的政策限制下,仍有 33.3%的农民希望翻建房屋。二是农民改善公共服务需求迫切。调研显示,农民最希望改善公共基础设施(37.3%)、增加文化体育娱乐空间(33.6%)和提供商业便民服务水平(31.1%)。

(三)关于提升农村生态环境的调研

近年来,上海持续推进农村人居环境的整治与优化提升,农村改厕、垃圾分类、污水治理、水质提升等工作都走在全国前列,农民的获得感和满意度不断提高,99%的受访者表示对环境整体满意。因为完成改厕、黑臭河道基本消除,农村生态环境极为改善,已成为乡村亮丽的底色。

调研显示,当前农村生态环境还存在两大短板:一是人居环境改善提升尚未实现全覆盖。由于资金、用地等支持明显不足,非保留村内垃圾乱扔、垃圾设施缺乏、公厕脏臭、管网损坏等还比较严重,河道黑臭还没完全消除。非保留村的农民受访者对环境的满意度比保留村、示范村要低 5～10 个百分点。二是人居环境管护机制尚未建立。主要原因有"三少",即政府管得少、村集体支持得少、农民参与得少。政府部门对公共基础设施普遍"重建轻管",村集体经济还不够壮大,不足以支撑村内环境维护、设施管护的支出。

从受访者的需求意愿看,农民最大的期盼是提升河道水质。调查显示,农民和游客对清洁美丽、生态宜居、生活便利等方面有着全方位的期盼,农村生态宜居的概念已从环境美延伸到形象美、人文美。大家最向往的乡村整体风貌是"传统乡野",理想中生态宜居的乡村建筑是民宿楼房和传统老民居。农民还期盼乡村从外形美提升到内涵美,希望大力发展美丽经济,让绿水青山变成金山银山。

(四)关于提高乡村治理能力的调研

近年来,上海坚持农民主体地位,农村党组织领导的自治、法治、德治相结合的治理体系日臻完善,农民对乡村治理的满意度达 96.3%。党建引领是根本。农村基层党组织因地制宜整合各类平台资源,将党的领导核心地位和功能作用融入"三治"全过程,八成农民了解并参加过村里的各类议事决策活动,97.4%的农民认为村里能直接调处好邻里的矛盾冲突。网格化管理是抓手。农村基层治理将党建网格与管理网格、服务网格进行整合,推进"多网合一、多格合一",提高资源整合效率,

87.2%的农民认为网格长经常联系或提供服务,发挥了桥梁纽带作用。精细化服务是特色。农民普遍对本村提供的各类服务表示满意,96%的人认为在宜居、便利方面做得较好。特别是各涉农区主动顺应数字化变革的新趋势,用数字为乡村治理赋能,89.8%的人认为村内数字化平台使用方便。

调研显示,上海乡村治理还存在两方面的不足:一是乡村治理主体相对单一。当下农村地区空心化、老龄化现象严重,村民参与议事协商活动积极性还不高,50%的受访者认为需要充分发动外来人员、经营主体等不同力量参与村级事务。二是综合管理能力还不高。村干部反映,智能化管理存在"硬件少,软件杂"的情况,"软件装上了,硬件死机了"的情况时有发生。26.4%的农民认为网格化治理理念不够深入,21.3%的农民认为网格员队伍文化水平不高,年龄偏大,发挥的作用不够充分。

从农民诉求看,近郊地区农民更关心外来人口管理。56.4%的近郊农民认为需要进一步加强对本村外来流动人口和出租房的规范管理。远郊地区农民更关心保障公共活动空间。36.8%的远郊农民盼望增加文化活动中心、老年活动室等公共场所的功能建设;72.6%的农民盼望加强法治内容宣传;59.9%的农民盼望配备乡村法律顾问,提供法律咨询援助。

(五)关于推动乡村文化发展的调研

近年来,上海积极推动乡村文化振兴,激活传统文化中的有益因子,注重由"物的乡村"迈向"人的乡村",在物质维度上,着力打造高标准的公共文化空间,极大提升了农民对文化场所的满意度(90%);在制度维度上,着力搭建多层级的文化展演平台,基本形成了覆盖市、区、镇的常规性文化品牌项目,"村晚"已成为松江、金山、青浦等多个涉农区的保留节目;在精神维度上,着力推动移风易俗和文明乡风建设,有效促进农民在思想价值观念上的转型,性别、婚恋、孝亲、丧葬等生活观念较为开明。总体上看,上海的乡村文化具有高度的丰富性和多样性,呈现出以农耕文化、水乡文化、海派文化相互融合的都市型乡村文化特质。

调研显示,上海乡村文化发展过程中还存在三方面的问题:一是乡村文化活动的覆盖面不足。由于村里的文化活动大多在工作日开展,导致"参与者以老年人为主,年轻人较少;以本地人为主,外地人较少"的现象较为普遍。二是村民自发组织程度不高。农民参加"政府或村镇组织"(62.6%)和"单位组织"(42.8%)的文化活动比例较高,而由"有共同爱好和兴趣的人组织"(21.4%)、"邻居组织"(14.3%)以及"俱乐部或社区组织"(4.7%)的比例相对较低。三是乡村文化遗产传承人后继乏力。如沪剧、田歌、滚灯等非遗项目,现有的传承人往往年逾花甲甚至古稀,且以此谋生的收入不高,以至鲜有年轻人参与其中。

上海农民对高质量文化需求大。呼吁最强烈的是希望提升文化产品配送频次和匹配精度。不少农民反映,前几年受疫情影响,文化活动下乡的次数有所减少;相比高端的讲座和展览,老年农民更喜欢热闹的文艺演出,这类产品的配送量较低。其次是为农村提供更多优质的文化场所。对农村文化发展的改进领域,农民主要选择"增加文化场所的数量"(54.3%)、"丰富文化场所的类型"(48.0%)、"提升文化场所的质量"(45.4%)。第三是盼望政府在人才和资金上给予更多支持。

(六)关于促进农民持续增收的调研

本次调研样本主要选择在远郊地区,更加关注相对贫困群体,2022年农民家庭人均收入为 3.5 万元,低于全市农村常住居民人均可支配收入(39 729 元)10%左右。总体上看,农民对家庭收入的满意度水平为60.4(满分 100,下同),工资性和转移性收入占比超过九成,是家庭收入的主要来源。其中,工资性收入占比约 54%,转移性收入(主要是养老金)占比约 40%,财产性收入主要依靠土地流转费,人均约 0.19 万元。农民普遍反映,家庭收入仅够维持日常生活消费,"一周能吃一顿肉,改善一次伙食",七成以上的农民认为医疗支出高是收入不够用的主因。此外,人情往来也是家庭重要支出,每年在 6 000 元左右。

从不同类型的人群看,老年农民群体的月养老金水平为 1 967.4 元,对收入的满意度水平为 59.9。其中,71.7%的老年农民享受城乡居民基本养老保险(俗称"农保"),月均 1 458.8 元;17.4%享受原"小城镇社会保险"(俗称"镇保"),月均 2 511.9 元;10.9%享受城镇职工养老保险(俗称"职保"),月均 4 606.6 元,三者差距明显。该群体最大的期盼是提高养老金额度,大多希望在现有的基础上增加 1 000 元。

非农就业群体平均月工资为 5 448.8 元,对收入的满意度水平为 63.3。16~59 岁的就业年龄段中,50.9%的人在民营企业上班,73.9% 的人没有技能证书。该群体最大的期盼是通过培训提高就业技能 (55.9%),其次是希望可以就近开发更多的公益性岗位(37.8%)。此外,16%的人单位为其缴纳"农保",因此希望政府适当对用人单位为其缴纳"职保"予以补贴。

农业从业群体对收入的满意度水平为 67.6,其中,经营主体的年均经营净收入约 10 万元,普通劳动者的年均报酬约 2 万元。从年龄结构看,老年农民的占比接近一半,经营主体招不到年轻人从事农业生产的情况较为普遍。该群体最大的期盼是希望政府加对大农业项目的扶持力度,比如提供相关补贴,并且帮助搭建统一的销售平台。

三、相关对策措施

(一)促进乡村产业发展

优化农业补贴政策,增强补贴精准性;加强人才队伍建设,健全人才保障体系;盘活现有土地资源,探索灵活用地方式;推动农业招商引资,建立产业投资基金;加大政府支持力度,推动创新融合发展。

(二)改善农民生活方式

完善大都市郊区空间形态整体规划,优化农民相对集中居住政策组合,疏通农民建房政策堵点,完善农村公共服务设施,大力发展"互联网+健康"服务。

(三) 提升农村生态环境

消除生态环境改善的盲区,构建生态环境长效管护机制,改善村沟宅河水质,注重乡村风貌塑造。

(四) 提高乡村治理能力

丰富乡村治理主体,提高综合管理能力,加强对外来人口管理,保障公共活动空间。

(五) 推动乡村文化发展

拉大文化活动覆盖面,提高村民自发组织程度,解决乡村文化遗产后继乏人的问题,精准配送文化产品,为农村提供优质文化场所,满足乡村文化人才和资金保障需求。

(六) 促进农民持续增收

多措并举促进各类农民群体持续增收,实施新一轮农村综合帮扶。

附件:

百村万户大调研问卷调查表

一、产业发展大调研问卷

(一) 国家卷:农民种粮意愿问卷

1. 所在区/镇/村:_____

2. 您的性别为 :_____

①男　②女

3. 您的年龄在以下哪个区间:_____

①16～25 岁　②26～35 岁　③36～45 岁　④45～55 岁

⑤56～65 岁　⑥65 岁以上

4. 您的学历为:_____

①小学及以下　②初中　③中专高中　④大专　⑤本科及以上

5. 您的身份为：_____

①镇村干部　②村民

(若选中了①镇村干部则需回答问题16)

6. 您的常住地和户籍为?

1)常住地：_____

①城镇地区　②农村地区

2)户籍性质：_____

①上海城镇户口　②上海农村户口　③非上海城镇户口　④非上海农村户口

7. 您家庭是否从事农业生产?_____

①全部从事农业生产　②部分从事农业生产　③不从事农业生产

8. 您家庭当前种植什么作物：_____

①粮食作物　②既有粮食作物又有经济作物　③经济作物

④其他：

(若选中了①粮食作物②既有粮食作物又有经济作物则需回答问题9—12,选中了③经济作物④其他则回答问题13)

9. 您种植粮食作物的原因是：_____

①解决自家口粮　②可以出售稻谷,多一份收入　③可以出售大米,多一份收入　④只会种粮,其他都不会　⑤其他：_____

10. 您种植粮食作物的面积为：_____

①2亩以下　②2～5亩　③5～10亩　④10～20亩　⑤20亩以上

11. 您将来是否愿意继续种植粮食作物?_____

①愿意　②不愿意　③说不清

12. 您对种粮前景看好吗?_____

①看好　②一般　③不看好

13. 您不种植粮食作物的原因是?_____(多选)

①收益太低　②外出打工,无人种植　③年老、健康原因,缺劳动力　④土地不适合种粮　⑤成本高　⑥自然条件恶劣　⑦种植经济作物、种树　⑧其他:_____

14. 您认为制约当地粮食生产的客观因素是_____(多选题)。

①种粮收益低　②粮食收购价格偏低　③农田水利设施落后　④粮食补贴政策不足　⑤机械化水平偏低　⑥耕地保护不足　⑦农业保险政策缺乏　⑧社会化服务不完善

15. 您认为自己的种粮积极性如何?_____

①明显提升　②有一定提升　③有一定下降　④明显下降　⑤没有变化

16. 如果您是镇村干部,您认为农民的种粮积极性如何?_____

①明显提升　②有一定提升　③有一定下降　④明显下降　⑤没有变化

17. 您对当前农业生产方式的满意度如何?_____

①非常满意　②比较满意　③一般　④不太满意　⑤很不满意

(二)上海卷:乡村产业调查问卷

1. 所在区/镇/村:_____

(包含上海所有区,非调研镇和村用非以上镇和非以上村代替)

2. 您的性别为:_____

①男　②女

3. 您的年龄在以下哪个区间:_____

①16~25 岁　②26~35 岁　③36~45 岁　④45~55 岁　⑤56~65 岁　⑥65 岁以上

4. 您的学历为:_____

①小学及以下②初中③中专高中　④大专　⑤本科及以上

5. 您的身份为:_____

①镇村干部　②乡村产业经营者/负责人

（若选中选中了②乡村产业经营者/负责人请直接跳转回答问题9—21）

镇村干部作答

6. 您所在地区最具有优势的乡村产业是什么？ _____

①种植业　②养殖业　③农产品加工　④农产品流通　⑤休闲农业

7. 本地区产业对镇村发展的贡献如何？ _____

①差　②较差　③一般　④较强　⑤强

8. 本地区产业对本地就业带动情况如何？ _____

①差　②较差　③一般　④较好　⑤好

乡村产业经营者/负责人作答

9. 经营主体类别：_____

①农户　②家庭农场　③合作社　④企业

10. 您的户籍性质：_____

①上海城镇户口　②上海农村户口　③非上海城镇户口　④非上海农村户口

（若选中了③④则回答第11题）

11. 您的户籍是哪个省份？ _____

下拉框选项，范围为全国各省市

12. 当前您所从事的乡村产业类型：_____（多选）

（若选中了种植业则回答问题13，选中了养殖业则回答问题14，选中了农产品加工则回答问题15，选中了农产品流通则回答问题16，选中了休闲农业则回答问题17）

①种植业　②养殖业　③农产品加工　④农产品流通　⑤休闲农业　⑥其他服务业（可填空）

13. 种植业

1）您从事的种植业类别：_____（多选）

①粮食　②蔬菜　③瓜果　④花卉　⑤食用菌　⑥其他：_____

2)种植业总规模为：_____

①小于 10 亩　②10～30 亩　③30～50 亩　④50～100 亩　⑤大于 100 亩

14. 养殖业

1)您从事的养殖业类别：_____（多选）

①畜禽　②水产

(若选中了畜禽则回答问题 14(2)，选中了水产则回答问题 14(3)，如果同时选了畜禽和水产则 14(2)和 14(3)都要回答)

2)畜禽养殖业规模：_____

①规模场　②散养户

3)水产养殖业规模：_____

①小于 30 亩　②30～99 亩　③100～299 亩　④300 亩以上

15. 农产品加工

1)您加工的农产品是否以地产农产品为主？_____

①是　②否

16. 农产品流通

1)主要有哪些销售渠道？_____

①传统渠道自产自销　②自媒体渠道(如抖音等)自产自销③电商平台(如淘宝等)④批发市场　⑤商超　⑥其他(填空)

17. 休闲农业：_____

1)您从事的休闲农业主要业态是什么(多选)：

①休闲农园　②科普教育　③农事体验　④亲子研学　⑤乡村民宿　⑥康养　⑦其他：_____

2)您从事的休闲农业主要业态的年接待人次为：_____

①0～1 万　②1～5 万　③5～10 万　④10 万以上

3)您从事的休闲农业的年营业收入为？_____

①0～10万元　②10～50万元　③50～100万元　④100万元以上

18. 产业主体情况：_____

①无　②区级（龙头/示范）　③市级（龙头/示范）　④国家级（龙头/示范）

19. 吸收固定就业规模（单位：人）：_____

①10人以下　②10～50人　③50～100人　④100人以上

20. 您认为本产业目前的效益如何：_____

①差　②较差　③一般　④较好　⑤好

21. 您是否愿意继续从事乡村产业？_____

①愿意　②不愿意

（选择不愿意的，回答第21题，选择愿意的，跳过21题）

22. 不愿意继续从事乡村产业的原因：_____（多选）

①收益低　②成本高　③劳动力短缺　④没有发展潜力　⑤政策扶持不够　⑥营商环境不好　⑦其他：_____

所有人作答

23. 您对上海乡村产业扶持政策是否满意？_____

①满意　②不满意

（若选中了不满意则回答问题23，否则跳过问题23）

24. 您对哪方面的政策最不满意：_____（单选）

①用地政策　②财政政策　③金融保险政策　④人力资源保障政策　⑤法律法规

25. 您对哪方面的政策最满意：_____（单选）

①用地政策　②财政政策　③金融保险政策　④人力资源保障政策　⑤法律法规

26. 您认为上海乡村产业最突出优势是什么？_____（多选，至多选3个）

①消费市场大　②技术先进　③财政支持力度大　④营商环境好

⑤人才选择面广　⑥市场投资主体多　⑦重视品牌建设　⑧基础设施条件好　⑨具有区位优势　⑩其他:_____

27. 您认为制约发展的主要问题有哪些?_____(多选,至多选 3个)

①劳动力问题　②成本过高　③机械化替代不足　④用地难⑤经营问题　⑥环保问题　⑦科技创新不足　⑧信息化程度不高⑨资金不足　⑩其他:_____

(若选中了①劳动力问题则需回答问题 27,选中了⑤经营问题则回答问题 28)

28. 您认为劳动力问题主要体现在哪些方面?_____(多选,至多选 3个)

①短缺　②老龄化　③学历层次低　④专业能力不足　⑤用工成本高　⑥流动性高　⑦阶段性用工难　⑧其他:

29. 您认为经营管理面临的主要问题有哪些?_____(多选,至多选 3个)

①品牌影响力不足　②市场销售渠道狭窄　③仓储物流成本过高④营销和管理人才缺乏　⑤市场议价能力低　⑥其他:_____

30. 您希望通过哪些手段解决以上问题?_____(多选)

①自我解决　②政府支持　③引入专业机构

31. 未来 5 年内您计划进入哪些乡村产业新业态?_____(多选)

(若选中了①则跳过 32 题)

①无　②中央厨房　③预制菜加工　④农村电子商务　⑤仓储物流服务　⑥休闲农业　⑦新型农业服务业　⑧其他:_____

32. 您最希望在您计划进入的新业态内得到哪些方面的政策支持?_____(多选,至多选 3个)

①用地政策　②财政政策　③金融保险政策　④人力资源保障政

策 ⑤法律法规

33. 您认为未来 5 年上海乡村产业发展的主要发力点是哪些？
_____（多选）

①提升农业生产能力 ②提高农产品附加值 ③发展乡村新产业新业态 ④农业科技创新 ⑤其他：_____

34. 您对目前上海乡村产业的发展现状是否满意？_____
①不满意 ②较不满意 ③一般 ④较满意 ⑤满意

二、农民持续增收大调研问卷

(一)家庭基本信息

1. 性别：_____

①男 ②女

年龄（周岁）：_____

2. 户籍：_____

①本市农业户口 ②本市非农业户口 ③外省市户口

3. 学历：_____

①初中及以下 ②高中（含中专、中职） ③大专（含高职） ④本科及以上

4. 您当前主要生活状态：_____（16 岁及以上，可多选）

①农业就业（包括打临工） ②非农就业（包括打临工） ③领取养老金 ④未就业、未领取养老金 ⑤其他_____

5. 您参加或领取的养老保险类型？_____

①城乡居民养老保险（农保） ②城镇职工养老保险（职保） ③小城镇社会保险（镇保） ④商业人寿保险 ⑤都不交

共同生活半年以上的其他家庭成员信息（参考上述选项，填写序号或数字）。

问题	成员 1	成员 2	成员 3	……
性　　别				
年　　龄				
户　　籍				
学　　历				
生活状态				
养老保险				

6. 您的家庭或家庭成员有以下哪些情况？_____（可多选）

①低保家庭　②低收入家庭　③生活困难农户　④残疾，但生活能自理　⑤残疾，生活不能自理　⑥大病、重病　⑦小毛小病、慢性病⑧其他：_____　⑨无上述情况

7. 2022 年，您的家庭人均收入水平是_____。

①17 000 元以下　②17 001～34 000 元　③34 001～40 000 元

④40 001～60 000 元　⑤60 001～85 000 元　⑥85 001～100 000元　⑦100 000 以上

8. 您对当前家庭收入状况是否满意？_____

①非常满意　②比较满意　③一般　④不太满意　⑤很不满意

(二)非农就业人员情况

1. 2022 年，您从上班单位获得的劳动报酬（包括打零工收入）是：_____。

①2 500 元以下　②2 500～5 000 元　③5 001～8 000 元

④8 001～11 000 元　⑤11 001～15 000 元　⑥15 000 元以上

2 您的职业技能等级是：_____

①没有技能证书　②初级　③中级　④高级　⑤技师　⑥高级技师

3. 您的就业单位属于：_____

①镇村公益性岗位　②国有企业　③民营企业　④集体企业
⑤党政机关、事业单位　⑥其他：_____

4. 您目前的主要职业是：_____

①高级管理人员　②中级管理人员　③专业技术人员　④普通职员　⑤体力劳动者　⑥其他：_____

共同生活半年以上的非农就业人员情况（参考上述选项，填写序号或数字）。

问题	成员 1	成员 2	……
劳动报酬			
技能等级			
就业单位			
主要职业			

5. 您对目前的劳动报酬水平满意吗？_____

①非常满意　②比较满意　③一般　④不太满意　⑤很不满意

6. 您认为上班方面最主要的问题是（最多三项，依次排序）？_____

①就业技能不高　②岗位专业不对口　③就近适合的岗位少
④交通不方便　⑤上班工资不理想　⑥照顾家庭（子女、老人等）
⑦身体不好、不便上班　⑧其他：_____

7. 共同生活的家庭成员中，如果有就业能力但没有就业的情况，原因是：_____

①生活有保障，不想就业　②就业技能不高　③岗位专业不对口
④就近适合的岗位少　⑤交通不方便　⑥上班工资不理想　⑦照顾家庭（子女、老人等）　⑧身体不好、不便上班　⑨其他：_____

8. 共同生活的家庭成员中，就业年龄段内实现就业，但参加"居保"，原因是：_____

①"职保"缴费太高 ②单位不愿意参加"职保" ③工作不稳定,单位变动快 ④其他:_____

9. 您认为促进就业,最应该做的是?_____

①通过培训,提高就业技能 ②就近开发更多的公益性岗位 ③发放交通补贴 ④增加就业的保险缴费补贴 ⑤增加就业补贴 ⑥其他:_____

10. 为提高就业收入水平,您还有什么建议?

_____

_____

(三)农业从业人员情况

1. 您的具体岗位是:_____

①家庭农场主 ②合作社带头人 ③农业企业老板 ④管理人员 ⑤专业技术人员 ⑥一般劳动人员 ⑦其他:_____

2. 您本人是否接受过农业专业技术培训。

□ 是 □ 否

共同生活半年以上的农业就业人员情况(参考上述选项,填写序号或数字)。

问题	成员 1	成员 2	……
具体岗位			
技术培训			

3. 您所在的农业经营组织是否隶属于产业联合体。_____

□ 是 □ 否

4. 2022 年,从事农业生产及经营活动,您获得的净收入或工资性收入是:_____万元。

5. 经营的承包地面积_____亩。主要种植、养殖的种类(可多选):

①水稻　②蔬菜　③瓜果　④水产　⑤畜牧　⑥其他:_____
⑦说不清

6. 除农业生产外,您还从事哪些与农业相关的经营活动?
_____(可多选)

①都没有　②采摘等休闲观光　③农机服务　④农产品初加工
⑤互联网销售农产品　⑥其他:_____

7. 2022年末,农业经营组织贷款余额:_____万元;是否使用抵押贷款。

□ 是　　□ 否

8. 您认为目前对农业产业发展的扶持政策最需要加强和改进的地方? _____

①加大农业项目扶持力度　②提供用工补贴　③配备设施用地或建设用地指标　④搭建统一的销售平台　⑤提供金融支持　⑥其他:
_____

9. 为提高经营收入水平,您还有什么建议?

_____

_____

(四)老年农民情况

1. 您每月养老金有:_____元

2. 您是否有打临工(包括农业临时工)收入:□是　　□否;如果有,一般每月有_____元。

共同生活半年以上的其他老年农民情况(参考上述选项,填写序号或数字)。

问题	成员1	成员2	……
月养老金			
打临工收入			

3. 您期望的月养老金水平是：_____元

4. 结合身边案例,您认为老年人打临工到_____岁合适。

5. 您家的宅基地房屋建筑面积：_____平方米。如果将您家房屋整栋出租给村里或公司用于统一经营,您期望的年租金收入是_____元。

6. 为让老年生活更幸福,您还有哪些建议?

_____

_____

三、农民生活方式大调研问卷

Q1. 调查所在区是：_____
①浦东　②闵行　③嘉定　④宝山　⑤奉贤　⑥松江　⑦金山　⑧青浦　⑨崇明

Q1. 所在乡镇：_____

Q1. 所在村：_____

Q2. 本村面积_____平方公里,有村民组_____个,有自然村或居民点_____个;农户数(不包含已集中居住的户数)_____户;户籍人口_____人;常住人口_____人,其中来沪人员_____人。

本村已参与农民相对集中居住_____户:上楼_____户,平移_____户,货币化退出_____户。

Q3. 本村目前的村庄状态：_____
①市乡村振兴示范村　②市美丽乡村示范村　③保留保护村　④非保留保护村

Q4. 2022 年经济总收入(包括村集体和村委会)_____万元;其中村集体经营性收入_____万元。2022 年村总支出_____万元;其中用于村民福利_____万元,用于村集体经济合作社分红_____万元。

Q5. 受访者类型一：_____（单选）

①普通村民，没有在村里担任管理或服务工作　②保洁员、电工等村里的服务人员　③村民组长、网格员或其他村管理人员　④村干部

Q6. 受访者类型二：_____（单选）

①中共党员　②非中共党员

A. 家庭和个人基本情况

A1. 您的出生年份：_____（单选）

1950－2010

A2. 您的性别：_____（单选）

①男　②女

A3. 您的受教育程度是：_____（单选）

①小学及以下　②初中　③普通高中　④中专/技校/职高　⑤大专　⑥本科　⑦研究生及以上

A4. 您现在户口性质是：_____（单选）

①上海农村户口　②上海城镇户口　③外地户口

A5. 您的养老社会保险属于哪一种类型？_____（单选）

①城乡居民养老保险

②城镇职工养老保险

③其他

A6. 您主要住在哪里：_____（单选，后一个选项均不包含前一个选项的范围）

①本村　②本镇　③本区　④本市

A7. 您现在在哪上班：_____（单选）

①不上班　②本村　③本镇　④本区　⑤本市　⑥外省市　⑦工作地点不固定

A8. 您家（同一个户口本上）几口人：_____（单选）

①1　②2－3　③4－5　④6口及以上

A9. 与您在村里共同居住的有几口人：_____（单选）

①1　②2—3　③4—5　④6 口及以上

A10. 目前您家共同居住在一起的家庭成员结构属于以下哪种：_____（单选）

①单身或夫妻两人　②两代人同住　③祖孙三代同住　④四代人及以上

A11. 您家的主要收入来源包括：_____（限选三项）

①工资性收入　②经营性收入　③退休金或养老金收入　④房屋出租收入　⑤投资性收入（包括股票和理财等）　⑥其他

A12. 您家家庭年收入大概多少？_____（单选）

①5 万元（不含）以下　②5 万～10 万元（不含）　③10 万～20 万元（不含）　④20 万及以上

A13. 您家最大的开销是：_____（单选）

①房贷　②子女教育支出　③看病等医疗保健支出　④租（借）房租金支出　⑤日常生活花费　⑥其他

B. 农民进城落户意愿

B1. 您想不想到把户口迁到城镇？_____（单选）

①想（跳答 B2、B3）　②不想（跳答 B4）　③说不清

B2. 如果您家想进城落户，最主要的原因是什么？_____（单选）

①让子女接受更好的教育　②更多工作机会　③生活环境更好　④福利更好　⑤跟随子女迁移　⑥其他

B3. 如果您全家进城落户了，您打算如何处置家里的承包地和宅基地？_____（单选）

①能保留就保留，至少还能出租　②能退出就退出，可以换到更多的钱　③其他

B4. 您不想把户口迁到城镇去的原因是什么？_____（限选三项）

①农村环境越来越好,发展机会越来越多

②在城镇买不起房或房子租金贵

③感觉城镇户口不如农村户口值钱

④落户门槛高,难以实现

⑤担心自己在村里的承包地、分红等集体福利被收回

⑥担心自己在村里的宅基地相关权益遭受损失

⑦给自己在老家留条后路

⑧其他

B5. 如果能进城镇落户,您家最想且最有可能在哪里落户?_____(单选)

①中心城区　②本区政府所在地城区　③其他郊区城区　④附近镇区　⑤北广深一线城市　⑥其他城市

C. 农民居住意愿

C1. 您家在村里的房子建造年份是?_____(单选,如果有多处宅基地,请选择主要的一处。)

①1980年(不含)以前　②1980~1992年　③1993~2007年

④2008~2019年　⑤2020年后

C2. 您家村里的房屋使用情况是:_____(单选)

①仅自住　②部分出租用作经营、部分自住　③部分出租用作居住、部分自住　④仅出租用作经营,自己不住　⑤仅出租用作居住,自己不住　⑥闲置　⑦其他

C3. 您家村里的房屋每月租金总额大概是_____元?(填空)

(跳答,如果上一题选择②、③、④或⑤)

C4. 您家在城镇是否有房:_____(单选)

①是,动拆迁所得　②是,自行购房　③没有

C5. 您家未来最可能选择的安家方式是怎样的?_____(单选)

①全家在农村居住　②年轻人进城镇居住,老人在农村居住　③全

家搬进城镇居住　④其他

C6. 您对自家在村里的居住条件的满意度如何？_____（单选）

①很满意　②基本满意　③一般　④不太满意　⑤很不满意

C7. 您家愿不愿意参与现有的农民相对集中居住？_____（单选）

①很愿意　②比较愿意　③说不清　④不太愿意　⑤很不愿意

C8. 您更愿意选择以下哪种方式参与农民相对集中居住？_____（单选，跳答，如果上一题选择①、②或③）

①进城镇上楼（跳转 C9、C10）　②平移（跳转 C11）　③货币化退出

C9. 如果您家愿意选择上楼集中居住，主要原因是什么？_____（限选三项）

①城镇的房产可以交易，且经济价值更高

②城镇生活条件更好

③能解决子女住房需求

④孩子上学更方便

⑤容易找到工作或上班更便利

⑥因为没有办法翻建、新建或平移

⑦现在房子居住环境太差

⑧其他

C10. 如果您家愿意上楼集中居住，最愿意住到哪里？_____（单选）

①本镇镇区（不含大型居住区）　②外镇镇区（不含大型居住区）③区政府所在地的城区（不含大型居住区）　④大型居住区　⑤其他

C11. 如果您家愿意选择平移集中居住，最愿意住在哪里？_____（单选）

①本村　②本镇　③其他

C12. 您认为哪些举措能更吸引您参与集中居住？_____（限选

三项)

①集中居住选择的地段好　②补助标准更加符合农民需求,降低农民支出　③集中居住的公共配套设施完善　④集中居住的环境优良　⑤集中居住有更好的物业服务　⑥其他

C13. 您最希望通过什么方式改变村里自家的居住条件? _____ (单选)

①不做任何改变

②简单修葺装修

③原址翻建或异地建房

④其他

C14. 如果能够通过翻建或异地建房改善居住条件,按照现行的村民建房政策,宅基地面积可能缩小同时建筑高度略有增加(屋脊高度不得超过 13 米),您能接受吗? _____ (单选)[《上海市农村村民住房建设管理办法》(2019 年 5 月 5 日上海市人民政府令第 16 号公布)]

①能接受　②不能接受　③说不清

C15. 您家目前没有翻建或新建房屋,最主要原因是:_____ (单选,跳答,如果上一题选择①或②)

①现在的居住条件已经够好,或略加修葺就好了

②经济条件不允许

③政策条件不允许

④本村或本组有动拆迁或者集中居住的可能

⑤按照新政策宅基地面积缩小了,划不来

⑥在农村建房自住需求不大

⑦其他

C16. 您认为未来建房是否需要统一设计? _____ (单选)

①需要(跳答 C17)　②不需要　③其他

C17. 如果房屋的房型需要统一设计,您更倾向于哪一种?

_____（单选）

①建设公寓式住宅楼　②建独门独院式住宅　③建联栋式住宅
④其他

C18. 对于现有农房风貌（房屋建筑风格）是否有必要采取措施统一
起来？_____（单选）

①有必要,统一为江南水乡传统风貌　②有必要,统一为"中西合
璧"海派特征风貌（小洋楼等）　③没必要

C19. 对于新建的农房风貌（房屋建筑风格）是否有必要统一起来？
_____（单选）

①有必要,统一为江南水乡传统风貌　②有必要,统一为"中西合
璧"海派特征风貌（小洋楼等）　③没必要

C20. 您所在的村里有没有危房：_____（单选）

①有　②没有　③不清楚

C21. 危房产生的原因是什么：_____（单选,跳答,如果上一题选
择②或③）

①没有钱修　②审批不出来　③无人居住

C22. 对于盘活利用闲置宅基地和房屋,您认为应该如何处理?
_____（单选）

①房屋自己出租

②房屋交给村集体或政府统一整理后运营

③房屋交给第三方等市场化主体运营

④交给村集体或政府统一拆除整理后,建设用地统一利用

⑤自己拆除房屋后,宅基地自主利用

⑥无需任何处理,就这样空着

⑦其他

D. 公共服务意愿

D1. 您对本村公共服务是否满意：_____（单选）

① 很满意 ②满意 ③一般 ④不满意 ⑤很不满意

D2. 您认为目前村里公共服务最需要改进的方面有哪些？_____（限选三项）

①5G等通信网络速度慢 ②安保不够完善 ③文化体育娱乐空间不足 ④商业等便民服务不到位 ⑤帮扶帮困不到位 ⑥社区事务办理不方便 ⑦养老设施建设和服务保障不足 ⑧缺少学前教育或义务教育⑨医疗保障水平低 ⑩其他

D3. 当您遇到感冒、烫伤等通过吃药或打针等短期治疗即可痊愈的小病时，您会倾向于选择的医疗点是：_____（单选）

①村/社区的 ②乡镇的 ③区里的 ④市里的 ⑤其他

D4. 当您遇到需要住院或手术治疗的较重大的疾病时，您会倾向于选择哪类医疗点？_____（单选）

①村或社区卫生室 ②乡镇卫生院 ③区中心医院 ④市里的大医院(三甲) ⑤其他

D5. 您家里有子女或孙辈在上学吗？_____（单选，如果有多个子女或孙辈,选择其中最年幼的一个作答）

①有 ②没有

D5.1 如果有,目前教育阶段是？_____（单选）

①学前教育(托儿所/幼儿园) ②小学 ③初中 ④高中 ⑤大学及以上

D5.2 如果有,接受教育的地点是？_____（单选）

①本村/社区 ②本乡镇/街道 ③本区范围内其他街镇 ④中心城区或其他区的新城 ⑤本市其他区 ⑥外省 ⑦海外

D6. 假如您的家人在城市打工失业了,您的第一反应最可能是？_____（单选）

①紧张 ②无所谓(跳答D7)

D7. 假如您的家人在城市打工失业了,您的第一反应是"无所谓",

最主要原因是?_____（单选）

　　①家里有积蓄存款　②在农村有地种、有房住　③还有别的经济来源　④重新找工作并不难　⑤家人有失业保险　⑥政府总要管我的　⑦继续在城市漂着也不错　⑧以上都不是

　　D8. 您平常主要在哪里买东西（包括生活日用品、农副食品等）?_____（单选）

　　①本村　②本镇政府所在镇区　③附近集镇（非本镇政府所在地）　④区政府所在城区　⑤其他区或市区　⑥其他（网购等）

　　D9. 您平时主要通过什么方式买东西?_____（限选三项）

　　①步行　②骑行（自行车或助动车）　③乘坐公共交通　④自驾出行　⑤通过饿了么或美团等外卖跑腿服务　⑥网购等快递物流

　　D10. 您觉得平时拿取快递方便吗?_____（单选）

　　①很方便　②比较方便　③一般　④不方便　⑤很不方便

　　D11. 您认为当前快递进村存在哪些问题?_____（限选三项）

　　①网点距家门远　②网点少　③快递人员服务态度不好　④物流速度慢　⑤快递服务收费高

　　D12. 本村目前有哪些文化娱乐、体育活动设施或活动场所?_____（多选）

　　①健身器材、游戏场地　②娱乐活动室　③多功能运动场（广场舞、篮球、羽毛球、足球等）　④专门的健身步道　⑤综合文化活动室,包含文艺演出、展览、电影放映、图书阅览等功能　⑥桌球、乒乓球、舞蹈教室等室内健身室　⑦其他

　　D13. 您觉得目前村里最需要增加或完善的文化娱乐、体育活动设施或活动场所有哪些?_____（限选三项）

　　①健身器材、游戏场地　②娱乐活动室　③多功能运动场（广场舞、篮球、羽毛球、足球等）　④专门的健身步道　⑤综合文化活动室,包含文艺演出、展览、电影放映、图书阅览等功能　⑥桌球、乒乓球、舞蹈教室

等室内健身室　⑦其他

D14. 您觉得村内道路总体状况怎么样？_____（单选）

①很好　②较好　③一般　④不好　⑤很差

D15. 您觉得村里能满足村民的日常停车需求吗？_____（单选）

①能　②基本能　③不能

D16. 您觉得在农村引入智慧化服务设施（智慧安防、智慧养老、智慧村务）是否有必要？_____（单选）

①很有必要　②必要　③一般　④没必要　⑤很没必要

E. 农村养老

E1. 您对目前的农村养老服务满意吗？_____（单选）

①很满意　②比较满意　③一般　④不太满意　⑤很不满意

E2. 您认为当前农村在养老服务方面主要的问题是什么？_____（限选三项，如果上一题选择④或⑤，跳答本题）。

①养老金少　②医疗条件差　③老年病医疗报销太少　④为老服务内容不全面，比如缺乏为老助餐、长者看护服务　⑤居村为老服务在老人中的覆盖面不够普遍　⑥缺少社区日间照料场所（如长者照料之家等）　⑦服务人员的素质不够高　⑧适合老年人活动的文化体育娱乐场所不足　⑨其他

E3. 您自己或家里的老人采取的是哪一种养老方式？_____（单选）

①在农村家里养老　②跟随子女进城养老　③社区互助式养老　④机构养老　⑤其他

E4. 如果您选择在农村养老，主要原因是什么？_____（限选三项）

①农村消费低　②自然环境好　③熟人多　④自己有地种，能养活自己　⑤自己有房子住，不用看子女脸色　⑥只能在农村养老，其他地方去不了

E5. 您觉得在农村养老最需要保障的条件是什么?_____(限选三项)

①老人有地种有房住　②政府给更多的养老钱　③报销更多的看病费用　④教育子女孝顺老人　⑤有人照料生活起居　⑥有集中养老的地方

E6. 您对自己的养老问题是否有担忧?_____(单选)

①是　②否

E7. 您主要担心哪些养老问题?_____(多选)

①不能再干活养活自己　②生病后看病难　③身边没人照顾　④没地方养老　⑤子女不孝顺受欺负　⑥其他_____

E8. 本村老人在农村养老方面可以享受到哪些服务?_____(多选)

①助餐服务　②医疗服务　③康复服务　④生活照料服务　⑤文化娱乐服务　⑥其他

F. 土地利用

F1. 您家一共有_____亩承包地?共有_____分自留地?目前您家直接经营的土地共有_____亩。_____(填空)

F2. 您家的承包地是否存在撂荒的情况?_____(单选)

①是(跳答 F3)　②否

F3. 如果存在撂荒,撂荒的面积是:_____(单选)

①1 亩以下　②1~5 亩　③6~10 亩　④10 亩以上

F4. 您家的承包地是否参与流转?_____(单选)

①是　②否

F5. 2029 年左右第二轮土地承包到期后,您家的承包地是否愿意继续参与流转?_____(单选)

①是　②否

F6. 您本人或家人有没有意愿承包土地从事经营?_____(单

选)

①有意愿　②有意愿但是没有条件　③没有意愿

F7. 您认为承包地流转存在的主要问题是?_____(多选)

①流转费较低　②流转费发放不及时　③流转程序不公平　④合同不规范　⑤企业或大户存在层层转包现象　⑥经营者不懂农业,产量低　⑦普通农户没有充分参与　⑧土地利用率低,存在部分抛荒　⑨经营权不稳定　⑩其他_____

F8. 您认为每亩承包地流转的合理价格是?_____(单选)

①1 000 元及以下　②1 001~1 200 元　③1 201~1 500 元④1 500 元及以上

(讨论:这一题是否有必要? 价格与经营的种类有关。或者可以问,您对自己家承包的流转价格是否满意。)

F9. 对于流转后土地的经营权的稳定程度,您的评价是:_____(单选)

①很不稳定　②不太稳定　③一般　④比较稳定　⑤很稳定

(说明:中央农办的报告中有这一题,它问的是转入农户,我们可以根据 F1 判断他是否转入农户)

F10. 您家有几处宅基地?_____

①一处　②两处　③三处

F11. 您家的宅基地面积为多少?_____

①100 平方米以下　②101~150 平方米　③151~200 平方米④201~250 平方米　⑤251~300 平方米　⑥301~350 平方米　⑦350平方米以上

F12. 您对村里原来的企业用地利用现状是否满意?_____(单选)

①满意　②基本满意　③不满意(跳答 F12)

(说明:村里原来的企业用地即村里的集体建设用地)

F13. 如果您对村里原来的企业用地利用现状不满意,主要原因是?
_____(多选)

①普通村民没有参与　②流转开发程序没有做到公开透明　③没有得到充分开发利用　④经济收益低　⑤利益分配机制不合理　⑥政策限制太紧,如使用权难以入市　⑦不容易找到合适的经营方　⑧其他

四、农村生态环境大调研问卷

(一)身份信息

1. 您所在的区:_____镇:_____村:_____

2. 您的性别:_____

①男　②女

3. 您的年龄:_____

①16—25 岁　②26—35 岁　③36—45 岁　④46—55 岁　⑤56—65 岁　⑥65 岁以上

4. 您的学历:_____

①小学及以下　②初中　③中专高中　④大专　⑤本科　⑥研究生

5. 您的身份:_____

①村干部　②村民　③来沪人员　④外来游客

6. 您的常住地:_____

①城镇地区　②农村地区

7. 户籍性质:_____

①本地城镇户口　②本地农村户口　③外地城镇户口　④外地农村户口

(二)农村生态环境状况

8. 您觉得本村环境(居住环境)好不好?　_____

①好　②还行　③不好

9. 过去几年中,您认为本村环境是不是变好了? _____

①变好很多　②变好一些　③没啥变化　④变差一些　⑤变差很多　⑥不清楚

10. 根据您观察,所在村还有哪些问题? _____(可多选)

①河道水不干净　②垃圾乱扔　③洗衣/洗菜等生活污水乱倒　④公厕脏　⑤村庄不美丽　⑥其他

11. 您认为周边河道有哪些问题? _____(可多选)

①河道黑臭　②河水不清　③河道及岸边有垃圾　④其他 _____　⑤无以上问题

12. 您认为造成河道水环境问题的主要原因是什么? _____(可多选)

①河水不流动　②河岸两边没有树木和草皮　③生活污水　④乱扔垃圾　⑤农田施肥　⑥养鱼养虾、养鸡养鸭　⑦其他

13. 您认为农村垃圾还存在哪些问题? _____(可多选)

①垃圾乱扔②垃圾箱不够　③没有及时运走　④农膜乱丢　⑤其他　⑥无以上问题

14. 您认为农村生活污水处理还存在哪些问题? _____(可多选)

①没有污水管道　②收集管网坏了　③村民不用污水管道,自己乱倒　④其他　⑤无以上问题

15. 您觉得家里厕所好用吗? _____

①好　②还行　③不好

16. 您认为家里厕所还存在什么问题? _____(可多选)

①设计不合理　②厕屋有臭味　③冲水不方便　④排水不畅　⑤粪污清掏不方便　⑥粪污清掏费用高　⑦化粪池容积偏小　⑧缺少维修服务　⑨其他

(三)公共基础设施管护意愿

17. 您认为村内马路、绿化、路灯、公厕、污水站等设施管护好不好?_____

①很好　②还可以　③较差　④很差　⑤不了解情况

五、乡村文化发展大调研问卷

基本信息

1. 您所在的区－镇－村是:(国家卷)_____

2. 您的性别是:(国家卷)_____

①男　②女

3. 您的出生年份是:(国家卷)_____

4. 您的学历是:(国家卷)_____

①小学及以下　②初中　③高中/中专　④大专　⑤本科　⑥研究生

5. 您的身份是:(国家卷)_____

①村民　②村干部　③乡镇干部　④其他(请注明)

6. 您的常住地是:(国家卷)_____

①城镇地区　②农村地区

7. 您的户籍性质是:(国家卷)_____

①城镇户口　②本市农村户口　③非本市农村户口

8. 您目前生育了几个孩子:(上海卷)_____

①1 个　②2 个　③3 个及以上　④未生育

9.2022 年,您的工作状况是:(上海卷)_____

①只是务农　②以务农为主,同时也从事非农工作　③以非农工作为主,同时也务农　④只从事非农工作　⑤没有工作(离退休或丧失劳动能力等)

10.2022 年,您个人的税后总收入大约是:(上海卷)_____

①2 万元以下　②20 000～40 000 元　③40 001～60 000 元
④60 001～80 000 元　⑤80 001～120 000 元　⑥120 001～200 000 元
⑦20 万元以上

基本文化设施需要

11. 您最常去的乡村文化场所有:(国家卷)_____(可多选)
①文化活动广场　②老年活动室　③图书馆/农家书屋　④道德讲堂/文化礼堂　⑤祠堂/家风家训馆　⑥乡村博物馆/村史馆　⑦乡村体育场所　⑧其他(请注明)　⑨以上都很少去

12. 您觉得乡村文化场所满足您需求的程度如何:(国家卷)_____

①完全能满足　②基本能满足　③不太能满足　④完全不能满足

13. 如果您觉得乡村文化场所不能满足您的需求,原因是:(国家卷)_____(可多选)
①缺乏吸引力(形式单一、内容陈旧)　②路途较远　③开放时间少　④不了解情况　⑤工作忙,没时间去　⑥其他(请注明)

多样性文化生活需要

14. 您闲暇时的主要文化休闲活动有:(国家卷)_____(可多选)
①朋友聚会、聊天等社交活动　②刷手机　③看电视电影听广播　④打牌、打麻将等棋牌活动　⑤打游戏　⑥逛街　⑦打球等体育健身活动　⑧唱歌跳舞等文艺活动　⑨养花种草　⑩读书看报纸　⑪散步、骑行、露营等户外休闲　⑫看展览、演出等　⑬旅游　⑭宗教活动　⑮其他(请注明)

15. 您对自身的闲暇生活安排,最看重的是:(上海卷)_____(可多选,但最多选三项)
①休息放松　②陪伴家人　③和朋友交往增进友谊　④满足或发展兴趣爱好　⑤锻炼身体　⑥延续本职工作　⑦加强学习,提升自我　⑧赚更多外快　⑨更好地打扮自己　⑩获得新的体验　⑪静心考虑一

些问题　⑫无所谓　⑬其他(请注明)

16. 您最喜欢参与的文化活动有:(国家卷)_____(可多选)

①广场舞等歌舞活动　②篮球、羽毛球、乒乓球等体育活动　③话剧、音乐会、演唱会等文艺演出　④电影、电视剧等观赏　⑤包饺子、粽子等美食制作　⑥书法、绘画等书画活动　⑦赛龙舟、舞狮等民俗活动　⑧唱剪纸等传统手工　⑨亲子活动　⑩公益志愿者服务　⑪博物馆、艺术馆等展览　⑫课程、讲座等教育活动　⑬读书会等学习活动　⑭其他(请注明):_____　⑮不喜欢参与文化活动

17. 您不喜欢参与文化活动的原因是什么:(上海卷)_____(可多选,但最多选三项)

①费用太高　②文化活动品质不高　③文化设施质量不高　④文化设施管理维护不到位　⑤来回交通不方便　⑥买不到票　⑦没有时间⑧这些东西电视里也能看到,没有必要去现场　⑨没有人陪　⑩看(听)不懂　⑪其他(请注明)

18. 您平时经常参加谁组织的文化活动:(上海卷)_____(可多选,但最多选三项)

①政府或村镇组织的　②单位组织的　③同学、同乡或战友组织的　④文邻居组织的　⑤俱乐部或者社团组织的　⑥家人或亲友组织的　⑦有共同爱好和兴趣的人组织的　⑧自己去　⑨其他(请注明)⑩从没有参加过

19. 您喜欢的文化传播形式有:(国家卷)_____(可多选)

①手机微信/微博等网络新媒体　②电视广播　③报纸/杂志等传统媒体　④图书(纸质/电子版)　⑤村居干部在大会上讲　⑥专家到本地宣讲　⑦道德模范宣讲　⑧其他(请注明):

20. 您认为本村的文化发展在哪些方面还需要改进:(上海卷)_____(可多选)

①增加文化场所的数量　②提升文化场所的质量　③丰富文化场

所的类型 ④增加文化活动的次数 ⑤提高文化活动的多样性 ⑥提升文化活动的趣味性 ⑦增加文化发展的专项资金 ⑧引入专业的文化社团 ⑨设立专门的文化组织 ⑩设立专门的文化组织

提升性文化生活需要

21. 您平均每月用于休闲娱乐的费用大约是:(上海卷)_____

①200元以下 ②200～500元 ③501～1 000元 ④1 001～2 000元 ⑤2 001～3 000元 ⑥3 000元以上

22. 您比较重视哪些节日:(上海卷)_____(可多选,但最多选五项)

①春节 ②清明节 ③端午节 ④中秋节 ⑤元宵节 ⑥重阳节(敬老节) ⑦七夕(乞巧节)⑧元旦 ⑨国庆节 ⑩劳动节 ⑪建党节 ⑫妇女节 ⑬母亲节 ⑭父亲节 ⑮儿童节 ⑯万圣节 ⑰圣诞节 ⑱感恩节 ⑲情人节 ⑳复活节 ㉑其他(请注明)

23. 您对目前乡村文化发展的整体满意度如何:(上海卷)_____

①非常满意 ②比较满意 ③一般 ④不太满意 ⑤非常不满意

24. 您认为文化休闲活动对自己的重要程度如何:(上海卷)_____

①非常重要 ②比较重要 ③一般 ④不太重要 ⑤完全不重要 ⑥说不清

25. 您对下列观点的看法是:(上海卷)(在栏中数字上打钩)

	赞同	不赞同	无所谓	说不清
男人应该以事业为主,女人应该以家庭为主	1	2	3	4
为了传宗接代,至少要生一个孩子	1	2	3	4
送长辈去养老院是不孝顺的表现	1	2	3	4
如果孩子大龄未婚,我也可以接受	1	2	3	4
高价彩礼有一定的合理性	1	2	3	4
支持土葬改为火葬	1	2	3	4

26. 您最关注哪类国家政策：(上海卷)＿＿＿＿(可多选,但最多选三项)

①农业经济政策　②劳动就业政策　③社会保障政策　④公共教育政策　⑤医疗卫生政策　⑥人口生育政策　⑦住房政策　⑧文化发展政策　⑨环境保护政策　⑩基础设施建设与城乡规划政策　⑪乡村治理与社会服务改革政策　⑫其他(请注明　　　　)

27. 您了解国家政策的途径主要有哪些：(上海卷)＿＿＿＿(可多选,但最多选三项)

①看电视听广播　②看报纸、杂志　③看社交媒体(包括抖音、微博、微信等)　④看宣传栏、公告栏　⑤日常聊天　⑥乡镇或村干部上门宣讲　⑦村民大会　⑧听报告或讲座　⑨其他(请注明)

六、乡村治理能力大调研问卷

[基本信息]

1. 您所在的地区是：＿＿＿＿区＿＿＿＿镇＿＿＿＿村＿＿＿＿组

2. 您的性别：＿＿＿＿

①男　②女

3. 您的年龄段：＿＿＿＿

①16—25 岁　②26—35 岁　③36—45 岁　④46—55 岁　⑤56—65 岁　⑥66 岁以上

4. 您的文化程度：＿＿＿＿

①小学及以下　②初中　③中专/高中　④大专　⑤本科及以上

5. 是否为本村户籍村民：＿＿＿＿

①是　②否,户籍为本市　③否,户籍非本市

6. 您的身份是：＿＿＿＿

①村干部(包括村"两委"干部、条线干部、网格长、村民小组长、党小

组长及妇女小组长/代表等) ②经营主体或社会组织负责人(包括企业、农民合作社、家庭农场、农村文化团体等)(显示12,17) ③经营主体或社会组织成员 ④村民 ⑤其他_____

7. 您日常居住在哪里:_____

①本村 ②其他村 ③城镇区域

[党建引领]

8. 您认为村级党组织在哪些事项中发挥了作用? _____(可多选)

①开展村庄基础设施建设 ②改善农村人居环境 ③加强农村精神文明建设 ④发放国家惠农补贴 ⑤提高农民收入水平 ⑥争取上级部门资金支持

9. 您认为本村党员是否发挥了先锋模范带头作用? _____

①全村党员基本都发挥了先锋带头作用 ②大部分党员发挥了带头作用,个别没有 ③有少数党员发挥,大部分没有发挥 ④全村党员基本都没发挥带头作用

10. 您认为村两委班子(村级党组织、村民委员会)年龄结构合理吗? _____

①很合理 ②合理 ③不合理 ④很不合理

11. 您认为村干部在遵守党纪党规、公正清廉方面做得好吗? _____

①很好 ②比较好 ③一般 ④不好

12. [仅经营主体或社会组织负责人填报]您所在经营主体或社会组织是否成立了党组织,或有村级党组织参与、关心指导工作? _____

①是 ②否

[自治有序]

13. 您是否了解和参加过村里的各类议事决策活动?(如依托村民会议、村民代表大会、村民议事会、村民理事会、村民监事会等开展村民

说事、民情恳谈、百姓议事、妇女议事等活动)＿＿＿＿＿＿＿＿

①了解,参加过　②了解但没参加过　③不了解

14. 您认为通过召开村民(代表)会议、村民小组会议、村民小组理事会等各类民主决策和协商制度能否有效解决村中事务?＿＿＿＿＿＿＿＿

①效果显著　②比较有效　③不太有效　④没有效果

15. 您是否参加过村里的一些服务与管理工作?(如参与文明实践、志愿服务、村庄清洁、公共服务活动等)＿＿＿＿＿＿＿＿

①经常参加　②偶尔参加　③没有参加

16. 您希望村内进一步加强哪些自治方面的工作?＿＿＿＿＿＿＿＿(可多选,最多选 2 项)

①及时公开村内的党务、村务、财务情况。

②完善并用好村规民约,充分发挥约束作用。

③充分发动本村村民、外来人员、经营主体、社会组织等不同群体的力量参与村级公共事务。

④畅通村民监督和反映问题的渠道。

⑤其他:＿＿＿＿＿＿＿＿

17. [仅经营主体和社会组织负责人填报]您所在经营主体或社会组织是否参与村内长效管理或公共服务(包括资金投入、人力投入或技术支持等)?＿＿＿＿＿＿＿＿

①是　②否

[法治保障]

18. 村内如果发生了矛盾冲突,是否可以在村里就能直接调解处理好?＿＿＿＿＿＿＿＿

①完全可以　②有时可以　③基本不可以④不清楚

19. 您遇到矛盾纠纷的优先处理方式是?＿＿＿＿＿＿＿＿

①找村干部反映情况　②找老党员、老干部、老教师等村内威望高的调解　③找法律顾问进行咨询　④到乡镇政府、区政府上访

20. 您觉得村庄中对村民约束力最大的是哪一项？＿＿＿＿＿

①村规民约　②法律约束　③扣减集体福利　④闲言碎语

21. 您希望村内进一步加强哪些法律服务？＿＿＿＿＿（可多选，最多选2项）

①法治内容宣传，如观看普法宣传栏、宣传片，参加普法培训等。

②乡村法律顾问提供法律咨询、援助。

③公证、司法鉴定等法律服务。

④其他＿＿＿＿＿

22. 您认为本村在平安乡村建设中有哪些方面需要进一步加强？

＿＿＿＿＿

①提升村内治安情况。

②加强村内应对自然灾害或突发公共卫生事件的能力（如台风、疫情等）。

③加强对村内外来流动人口和出租房的规范管理。

④其他：＿＿＿＿＿

[德治润化]

23. 您认为农村最亟待改变的不良风气是：＿＿＿＿＿（可多选）

①婚嫁彩礼高　②宴席铺张浪费　③人情份子钱太严重　④离婚太随意　⑤没有不良风气　⑥丧葬活动攀比　⑦赌博成风　⑧儿女不孝敬老人　⑨封建迷信　⑩重男轻女严重

24. 您认为制止农村不良风气最有效的措施是：＿＿＿＿＿（可多选）

①政府颁布监管处罚条例　②政府出台文件引导　③多组织开展健康文娱活动　④制定村规民约

25. 您认为由谁来引导改善农村不良风气最有效？＿＿＿＿＿

①区政府　②乡镇政府　③村干部　④德高望重的村民

26. 您认为村内文化体育活动是否能满足您的需求？＿＿＿＿＿

①能够充分满足　②能够满足大多数需求　③一般　④不能满足

⑤没有需求不评价

[**数字化赋能**]

27. 您认为村内数字化平台或设施(如与村级事务、便民服务相关的 APP、小程序、微信群、网站、公众号、智慧柜员机等)是否方便使用?_____

①方便　②不方便　③没用过,不清楚

28. 您希望村内进一步加强哪些数字化方面的工作?_____(可多选,最多选 3 项)

①加强手机应用等数字化设备的培训。

②提供远程医疗、在线挂号、健康管理等智慧养老和医疗服务。

③开展线上网络文化活动,包括线上讲座、文化课堂等。

④提供线上法律咨询、援助、视频调解等服务。

⑤提供线上就业帮扶和就业培训等服务。

⑥对村民意见进行网上征求和在线互动。

⑦通过数字化平台公开党务、村务和财务。

⑧运用信息化手段开展自然灾害与突发公共卫生事件预警与应对等。

⑨增设监控等设备,保障村内治安稳定,防止交通事故、垃圾乱堆乱放现象发生。

⑩其他_____

[**网格化管理**]

29. 网格长(或村民小组长)与您联系或提供服务的情况?_____

①经常联系或提供服务　②较少联系或提供服务　③没有联系或提供服务

30. 您认为当前本村网格化管理存在哪些问题?_____(可多选,最多选 2 项)

①网格工作力量不够,办事情找不到人　②村里缺乏统一的网格员管理办法　③网格化治理理念不够深入　④村民参与性不高　⑤网格划分不科学　⑥网格员队伍文化水平不高,年龄偏大　⑦其他＿＿＿＿＿＿＿

31. 您认为网格化管理在乡村治理的哪些方面发挥了作用?＿＿＿＿＿＿＿(可多选,最多选 3 项)

①卫生环保　②养老服务(包括看病、就医、助餐等)　③治安防控④开展文体活动　⑤宣传政策　⑥调解矛盾纠纷　⑦收集社情民意⑧其他:＿＿＿＿＿＿＿

[精细化服务]

32. 您觉得村里住着是否舒适、方便?(环境是否干净整洁有序,公共服务设施是否满足日常需求)＿＿＿＿＿＿＿

①非常好　②比较好　③一般　④存在一定问题＿＿＿＿＿＿＿

33. 您希望村里进一步加强哪些公共服务方面的工作?＿＿＿＿＿＿＿(可多选,最多选 2 项)

①提高村内养老保障,如为村内老年人提供助餐、配药、看病等。

②为村民提供文化活动中心、老年活动室等必要的交流活动场所。

③多关心帮助农村儿童、妇女、残疾人等。

④为村民提供就业/产业的帮扶和培训。

⑤做好村容村貌和基础设施的管护。

⑥其他＿＿＿＿＿＿＿

34. 您对于村内提供的便民服务是否满意?＿＿＿＿＿＿＿

①非常满意　②比较满意　③一般　④不满意

[其他]

35. 您认为目前乡村治理需要强化哪一主体发挥作用?＿＿＿＿＿＿＿(多选,最多选 3 项)

①镇党委和政府　②村党组织和村委会　③社会组织　④企业、合作社等经营主体　⑤乡贤　⑥村民　⑦其他:＿＿＿＿＿＿＿

36. 您认为乡村治理中哪一项工作最重要? ＿＿＿＿

①选举村干部

②参与村庄公共事务决策

③建立理事会、老年协会等社会组织

④监督工程项目资金使用

37. 您对于所在地区的治理工作总体是否满意? ＿＿＿＿

①非常满意　②比较满意　③一般　④不满意

（注:从 2023 年 2 月起,市农业农村委组织开展上海市百村万户大调研,围绕乡村产业、乡村治理等六个领域进行解剖麻雀式调研,走访 9 个郊区 61 个镇 209 个村,发放问卷 10 399 份,突出问计于民、问需于民,发现真问题,真解决问题。本文为总课题报告的主要内容,本人和张晨为总报告执笔人。调研报告得到了中央农办和市委、市政府领导的充分肯定。）

26 清美集团做足"鲜"字文章助力乡村振兴

做足"鲜"的品质,是上海发展都市现代绿色农业的最大优势。清美集团作为国家重点农业龙头企业,深耕上海辐射全国,数十年如一日在"鲜"字上做文章,着力打造三产融合的绿色食品全产业链,集源头研发、现代农业、产品加工、冷链物流、市场销售、餐饮服务于一体,积极参与"菜篮子"工程和早餐工程,年销售额达 120 亿元,筑牢了乡村振兴的产业基石。

一、坚守初心,树立鲜明的发展理念

清美集团成立于 1998 年,由制作豆制品起家,到现今产品涵盖豆制品、面制品、蔬果、禽蛋、肉类、方便食品、轻食、粮油等 16 大类,日产各类鲜食产品超 5 000 吨,已成为市民餐桌上的"心头好"。25 年来,清美集团坚守企业初心,始终秉持"安全、好吃、不贵"的发展理念,建设自有生产基地和销售网络,在农业种植、生产加工、品牌包装、冷链物流各环节严格管控品质,确保种好每一颗上海菜,育好每一粒上海米,服务每一位上海人,使"清美"成为中国驰名商标,并获得全国农产品加工示范企业、上海市高新技术企业等多项荣誉。

目前,清美集团通过打造自建、共享、共建、联建四大合作模式,在上海和全国分别建设了 7 000 亩高标准蔬菜种植基地和 50 万亩农业生产基地,并以工业化的思维经营农业,通过产品标准化、流程标准化和作业标准化,将企业打造成为产业链集成商,保障了生鲜农产品供应的稳定、低成本与快速,实现了"五最":即全球最大的生鲜豆制品加工基地,全国最大的预制早餐生产基地,全国最大的生鲜食品加工基地,全市最多的直营连锁门店,全市最大的冷链物流车队。

二、创新进取,供应鲜美的绿色产品

产品品质是企业的立身之本,清美集团坚持创新引领,确保每一款产品新鲜味美。

用科技增能。与市农科院、交通大学等 20 多家科研院所合作,成立农业产业研究院、食品设计研究院、高标准现代化实验室、创新设计中心、上海市企业技术中心,用食品工业标准化体系建设农业,打造植物工厂。同时,注重突破种源核心技术,培育具有自主知识产权的品种 30 余项,并结合地理纬度分布培育 5 类绿叶菜种源,在云南、甘肃、青海等地实现品种和技术输出,让市民"吃菜跟着纬度走",一年四季尝时鲜。

用数字增效。建设数字化无人水稻种植基地,利用边缘计算技术实现病虫害诊断和叶面积指数识别,通过水稻全生育期农情智能检测为用药用肥做决策,较常规水稻生产每亩可减少 32% 的化肥和 40% 的农药用量。目前,清美数字化无人水稻种植集体入选 2022 年国家人工智能创新应用先导区"智赋百景",每亩水稻利润率达 33.3%。此外,清美集团还实现了绿叶菜全程数字化、机械化生产,鸡毛菜种植效率提升 25 倍,亩均产值 8 万元(最高可达 12 万元),一对夫妻可管理 50 亩地,年净收入达 32 万元。

用冷链增鲜。生产环节,做到蔬菜采收半小时内进冷库存放,通过两小时降温将表面温度控制在 3~5℃,使蔬菜充分保持最佳新鲜度;包装车间建有冷链流水线 300 多条,温度控制在 15℃,减少蔬菜代谢品质损耗。流通环节,组建 500 辆的自营冷链车队,对配送路线、配送时间、车内温度全面实时掌控,确保半径 500 公里内鲜食配送,实现了"从工厂到市场"的冷链无缝对接各销售终端。

三、深耕市场,构建鲜活的商业模式

清美集团利用自身产品和渠道优势,迎合当下市民日常生活和购物消费的趋势潮流,不断创新经营体系,以五种商业模式构建五大终端品牌,向市场供应鲜美农产品。

"清美鲜家"主打生鲜便利店模式,以每10亩生产基地供应一家门店为规模,以每家门店服务周边300米约2 000户社区居民为半径,在全市开设了900余家门店,"卖点"实现了从豆制品、早餐包向蔬菜、奶制品等多元化销售的转变。

"清美鲜达"主打B2B直配模式,依托自身强大的中央工厂定制加工能力,采用冷链物流、热链物流、限时配送等灵活方式,为长三角地区30 000多家学校食堂、酒店餐饮、企事业机关等客户提供新鲜食材和日杂百货直送服务。

"清美云集"主打OMO体验店模式,打造新一代数字化智慧菜场,采用店仓一体化线上线下融合运营,实现线上预定、线下提货,线下体验、线上购买等灵活高效的购物服务,周边3公里下单后30分钟即可送货到家,全面提升顾客的购物体验。

"清美味道"主打社区食堂模式,依托自身强大的中央厨房加工能力和标准化管理能力,实现前中后台一体化管理,经营早、中、晚餐,以多品类快捷餐饮业态为市民提供全天候、高品质、超快捷的饮食服务和消费体验,助力养老型社区发展。

"清美鲜到"主打社区前置仓模式,自建骑手团队,为用户提供生鲜外卖,APP下单后最快28分钟送到,满足市民线上生鲜采购需求。

四、回馈乡邻,担起鲜亮的社会责任

清美集团立足自身全产业链的发展优势,主动承担社会责任,带动农民就业增收,为我市实施乡村振兴战略和开展东西部协作作出贡献。

参与创建乡村振兴示范村。2020 年起,清美集团先后参与了浦东新区 4 个乡村振兴示范村的创建工作,在资金、项目等方面持续投入,助力村民实现"生活富裕",成为社会资本参与乡村振兴的典型。例如,清美集团投资 4 300 万元在宣桥镇腰路村建设蔬菜产业化联合体、为老服务中心、人才公寓、社区便利店等项目,创造了 200 个就业岗位,使村集体经济年增收 242 万元,农民年累计增收 1 208 多万元。

勇挑东西部协作社会责任。清美集团利用其遍布全国,特别是西北、西南、东北地区基地的优势,每年面向各地采购农产品 20 亿元,为当地提供了 1 万多个就业岗位,带动 2 万多农民增收致富。同时,积极推进与上海对口支援地区的劳务协作,从云南、贵州、四川、甘肃等偏远地区招募 876 名员工到上海总部就业,使 900 多个家庭的年收入超过 30 万元。

未来 5 年,清美集团计划在全市开设 4 000 家经营门店,立足农业打造富有竞争力的产业链,带动链上的不同主体、合作伙伴"鲜花竞放"。为使这朵"鲜花"开得更加艳丽、持久,政府部门应进一步加大支持力度:硬件上,需要在设施农用地配备、数字智能装置应用等领域予以倾斜;软件上,需要生产、流通、销售各环节的监管部门和属地政府共同合作,提供良好的营商环境,让优秀企业共享超大城市乡村振兴的硕果。

(2023 年 6 月)

(注:调研报告得到市委主要领导的肯定性批示,参加本调研报告起草的还有顾海英、王常伟、张晨、楼建丽、张孝宇等。)

27 松江区十五年持续发展家庭农场情况的调研报告

从 2007 年起，上海市松江区在全国率先创办粮食生产家庭农场，为破解"谁来种田、怎样种田"的难题进行了有益探索。十五年来，松江区家庭农场日臻完善。目前，全区发展家庭农场 819 户，经营总面积 13.4 万亩（户均 163 亩），占粮食生产面积的 89％，户均年收入达到 17.02 万元。十五年来，松江区坚持"家庭经营、规模适度、一业为主、集约生产"的取向，实现了产品绿色、产出高效、产业融合、资源节约、环境友好的目标要求，稳定了种粮队伍，"三率一力"（土地产出率、劳动生产率、资源利用率和品牌影响力）连续多年稳居上海第一，乡村振兴考核连续三年获得全市第一，成功探索了超大城市既稳定粮食生产又促进农民增收的有效路径，走出了国际大都市城乡融合发展背景下的农业现代化发展之路。

一、基本情况

调研显示，松江区 819 名家庭农场主中，平均年龄为 48.9 岁，较全市面上务农劳动力平均年龄年轻 10 岁。从文化程度看，约 25％的家庭农场主具有中专及以上学历，其中不乏本科生和研究生（表 1），务农劳动力素质高，名列全市前茅。从事家庭农场经营种地已成为"体面的职业"。调研显示，家庭农场主未来继续种粮的意愿高达 88.9％，高出全国 17 个百分点。

表 1　　　　　　　　　　松江区家庭农场主学历结构表

学历	小学	初中	中专	高中	职高	大专	本科	硕士
占比	5.98%	69.23%	7.45%	9.52%	0.73%	6.35%	0.61%	0.12%

调研显示,松江区现有耕地 23.25 万亩,其中粮田面积 15.17 万亩,是上海粮食的主产区,2021 年被农业农村部授予"全国粮食生产先进集体"称号,2022 年粮食产量 8.68 万吨,亩均产量达 572.2 公斤(表 2),土地产出率高,连续四年位居全市第一。

表 2　　　　　　　　2022 年各涉农区粮食单产情况表(公斤/亩)

松江	嘉定	奉贤	宝山	闵行	金山	崇明	青浦	浦东
572.2	561.4	556.4	550.5	541.7	534.6	530.7	529.6	489.6

调研显示,通过发展家庭农场,松江区实现了农业适度规模经营,第一产业从业人员从 2018 年的 1.21 万人减少到 2022 年的 0.45 万人,劳动生产率高,达 11.96 万元/人,第一产业劳均产值达 40.71 万元,均位居全市第一,分别提高了 2.15 倍和 2.91 倍。受益于生产效率的提高,家庭农场从单一的粮食生产型逐步拓展出种养结合型、机农结合型、三位一体型等多种类型,务农收入也水涨船高(表 3)。

表 3　　　　　　　2022 年松江区各家庭农场户均收入情况表(万元)

粮食生产型	种养结合型	机农结合型	三位一体型
17.02	29.42	46.24	59.37

调研显示,通过发展家庭农场,松江区实现了农业的绿色生态循环可持续发展,化肥施用量(折纯)逐年减少,从 2018 年的 5 840 吨下降到 2022 年的 4 771 吨(图 1)。2022 年,全区秸秆综合利用率达 99.7%(全市平均 98%),畜禽粪污资源化利用率达 99.2%(全市平均 98.5%),土壤有机质平均含量 44.9 克/千克(全市平均 29.6 克/千克),资源利用率高,地产农产品绿色食品认证率达 49.08%,连续三年位居全市第一,在

国家农业绿色发展先行区创建中,获"农业绿色发展指数"全国第一。

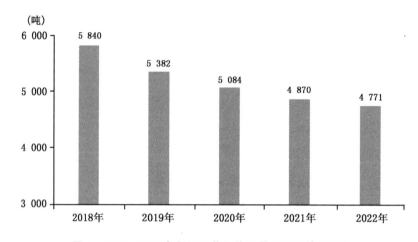

图1　2018—2022年松江区化肥施用量(折纯)情况(吨)

调研显示,通过发展家庭农场,松江区构建了水稻"产加销"全产业链体系,实现了由"卖稻谷"向"卖大米"转变,水稻良种覆盖率达100%,"松江大米"获得国家地理标志产品认证,自主选育的"松早香1号"和"松香粳1018"水稻新品种获得多项国家级和市级金奖,品牌影响力高,地产农产品品牌发展指数连续两年位居全市第一。同时,松江区也涌现了一批以李春风、沈万英等为代表的优秀家庭农场主(李春风作为全国农民代表参加新中国成立70周年天安门国庆彩车游行),成为全国农业先进典型。

二、主要做法

松江区坚持十五年如一日发展粮食生产家庭农场,土地产出率、劳动生产率、资源利用率和品牌影响力始终名列前茅,有其成功的奥秘。我们调研认为原因在于"四个注重、四个实现"。

(一)注重加强制度建设,实现机制运行高效率

一是建立农地流转制度。坚持鼓励和规范土地流转,重点平衡好土地承包农户与家庭农场经营者之间的利益关系。以"依法、自愿、有偿"为原则,推行农民承包土地委托村委会统一流转的方式,集中农民土地,实行适度规模经营,将土地交给真正有志于从事农业生产的农民经营。同时,发挥政策杠杆调节作用,将土地流转费由原本固定的 600 元/亩调整为以 500 斤稻谷实物折价,使土地流转费随粮食收购价变动,让流出土地农民和家庭农场之间的利益由市场调节。

二是建立土地适度规模经营制度。根据当地农村劳动力转移就业、土地流转水平状况来确定家庭农村土地经营规模,兼顾公平与效率,确保家庭劳动力承担的生产规模与现有生产力水平相适应。以粮食生产家庭农场为例,将其经营规模一般控制在 120～200 亩,种养结合与机农结合家庭农场根据其经营能力规模可以适当扩大。

三是建立经营者准入和退出制度。准入机制是由集体经济组织内部的农民,在自愿申请的基础上实行民主选拔、择优选择,由本村村民代表大会进行民主评定;退出机制是设定经营者的年龄限制,年满 60 岁自动退休,将土地交给年轻农户经营。同时建立考核制度,将家庭农场农业生产茬口安排、适时收种、安全用种用药、场容场貌等纳入考核范围,实行考核不合格"一票否决"淘汰机制。

(二)注重加强耕地保护,实现粮食面积高保障

一是压实党政同责。严格落实粮食安全党政同责,将生产目标分解下达各镇,明确种植面积和品种,建立粮食生产安全台账。将稳定粮食生产纳入乡村振兴考核指标,以考核"指挥棒"压实领导责任,确保粮食播种面积目标任务责任到位、措施到位、保障到位。

二是抓牢耕地保护。坚持耕地保护数量、质量两手抓。"十三五"以来,耕地面积稳定在 21.5 万亩以上,连续多年保持耕地面积小幅增长。截至 2022 年底,耕地面积达到 23.25 万亩。耕地地力定点监测结果显示,耕地质量等级从 2016 年的 2.17 等提高至 2022 年的 1.72 等。

三是明确政策导向。2019 年以来,相继出台农业保险财政补贴、家庭农场考核奖励、优质稻米产业化发展专项奖补、老年农民退地养老保障、家庭农场主社保参保补贴操作办法等近 20 项政策,有力提升了粮食生产能力。2018 年至 2022 年,平均每年补贴总额达到 1.2 亿元,亩均约 800 元。统筹整合各类粮食生产补贴,将绿肥深翻种植补贴、绿肥深翻考核奖补、水稻机直播补贴、农药补贴、农资综合补贴等 5 项补贴整合为"粮食生产环境保护补贴",补贴标准由每亩 518 元提高至 550 元,并通过二次考核的形式发放,推动粮食生产补贴由"补过程"向"补结果"转变。此外,2011 年起开展家庭农场考核奖励,通过考核可获得每亩 200 元奖励,从而调动了种粮积极性。

(三)注重提高粮食生产质量,实现保护建设高标准

一是加大投入力度。围绕现代农业经营主体培育、绿色农业发展、产业融合发展等持续加大资金扶持力度,从 2018 年起,每年投入分别由 0.98 亿元、1.39 亿元、1.42 亿元、1.45 亿元提高到 2022 年的 1.51 亿元。

二是强化基础设施。从 2008 年以来累计建成高标准粮田 13.8 万亩,涉及水利灌溉设施、机耕道、土地平整等投资达 5.1 亿元。建成日烘干能力 2 800 吨粮食烘干设施、稻米加工厂 4 家、5 000 吨低温储存仓库,粮食储存加工能力得到进一步提升。盘活存量建设用地资源,根据生产需要改建为供农机设备停放、安置使用的设施用地。2016 年以来共建设项目 32 个,总投资 3.8 亿元。

三是提升耕地质量。积极探索发展种养结合(水稻＋生猪)家庭农场模式,畜禽粪污发酵还田等资源化利用,做到用地与养地相结合。目前,共有种养结合家庭农场 91 户,占总数的 10.8%。率先推出全国首个耕地质量保险,以耕作层厚度、土壤有机质含量两项"地力水平"核心指标进行客观监管和评价,并将保险的"逆向赔付"转变为"正向激励"。目前,全区已有 577 户家庭农场投保,覆盖面积 9.3 万亩。

四是推广绿色生产。推行"一茬一养"耕地轮作休耕制度,推广测土配方、增施有机肥,加强耕地质量保护和提升。据测算,2018 年至 2022 年,耕地亩均化肥使用纯量减少 12.4％,水稻每亩减少施药 10.4％。2022 年化肥农药均比上年减少 2％。整建制推进水稻绿色认证,成功创建国家农业绿色发展先行区、全国水稻病虫害绿色防范示范县。

(四)注重提升提质增效能力,实现生产经营高水平

一是加强培训指导。每年组织经营者开展职业技能培训,并派出技术人员到家庭农场现场指导,进行全程跟踪服务。

二是发展稻米产业化联合体。积极培育"松江大米"品牌和地理标志,采取统一供种、统一服务、统一加工的方式实行标准化生产。2022 年,"松江大米"优质水稻品种种植面积达 7 万亩。着力打造"优质稻米产业化联合体",通过销售能力强的龙头企业、合作社带动普通家庭农场抱团闯市场。至 2022 年底,共组建了 14 家稻米产业化联合体,签约家庭农场 320 户,营销带动面积 3.9 万亩,联合体内家庭农场每亩增收约 360 元。

三是健全社会化服务体系。完善农资服务。建立 14 家农资超市门店,统一配送种子、农药、化肥等生产资料。开展信息服务。建立农业大数据信息平台,为所有家庭农场主配送手机,及时提供气象、植保、市场、价格等各类信息。加强农机服务。完善农机 4S 店综合服务管理系统建设,提升农机专业保养、维修、评估、处置等服务能力。

三、实践体会

松江区十五年发展家庭农场的探索与实践,是稳定粮食生产、增加农民收入、提高农业竞争力的有效途径,也是沿海经济发达地区建设现代农业的前进方向和必由之路。我们调研后认为,发展家庭农场具有十分重要的现实意义:

(一)发展家庭农场是巩固党的执政基础的现实需要

小农户是党的重要依靠力量和群众基础。以家庭承包经营为基础、统分结合的双层经营体制,是我国农村的基本经营制度,需要长期坚持并不断完善。实行农地所有权、承包权、经营权"三权分置",有利于在坚持家庭经营基础性地位的同时,进一步激发农村基本经营制度的内在活力。落实土地集体所有权,村集体经济组织根据本村实际确定土地流转和规模经营者条件,有利于实现守土有责、保护耕田、优化土地资源配置。稳定农户土地承包权属,农户通过土地流转获得稳定的流转费收益,有利于实现离土离乡,同时也能保障收益权。放活土地经营权,农场主按照合同期限经营土地,安心从事农业生产,有利于经营者稳定队伍、提高务农者素质,有效破解了"谁来种地"的难题。

(二)发展家庭农场是促进小农户和现代农业发展有机衔接的必然选择

小农户是我国农业生产的基本组织形式,家庭农场是小农户的升级版。通过发展家庭农场,松江区改变了土地一家一户分散经营方式,引入现代生产要素扶持改造小农户,将土地、劳动力、农机等生产要素适当集中,实现适度规模经营,提升了农业经营集约化、标准化、绿色化水平,实现了小农户和现代农业发展的有机衔接。家庭农场的发展,使松江区农户数量从 2007 年的 4 900 户减少到目前的 819 户,规模经营面积与当地生产力相适应,兼顾公平与效率,提高了"三率一力",从而进一步加快了农业现代化进程。

(三)发展家庭农场是实施乡村振兴战略的客观要求

发展家庭农场破解了"谁来种地""如何种地"难题,通过依靠机械化、规模化和社会化服务,大幅度提高了农业劳动生产率,有力助推了稳定粮食生产、促进农民增收和推进产业振兴。组建家庭农场后,松江区粮田由本地农民规范种植,改变了过去 1/3 粮田由外来户低水平经营的情况,通过实施绿肥、发展种养结合家庭农场等措施,对增加土壤肥力、养护农田作用明显,有效促进了农业生态环境改善。松江家庭农场发展十五年来,家庭农场经营收入从刚开始户均 4.6 万元提高到目前的

17.02万元,其中机农结合和三位一体家庭农场户均收入普遍超过40万元。发展家庭农场,取得了粮食稳产、农民增收、生态改善、耕地保护的良好成效。

(2023 年 7 月)

(注:调研报告得到市委主要领导的肯定性批示,参加本调研报告起草的还有顾海英、王常伟、陈云、张晨、楼建丽、钱伟芬、张孝宇等。)

28 上海浦东新区连民村建设乡村振兴示范村的探索与实践

连民村位于上海浦东之心,迪士尼之侧,区域面积4.62平方公里。骨干河道五纵五横交织穿梭,131条水体星罗棋布,1 737家农户依水而居。连民村是传统的江南水乡,有白墙黛瓦的建筑,有余音绕梁的丝竹,也有底蕴深厚的农耕文化。自2019年纳入上海创建乡村振兴示范村以来,经过几年的建设,连民村获评"中国十佳小康村""中国美丽休闲乡村"等荣誉,形成了"水乡花村,宿游连民"的独有特色,已成为新时代上海乡村振兴的标杆示范。连民村从以下五个方面进行了探索与实践。

一、筑牢产业基石,汇聚发展新动能

连民村坚持产业兴旺在"旺"字上有突破。近年来,连民村依托区位优势和资源禀赋,在传统农业上大胆创新,在新兴领域里积极探索,成功导入新业态,吸引了一大批年轻人创业,逐渐成为一二三产融合发展的实践平台。

引进一产龙头企业——2018年新三板十大领军企业之一"乓乓响"公司,与连民村农业合作社等共同组成生鲜产业联合体,通过提高农产品收购价、销售利润反哺等措施,让连民村经济合作社和农户更多分享产业链增值收益。

引进二产龙头企业——援疆闽龙实业,将新疆玫瑰种植基地和本土玫瑰精油生产、加工、展示、体验相结合,在连民村深入挖掘玫瑰花的高附加值开发,为乡村增色,为农民增收。

培育三产龙头企业——五星级"宿於"民宿,按照"一栋一品一故事"模式整体有序开发,在"民宿＋互联网""民宿＋合作基地""民宿＋农业合作社"三个方向齐头并进。目前,全村已建成风格别具的民宿 18 栋,带动了运动、文创、综艺等多个团队入驻,为连民村吹来了时尚风、国际范,成就了特色鲜明的"宿游村"。

二、勾勒自然肌理,凸显乡村新风貌

连民村坚持生态宜居在"宜"字上做文章。近年来,连民村在建设过程中,没有搞大拆大建,对原有生态资源进行优化提升,建设成本不高,成效则非常明显。一是落实"一管"。进一步明确农村环境综合管理事权,以清单化方式,做到责任到点项目到人,确保管理无盲区。二是实现"两增"。增绿和增彩,聚焦公共休闲场地、乡村道路、河渠堤岸、房前屋后,打造百亩玫瑰园及小花海种植、小景小品衔接等,使村庄五彩缤纷、四季有景。三是实施"三完善"。完善基础设施,完成村内"四好农村路"建设、道路"白改黑"和亮灯工程建设;完善建筑风貌,邀请浦东建筑设计院分类分析存量建筑风貌,在保持主要建筑群落风格肌理的基础上,引导新增建筑装修实施新江南风格设计,为村落再添清雅韵味;完善村容村貌,引导村民自觉开展小花园、小菜园、小果园建设,通过梳理小、杂、散农业,以石、木、垂直绿化等点缀,实现大小三园有机衔接,打造清静淡雅的田园建筑风貌。同时,充分利用水资源丰富的独特优势,增强水功能、修复水生态、营造水景观,呈现了浓郁的田园风光和大气灵秀的独特气质。

三、把握时代机遇,激发文化新活力

连民村坚持乡风文明在"文"字上有提升。连民村具有悠久的历史文化,有屹立百年的符氏老宅,也有非物质文化江南丝竹的传承团队,村域内沿道可见氨水池、渡槽、纺织机等农耕文明遗迹,乡村文脉在这里延续传承。

借力于产业优势,连民村多层次、多维度地挖掘绿色循环经济中的文化价值,开发配套书屋、主题民宿和衍生产品等,建成了集农业生产、农产品加工、农事体验、休闲观光、旅游配套等为一体的综合性、多功能、多主体的乡村文化复合生态系统。

通过整村运营公司"浦东川沙名镇文化发展有限公司",连民村充分整合与本村相关的抗日历史、传说故事等,并配合开展"最美连民人""百人全家福"等系列新时代文明实践活动,以丰富的精神内在涵养文明乡风,为现存的乡村建筑和景观赋予更深厚的底蕴和更深远的意境,进一步增加了广大村民对乡村的自豪感和归属感,由此提升了连民村文化的粘合度和影响力。

尤为称道的是,近年来,作为上海桃花节六大会场之一,连民村成功举办"寻桃之旅""古风体验""草坪音乐节"等主题活动,为游客献上"桃花大餐",还成为上海唯一入选的 2023 年全国春季"村晚"示范展示点,用一台"村晚"演出激发新时代乡村振兴的文化活力。

四、塑型铸魂并重,展现和美新魅力

连民村坚持治理有效在"效"字上有实招。近年来,连民村既注重硬件建设,也注重软件提升,发挥党建引领作用,突出农民主体地位,注重高品质服务的供给。一是发挥村民自治作用。通过村规民约和各项微制度,引导村民积极投身美丽庭院、乡村振兴示范村建设,形成乡村建设的强大内生力和聚合力。二是发挥专业运营公司作用。由镇集体经济公司整体运营村内资源,对接市场主体,吸引优质企业及新型农业经营主体入驻,通过市场化运作破解乡村振兴示范村持续发展中的资金瓶颈问题。三是发挥家门口服务中心作用。严格落实办公空间最小化、服务空间最大化,把更多的空间用在服务群众的功能性建设上,目前本村的

7 个家门口服务点已成为服务群众的功能性平台,村民礼堂为村民文体娱乐活动和老年人助餐、日托服务提供有效空间。

五、赓续奋进精神,绘就致富新图景

连民村坚持生活富裕在"富"字上有飞跃。近年来,连民村把生态环境优势转变为发展优势和增收优势,"连民人"作为连民村的主人,富了脑袋,也鼓了口袋。一是多渠道增加农民收入。大部分村民仍然留在本村,分享乡村振兴发展成果。几年来,"宿游村"的开发运营为村民累计带来房租收入 1 120 余万元,就业收入 300 余万元,农产品销售收入 270 余万元,采摘体验收入 100 余万元。村民人均收入从 2018 年的 2.58 万元增加到现如今的 5.5 万元,收入接近翻一番。二是多渠道繁荣村级经济。村集体经济通过多种形式和社会资本合作,实现互利双赢。今后,"乒乓响"预计年销售收入 5 000 多万元,按照协议,销售利润的 30% 返还给村级集体经济,销售利润的 50% 返还给经济合作社成员,力争增加农民净收入 800 万元,壮大集体经济 200 万元。"宿於"民宿也将 2% 营业额返还给村级集体。随着玫瑰工坊、格乐利雅等项目不断入驻,将导入更多客流,带来更多税收,提供更多就业岗位。三产融合激活了乡村有机体的"造血功能",也实现了农村单向输出人口到城乡双向流动的转变,为乡村增添了发展动能与生机活力。

(2023 年 9 月)

(注:调研报告得到原中央农办主任、原全国人大农业农村委主任委员陈锡文和市委、市政府领导的肯定性批示,参加本调研报告起草的还有顾海英、王常伟、陈云、楼建丽、王珏等。)

29 奉贤区发展"百村"系列公司的探索与实践

奉贤区地处远郊,共有 176 个行政村,182 个村集体经济组织。近年来,奉贤区创新搭建"百村"系列公司,不断优化工作机制,推动农村集体资产管理模式创新融合,探索出了一条具有奉贤特色的农村综合帮扶,促进农民共同富裕的新路子。据统计,"百村"系列公司自成立至今已累计分红到村 7.99 亿元。

一、基本情况

"百村公司"是奉贤在区层面统筹资源建立的村级集体经济联合体,将经济薄弱村的帮扶资金变为发展资金,公司获得的收益反哺回各村,用于提升公共服务、改善村容村貌、帮扶困难村民等。2013 年至今,奉贤区先后成立百村实业公司、百村科技公司、百村富民公司、百村谊民公司等四个"百村"品牌系列企业。

四家"百村公司"的运作及投资入股分红模式各不相同、各具特色。2013 年成立"百村实业"公司,作为我市第一轮农村综合帮扶承载平台,由区内 100 个经济薄弱村各出资 10 万元共同参股,投资拥有 3 项物业,村均分红由最初的 30 万元增至 100 万元,累计分红 7.15 亿元。2018 年成立"百村科技"公司,通过全区 176 个行政村出资占股 88%、奉投集团代表国资占股 12%,公司实现完全市场化运行,以国有资产带动集体资产混合发展,累计向村集体经济组织分红 4 797 万元。同年 11 月成立

"百村富民"公司,作为我市第二轮农村综合帮扶承载平台,由区内 94 个薄弱村共同出资,投资区内优质物业、工业用地的开发建设和运营,所得收益的 70% 用于精准帮扶生活困难农户,累计发放补助资金 3 792 万元。2020 年成立"百村谊民"公司,围绕提高三峡移民后期扶持项目资金的使用效率,通过购置资产"造血",定向服务三峡移民帮扶涉及的 69 个移民村,累计发放补助资金 226 万元。

2023 年 8 月 31 日,奉贤区在百村科技公司的基础上升级成立了上海百村经济发展(集团)股份有限公司,将百村实业、百村富民、百村谊民和区内其他 6 个村集体经济组织归并吸纳,覆盖全区所有集体经济组织。百村集团共设立股份 200 股,182 个村集体经济组织每个持 1 股,占股 91%,区国资委占股 9%,以"存量资产老办法,转移支付和新增收入平均分"为原则,根据各个村集体经济组织的实际情况,在公司章程中特别设计差异化的持股和分配方案,解决农村综合帮扶产生收益不平衡不充分的问题。

二、主要做法

近年来,"百村"系列公司立足农村综合帮扶的主责主业,在巩固物业经营、加强招商引资的基础上,不断拓展经营渠道,持续提升经济效益和社会效益,壮大了品牌的美誉度。

一是开展精准投资。"百村"系列公司创新了国集联动发展、市场化和股权化等模式,瞄准区内优质资源和项目,建立规范遴选和风控管理机制,聚焦民生、商业、产业三大类项目精准投资。民生项目方面,百村科技公司与市属国企上海环境集团合作成立上海维皓再生能源有限公司(占股 25%),负责建设运营奉贤区垃圾末端二期处置中心。商业项目方面,百村富民公司与区属国企交能集体合作成立上海百村贤能置业管理有限公司(占股 86%),共同运营管理龙湖天街办公楼项目,确保每年获得 5% 的收益率托底。产业项目方面,百村科技公司与民营企业合作开发启迪智慧港产业园（占股 25%），聚焦生物医药、新材料等新赛道，孵化科创型企业。

二是注重深化改革。奉贤区将上海农业要素交易所委托百村集团管理，依托其在农业要素交易的合规性、稀缺性特质，在推进农村土地流转，开展农村集体资产公开租赁与产（股）权转让交易及其他交易品类开发的基础上，探索全区乃至全市农业要素市场化改革，激活农村资源资产促进要素流动。

三是拓展多元功能。"百村"系列公司通过探索提高农民资产性收入，注重拓展集体资产的居住、公共服务等多元功能，探索盘活利用农村闲置宅基地房屋，参与建设了 17 家乡村民宿、102 户乡村版"人才公寓"和 500 家"四间堂"农村社区居家养老睦邻点，既规范了房屋租赁行为，又推动了乡村产业转型升级，提升了农村公共服务的品质，带动农民持续增收。

三、经验体会

奉贤区历届区委、区政府高度重视农村综合帮扶，将其纳入全区的重点任务，建立健全组织领导架构，谋划工作措施，解决实际问题，不断完善帮扶政策体系，夯实制度基础，做到了"两手抓"：一是抓机制的创新。奉贤区始终坚持把农民利益放在首位，重点聚焦经济薄弱村、生活困难农户、三峡移民等群体，创新搭建"百村"系列公司，在做好农村综合帮扶的基础上，探索"国有资产带动集体资产，集体资产带动农民增收"的集体经济发展路径，将帮扶资金变为发展资金，实现了从"输血"到"造血"的转变，做大"百村"系列品牌。二是抓政策的支持。奉贤区以国家农村宅基地制度改革试点为契机，鼓励农村集体经济组织及其成员通过自营、出租、入股、合作等多种方式，探索利用闲置宅基地引进符合规划要求和产业导向的优质企业，发展壮大集体经济。比如，设计宅基地置换"政策超市"，确保房产、现金、股权"总有一款适合你"；创新财税激励措施,对村集体予以财政扶持优惠结算。

　　当前,奉贤区在发展"百村"系列公司过程中还存在一些薄弱环节,如"造血"功能还不强,集体资产盘活利用率还不高,带动农民参与经济活动成效还不明显,集体经济发展转化为农民增收能力还不强。

　　下一步,奉贤区将着力打造农村集体经济"百村"集团式发展矩阵,完善平台功能,打造优化农村综合帮扶政策的实践平台,统筹全区农村集体经济发展的运营平台,协调推进奉贤乡村全面振兴的服务平台,国集联动实现共同富裕的共享平台;创新发展机制,探索全区农业资源资产化发展,提高乡村资源的利用率和产出率,通过相关投资、运营深度参与乡村振兴,提升"造血"能力;加大改革力度,参与农村"三块地"改革,激活农村土地要素,建立收益共享的开发模式,推进乡村产业、精品民宿、人才公寓等项目开发建设,促进村级经济健康发展。

(2023 年 10 月)

　　(注:调研报告得到市委主要领导的肯定性批示,参加本调研报告起草的还有王常伟、张晨、楼建丽、王珏等。)

30 | 金山区持续创新农业农村保险服务助力乡村振兴

近年来,金山区充分发挥保险的金融杠杆作用,积极探索保险服务,在已有 40 余个农业农村保险险种的基础上,今年以来又探索推出五大特色新险种,涵盖农业产业、乡村建设、民生保障等多个领域,累计提供 100 亿元风险保障,成为我市郊区农业农村保险创新险种最多、覆盖面最广的地区。

一、探索"保险＋价格收入",助推产业联合发展建设

金山区加快推进农业转型升级,目前已打造了 10 个农业产业化联合体,以"品牌农业"引领农业高质量发展。为更好地促进农村产业深度融合发展,金山区开发了农业产业联合体"一体一策"专属保险,包含了气象指数保险、价格收入保险等险种,帮助龙头企业、核心基地实现生产要素整合共享。比如,创新开发了蘑菇订单价格指数保险,为买卖双方提供市场价格风险保障,当市场价格相较订单价格下跌或上涨时,根据对应的跌幅或涨幅计算赔付金额,分别赔付给订单的买方和卖方,保障双方利益,有效减少市场价格波动对订单合同履约的影响。截至 2023 年 9 月底,已累计为 9 539 万元的蘑菇订单销售额提供了风险保障,简单赔付率 106.72%。

二、引入"保险＋建设管护",保驾高标准农田建设

为进一步提高农田工程建设管护质量,破解"重建轻管"难题,金山

区创新建后管护管理模式,开发推进农田基础设施管护保险,将保险赔付与管护工作成效的考核评分相挂钩,引入第三方专业机构进行考核评分,根据不同的考核结果计算农田基础设施管护投入费用的补偿金额,通过保险赔付的杠杆效应,拉开农田基础设施管护投入费用的补偿差距,做到奖优限劣,通过正向激励机制充分调动各镇村履行农田基础设施管护职责的积极性,确保管护工作提质增效。截至 2023 年 9 月底,全区已有 8 个镇(包括高新社区)投保,保障农田基础设施面积 24.5 万亩。

三、用活"保险＋管控服务",助力乡村建设长效管理

金山区加强乡村振兴示范村建设长效管护工作,全面引入全生命周期风险管理模式,在项目创建初期即嵌入管护综合保险,以工程质量安全预防服务为抓手,保证项目设施创建质量。同时,在后续设施管护过程中,通过管护综合保险承担日常管护中存在的各类风险及由此产生的管护费用投入,保障贯穿各类设施整个使用周期,减轻农村集体经济组织日常管护成本。目前,该保险创新模式已在吕巷镇太平村乡村振兴示范村创建过程中试运行,承担各类管护项目保障金额 150 万元,为示范村创建及创后管护提供长效管理和风险补偿机制。

四、创新"保险＋社会治理",推动乡村治理自主化

为减少"政府在做,村民在看",鼓励村民积极投身美丽乡村建设,金山区在"洁美乡村"建设行动中,创新了示范户创建责任保险,以评分制方式考核评价示范户创建整治效果,并按照考评结果计算示范户保险补偿,通过保险的正向激励机制,进一步完善"政府＋保险＋村民"人居环境提升新机制,充分调动农户参与创建的积极性和主动性。在创评过程中,充分发挥保险机构专业化服务优势,依托保险公司的三级服务网络,借助村级党群服务站点和农村党员骨干力量,以网格化为队伍,以标准化为抓手,以信息化为手段,开展示范户创评服务,提升创评效率和效

果。这一保险项目实施期两年,预计将覆盖全区 8 万农户。

五、细化"保险＋综合帮扶",实现困难群体精准帮扶

针对各村帮扶人群差异较大、各村帮扶需求差异较大、各村经济条件差异较大等实际情况,金山区在推进新一轮农村综合帮扶工作中,优化帮扶人群和帮扶模式,在"帮扶到户"的基础上增加"帮扶到村",创新开发了综合帮扶救助责任保险和重点扶持村集体经济收入保险。综合帮扶救助责任保险为村集体组织由于自然灾害、意外事故、疾病等各类原因以及因农业生产投入、人居环境整治等情况导致生活困难农户的经济救助提供保险保障。重点扶持村集体经济收入保险则针对由于自然灾害、意外事故等原因导致村集体经营性收入减少提供保险保障。通过两大保险"双轮驱动",共同提高村域经济收入,提升村域帮扶能力,满足村域差异化的帮扶需求,增强重点扶持村和生活困难农户的获得感和幸福感。新一轮农村综合帮扶保险计划覆盖全区 124 个行政村、近 1 万名生活困难人员,通过保险计划的实施,最终形成科学有效的"政府救助＋保险保障＋村民自救"农村综合帮扶保障体系。

下一步,金山区农业农村和保险部门将继续加强协作,更好发挥农业保险"防火墙""安全网"作用,推动现代农业更有特色、乡居环境更具魅力、农民生活更加美好,走出一条超大城市农业农村保险助力乡村振兴的新路子。

(2023 年 10 月)

(注:调研报告得到市政府领导的肯定性批示,执笔本调研报告的还有楼建丽、王常伟、张晨等。)

附录 1
农村产权改革：一场静悄悄的革命
——方志权博士在复旦大学的讲演

在深化改革的大背景下，如何创新农村集体经济有效实现形式，直接关系到广大农民的切身利益，关系农村基本经济经营制度的发展方向和农村社会治理体系的现代化，也关系到国家的战略全局。不少学者专家认为，农村产权制度改革，是继家庭联产承包责任制后中国农村的又一重大改革，是一场静悄悄的革命。

资产变股权、农民当股东

改革农村集体产权制度，首先要搞清楚什么是农村集体经济。从理论上讲，集体经济是集体成员利用共有资源和资产，通过合作与联合实现共同发展的一种经济形态。我国农村集体经济，有明确的宪法地位，与其他经济成分比，有三个基本特征。

首先，农村集体经济具有鲜明的中国特色。它既不同于马克思恩格斯经典理论中所提的集体经济，也不同于苏联的集体农庄经济，是我们在实践中不断探索、创造出来的。一些农业专家概括为"三个性"：一是合作性（共有性），集体资产由组织成员共同所有，资产收益和劳动成果归成员共同分享，权利义务均等。二是区域性（封闭性），集体经济组织是指界定在一定区域范围内，集体经济组织与成员不可分割，成员是封闭的圈子，权利义务"进"则"与生俱来"，"退"则"自然弃失"，不对外开放。三是排他性，尽管集体经济组织的层次不尽一样，小到村组，大到乡镇,但每个集体经济组织的资产、成员边界是清晰的,上下左右不能侵权。

第二,农村集体经济是社会主义公有制在农村的具体体现。农村集体经济实行土地等生产资料成员集体所有,家庭经营与集体统一经营相结合,本质是农民的合作与联合,是社会主义公有制经济在农村的重要体现。

第三,农村集体经济实现形式丰富多样、与时俱进。从我国农村实践看,由个人所有前提下的互助合作经营,到个人财产全部上交集体的"一大二公"体制,再到改革开放后实行的统分结合的双层经营,农村集体经济在不同时期有不同的实现形式,具有旺盛的生命力和很大的包容性。

这种农村集体产权制度虽然有利于保障农民平等享有集体经济成果,对维护农村社会公平发挥了积极作用,但也存在传统公有产权的通病。

一是归属不清。集体经济组织成员是个集合概念、动态概念。集体成员人人有份,但有多少、在哪里说不清楚,是个玻璃鱼缸,"看得见、摸不着"。有些村庄外来人口大量增加,原来一体化的村庄社区与集体经济组织日趋分离,新村民是不是集体经济组织成员、能不能分享集体经济好处成为问题,新老村民的矛盾加剧。

二是权责不明。在绝大多数地方集体经济组织与村社自治组织合二为一,村干部成为集体资产运营管理的自然"代理人",集体经济常常成为"干部经济"。

三是保护不力。农村集体资产监管是个老大难问题。一些村干部把集体资产看作"唐僧肉",导致集体资产流失,带来干群矛盾,也成为农民信访的一大热点。

四是流转不畅。农村集体产权归属模糊,资产处置在村里事难议、议难成,有好的开发机会往往错失良机。

改变这种状况,解决这些难题,出路唯有改革。中国农村产权制度改革最早始于 20 世纪 90 年代经济发达地区。进入 21 世纪特别是 10 年代后,随着工业化和城镇化进程的明显加快,各地加大了改革的力度,明确集体资产的产权归属,改变集体资产名义上"人人有份"实际上"人人无份"的状态,真正做到"资产变股权、农民当股东",农民开始分享现代化的成果。

据农业部统计,截至 2013 年底,全国已有 2.8 万个村和 5 万个组完成改革,量化资产 4 362.2 亿元,累计股金分红 1 563.2 亿元,2013 年当年分红 291.5 亿元。按省分析,上海、北京、广东、江苏和浙江 5 省(市)完成改制的村占全国完成改制村数的 80%左右。

从各地的实践看,改制的主要做法是将农村集体经济组织的经营性实物资产和货币资产,经过清产核资和评估以后,按照劳动年限折成股份量化给本集体经济组织成员,同时提取一定比例的公益金和公积金(集体股),主要用于村委会或社区公共管理和村民公共福利事业支出,并实行按劳分配与按股分红。

一潭春水被一颗石子所打破,泛起了阵阵涟漪,这场静悄悄的革命引发了诸多根本性变化。

在制度成效方面:明晰了每个村民在农村集体经济组织中的产权份额,集体资产由共同共有变为按份共有,产权制度发生了根本变化;建立了农村集体经济组织成员按股份(份额)分红的制度,保障了集体经济组织成员的集体资产收益权;改制村普遍建立了权力制衡机制,农民群众成为集体经济组织的投资主体、决策主体和受益主体,农村集体经济组织的治理结构发生了根本变化。

在经济成效方面:通过改制,为新型农村集体经济组织发展创造了良好的环境。通过改制,集体资产产权得以明晰,建立起农民增收的长效机制。以上海为例,2013 年,全市 237 家村级改制集体经济组织中,有 89 家进行了收益分红,比上年增加了 28 家;年分红总额 5.38 亿元,比上年增加了 1.12 亿元；人均分红 3 042 元。全国农村改革试验区闵行区城乡居民可支配收入比由 2010 年的 1.53∶1 缩小到 2013 年的 1.48∶1，财产性收入在农民可支配收入中的占比由 2010 年的 17.1% 上升到 2013 年的 18.3%。

在社会成效方面：通过"还权于民"式的产权制度改革，有效解决了长期存在的因土地征占、资产处置、财务管理和收益分配等问题引发的社会矛盾，维护了城镇化快速发展地区的社会稳定。

正是基于集体经济的基本特性，深化农村集体产权制度改革已经成为破解农村众多矛盾问题的"关节点"，成为全面深化农村改革的"牛鼻子"。

守住集体所有制的底线

总结各地经验，当前和今后一个时期，中国农村产权制度改革要以保护农村集体经济组织及其成员的合法权益为核心，以创新农村集体经济组织产权制度改革形式为手段，以建立农村集体资产、资金和资源运营管理新机制为要求，建立"归属清晰、权责明确、保护严格、流转顺畅"的农村集体经济组织产权制度，赋予农民更多的财产权利。

归属清晰就是明确农村集体资产的产权归谁所有，也就是要明确改革的组织层级、集体资产的范围、集体成员的身份；权责明确就是确定成员的权利和责任，既要明确成员对集体资产股份占有、收益、有偿退出及抵押、担保、继承权等经济权益，又要明确集体成员行使对资产的决策、监督等民主管理权利；保护严格就是依法保护农村集体经济组织及其成员的合法产权，使农民的合法权利不受侵害；流转顺畅就是促进农村集体资产有序进入流转交易市场，实现平等交换。

需要强调的是，推进改革不是一分了之、吃集体经济的"散伙饭"。推进改革就要守住集体所有制的底线，不能把集体经济改弱了、改小了、改垮了；守住保护农民利益的底线，不能把农民的财产权利改虚了、改少了、改没了。改革既要调动农民的积极性，又要体现农村集体经济的优越性。农村产权制度改革不是要完全走公司化改制的路子，而是从农村实际出发，发展股份合作等多种联合与合作，丰富农村集体经济的实现形式。

在推进改革过程中，必须守住"一个坚持、二个防止、三个做到、四个有利于"的底线，即：坚持集体资产所有权，这是中国特色社会主义在农村的本质特征，必须长期坚守；防止在改革中少数人对集体经济的控制和占用、防止集体经济被社会资本所吞噬；做到公平公正、公开透明、程序严密；有利于城乡要素资源均衡配置和平等交换，有利于激活农村资源要素和激发农村集体经济活力，有利于保护农民财产权利，有利于形成农业经济发展和农村社会稳定的内生动力。

在此基础上，遵循以下原则：一是依法依规。推进农村产权制度改革应遵循《物权法》《土地法》《土地承包法》《婚姻法》《继承法》等法律的相关规定，以及地方性法规和指导性意见的相关规定，同时要注意兼顾不同法律、政策之间的兼容性和关联性。在改革过程中，各改制单位始终坚持改革必须依法依规，有政策的按政策要求办，没有政策依据的，由村民集体经济组织成员代表大会讨论通过。二是因地制宜。面对千差万别、参差不齐的农村经济和社会发展情况，推进农村产权制度改革不能搞"一刀切"，实践中，各地应依据经济社会发展情况，因地制宜地选择符合自身实际的改革形式和路径。三是因事制宜。推进农村产权制度改革可按照"一村一策""一事一策"的办法，将权利交给村民自己，通过合法性、公开性、民主性相结合，做到"复杂问题民主化、民主问题程序化"。四是维护利益。在推进产权制度改革过程中，不仅要给群众看得见、摸得着的眼前实惠，更要考虑长远，注重从根本上为农民谋福利。围绕保护农村集体经济组织成员利益，一方面要更加注重体制和机制的创新，构建农民增收长效机制；另一方面要更加保护和激发农民群众的创新热情和创造能力，保持推动改革发展的强大活力。

因地制宜选择改革形式

农村产权制度改革,要突出重点,分类推进。

关于农村集体资产量化范围问题。农村集体资产的量化,是对被认定为属于现有集体经济组织成员的共有资产,按照一定标准、采取股份的形式在本集体经济组织成员之间明晰产权的过程。因此,农村集体经济组织产权制度改革不能突破原有集体经济组织的范围,这是推进改革、制定政策的底线。目前,各地对于集体资产量化范围的认识还不尽相同。当前应将集体资产量化的重点放在非资源性集体资产资金,其理由是土地等资源性资产的价值一时难以评估,价值尚未显现,因而可以不量化,但集体经济组织因土地被征收而获得的土地补偿费和因集体资产置换增值而增加的收益,则应及时足额予以追加,以保障集体经济组织成员的集体收益分配权。当然,如果农村基层干部、农村集体经济组织成员一致要求对土地等资源性资产进行量化,则应允许农村基层组织进行探索。当前,对土地等资源性资产,重点要做好确权登记颁证;对非经营性资产,重点是探索有利于提高公共服务能力的集体统一运营管理的有效机制;而经营性资产,则是推进产权制度改革的主战场。

关于农村集体经济组织成员资格认定问题。目前农村集体经济组织成员身份的认定无法可依,多数处于乡村自我管理的状态,受当地乡规民约、传统观念和历史习惯等因素影响较大,"乡土"色彩较浓。在具体实践中,各地对农村集体经济组织成员身份的认定方法各不相同。对这一问题,各地可根据实际情况出台规范性文件,规定认定标准,制定操作细则。总体考量是:农村集体经济组织成员资格应基于由该组织较为固定的成员所组成的具有延续性的共同体,其成员原则上应该在该组织所在地长期固定地生产、生活,形成事实上与该组织的权利义务关系及管理关系,并结合是否具有依法登记的该组织所在地常住户口来认定。在此大前提下,对一些特殊或者疑难问题,可充分尊重农村集体经济组织的自主权。在具体操作过程中,可把握以下几个关键:一是涵盖不同群体;二是权利义务对等;三是防止政策"翻烧饼";四是坚持程序公开;五是杜绝侵犯权益。

对改制过程中是否设置集体股,目前大部分地方都主张不设集体股,主要是因为如果改制时保留集体股,随着城镇化进程的急剧推进,集体积累逐渐增加,会再次出现集体股权属关系不清晰的问题,需要进行二次改制;集体股在集体经济组织变更或重组时还将面临再分配、再确权的问题,极易产生新的矛盾。因此,上海、江苏、浙江等地在改制时原则上不提倡设置集体股。对于城镇化进程较快、已实现"村改居"的地方,应明确不设置集体股,其日常公共事业支出,可以通过在集体收益分配中提取公积金、公益金的方式来解决,其具体比例或数额由改制后的新型农村集体经济组织成员(代表)会议在讨论年度预决算时决定。未撤制的村(镇)可设立一定比例的集体股,主要用于公益事业等开支,原则上集体股按总股本的 20% 左右掌握。

关于改制形式问题。各地主要采取了三种形式:一是有限责任公司,二是社区股份合作社,三是经济合作社。这三种形式中,有限责任公司是按照《公司法》进行工商登记的公司法人,但其股东只能在 50 人以下,与乡镇、村集体经济组织成员成千上万的特点不相适应,因此,改制的农村集体经济组织只能采取隐性股东的做法,大部分集体经济组织成员的权利难以得到法律的认可和保护。社区股份合作社在工商部门登记的,主要是参照《农民专业合作社法》登记的法人,它有效解决了股东人数限制的问题,但由于社区股份合作社是较特殊的法人,对它没有专门的税收、财务制度,因此,在税收、财务方面所执行的是适用于公司法人的相关制度,在运营中社区股份合作社要缴纳各项税赋,税费负担较重。无论是有限责任公司还是社区股份合作社,它们都对股东(集体经济组织成员)进行收益分配,而股东都要缴纳 20% 的红利税(个人所得税),这在很大程度上增加了新型农村集体经济组织的负担,影响了改制的积极性。经济合作社是一种组织创新,由县级以上人民政府颁发证明书,并可凭此证明书申领组织机构代码证,到金融机关开设账户,建立会计制度,实行收益分配制度。但是,经济合作社不是法人主体,这在一定程度上影响了经济合作社的持续发展。

这三种形式,各改革的村(镇)可依据经济社会发展情况,因地制宜地作出选择。近郊等经济发展水平较高以及撤村改制的主要宜采取具有法人地位的有限责任公司和社区股份合作社的改革形式。中远郊经济发展水平较一般以及未撤村改制的主要可采取经济合作社这一改革形式。因为这些集体经济组织目前重点是要健全治理结构和加强监督机制,并逐步发展壮大经济。如果今后发展水平提高了,也可以探索建立其他形式的市场主体。

（注：本文刊登在 2015 年 2 月 14 日《解放日报》。）

附录 2

拓展功能,农业也将是朝阳产业

农业既有"胃"的功能(保障鲜活农产品应急供应),还有"肺"的功能(改善环境、旅游休闲),更有"肾"的功能(城市生态屏障),而农业的这些功能大多是无偿向全社会提供的。

随着其产业经济部门的属性不断弱化,农业正日益成为一个社会公共部门。从这个意义上讲,农业是一项公益产业,存在着很强的外部性,农业的贡献绝不仅仅是 GDP 的问题。

一、农业多功能性的今生前世

20 世纪 80 年代末 90 年代初,农业的多功能性最先出现在日本的"稻米文化"中。随后,这一概念又相继出现在《21 世纪议程》《罗马宣言和行动计划》等联合国文献中。农业的多功能性,一般是指农业部门除了生产粮食等农产品以外,还为实现其他目标做出努力,体现农业的多种社会功能。多功能性体现了农业与其他产业的不同,即农业是一个特殊的、需要保护和发展的产业,它除了确保粮食和其他农产品的供给之外,还发挥着防止洪涝灾害、涵养水源、防止土壤侵蚀和水土流失、处理有机废弃物、净化空气、提供绿色景观和自然景观,以及传统文化的继承等多方面的作用。

日本农业的多功能性,表现在以下几个方面:①为都市居民提供所需的生鲜农产品。以东京、横滨等地为例,虽然农地并不多,但生产经营的农产品品种不少,其中蔬菜占74%、花卉苗木占13%、水果占7%、水稻占6%,都市农业能让市民因更多地消费到本地产的农产品而满足一种怀旧心理。②绿地的机能。调查显示,邻绿地的住宅估价高,农地因有耕种活动估价更高。③防灾及灾害发生时的疏散空间。④市民农园、学童农园等为市民接触农业提供最佳场所。通过各类农业体验活动,让市民更多地了解农业,参与农业,并把农业所具有的培育地域文化的作用,通过食教育、食文化传播,传达给广大的市民。⑤农地为未来都市发展预留空间。⑥农业在都市中属最佳职业之一,在多样化的职业中农业是最有趣和最有活力的产业。

同时,在建设有"农"的都市理念中,农业以其重要角色及给都市带来温馨与魅力,而被称为都市的"后花园"。从现代化都市的建筑、文化、景观、公园绿地、行道树、休闲生活广场、田园等多方面的综合需要来看,没有农业的都市是缺乏生机与活力的城市。

大量实践表明,农业多功能性的发展不但可以缓解当前农业和农村经济发展中的环境问题,而且也可以带来可观的经济效益,日本应用替代成本法测算的结果显示,农业多功能性已经给日本的农区和山区、丘陵区分别带来巨大的效益。因此,农业的多功能性既是农业历史进步的结果,也是当代农业进一步发展的必然方向。目前,欧盟、日本和韩国等国,已经接受并在逐步实现农业的多功能性。

除日本外,韩国针对农业附加值较低,农民收入增长缓慢,农村人口高龄化现象严重等状况,韩国政府支持地方先后尝试了开发农家乐体验式旅游、加工制造食品、资源产业化、扩大产地直销等方法,从而形成了第六次产业化,为实现农业多功能性奠定了基础。法国也注重农业的多功能性,农村观光销售额已经达到了整体农业销售额的一半,同时也占法国整体观光旅游销售额的20%。在国外不少地区,一些风景迷人的山村、湖区、牧场,既保留了传统农业和畜牧业,还巧妙地将农业生产、手工制作、观光旅游、体验住宿等融为一体。

二、农业多功能性的形态特征

随着城市化进程的不断加快,我国对农业的多功能性也越来越重视。不少专家将农业的多功能性划分为经济、社会和生态功能,也有专家认为农业的多功能性体现为"三生"(生产、生活、生态)功能,还有专家将其形象地比喻为农业既有"胃"的功能(保障鲜活农产品应急供应),还有"肺"的功能(改善环境、旅游休闲),更有"肾"的功能(城市生态屏障),而农业的这些功能大多是无偿向全社会提供的。

(一)农业的经济功能主要表现在以下几个方面

1. 食物保障。现代农业利用现代工业和技术,大幅度提高农业生产力水平,为城市居民提供鲜活的蔬菜、畜禽、果品及水产品。同时,现代农业大多注重对农产品进行精深加工,发展高附加值的商品生产。

2. 原料供给。随着城市居民健康意识、环保意识的日益增强,对以农产品为原料的制成品需求呈快速增长态势。这既强化了农业对工业发展和创新的原料支撑作用,也为农业和商贸业发展开辟了新的空间。

3. 流通增值。现代农业依托城市对外开放等优越条件,冲破地域界限,实行与国际大市场相接轨的大流通、大贸易经济格局,可以加快农副产品的流转增值,提高农业附加值。

(二)农业的社会功能主要表现在以下几个方面

1. 就业增收。现代农业具有"社会劳动力蓄水池"和"稳定减震器"的作用。通过开发利用农业多种资源,发展农产品加工、流通及相关产业,拓宽农业产业多环节的"增收之道",进而对促进社会的稳定发展、城乡居民就业、农民增收等产生积极的促进作用。

2. 旅游休闲。农业观光、休闲旅游是现代农业的重要组成部分。在都市内保留一些农地空间,既为城市增添绿色,也能为市民提供旅游休闲活动空间,增加减轻工作、生活压力的新渠道,进而达到舒畅身心、强健体魄的目的。

3. 文化传承。亲自感受和体验农业活动，可以直接对都市人特别是青少年进行农技、农知、农情、农俗、农事教育，使农业文明得以传承和发展；还能提供机会让人们了解现代农业科技，促进城乡文化交流，培养人们对大自然及科学的热爱之情。

(三)农业的生态功能，则主要表现在以下几个方面

1. 生态保护。现代农业通过开辟城中森林，创立公用绿地，建设环城绿带，可以建立起人与自然、都市与农业高度统一和谐的生态环境。同时，农林牧副渔综合发展，多种作物实行轮作，也符合循环型经济发展规律，有利于现代农业发挥净化环境的机能。

2. 绿化景观。农业是城市的背景和衬托，离开它，城市就会孤单。在山区城市，体现绿化的是绿地、树林；而在平原城市，体现绿化的则是农业。如水稻田就是城市长期的、稳定的季节性湿地，是有生命的基础设施。

3. 灾害防御。都市人口密集，建筑物多而高，一旦发生灾害，农地可用作暂时避难所。此外，农田在必要的情况下还可为城市的下一步发展预留空间。

为充分演绎农业的多功能性，找准农业多功能性的切入口，2015年中央一号文件提出，要把产业链、价值链等现代产业组织方式引入农业，促进一、二、三产业融合互动。2016年中央一号文件则明确，建立粮菜经统筹、农牧渔结合、种养加一体、一、二、三产业融合的现代农业产业结构，让农业成为充满希望的朝阳产业。

从总体看，概括起来，目前农业与二、三产业融合发展有四种形式：一是农业内部产业整合型融合，比如种植与养殖相结合；二是农业产业链延伸型融合，即以农业为中心向前后链条延伸，将种子、农药、肥料供应与农业生产连接起来，或将农产品加工、销售与农产品生产连接起来，组建农业产供销一条龙；三是农业与其他产业交叉型融合，比如农业与文化、旅游业的融合；四是先进要素技术对农业的渗透型融合，比如信息技术的快速推广应用,既模糊了农业与二、三产业间的边界,也大大缩短了供求双方之间的距离,这就使得网络营销、在线租赁托管等成为可能。

(四)多功能性农业作为崭新发展模式的突出特征

综上所述,与传统产品生产意义上的生产性农业相比,多功能性农业从内涵到结构都已发生重大而突出的变化。多功能性的农业作为一个全新的理念和一个崭新的农业发展模式,具有以下几方面的突出特征。

1. 农业的发展方式发生明显变革。即现代集约化经营取代了传统增产方式,集约化经营是未来世界各国农业发展最为重要的一项内容,就是用机械化代替人力和畜力,以化肥、农药等化学物的普及应用和大量投入作为农产品产量增加的基本手段,这造成了严重的环境污染与生态破坏。而新兴的多功能农业的集约化经营,从内涵到措施都发生了重大改变,各种生物技术的应用与推广取代了化肥、农药的大量使用,缓解了农业发展的环境压力。

2. 农业的内涵与外延出现明显变化。在内涵方面,农业生产中用于满足人们基本生活需要的各种农产品的比重在不断减少,而用于人们现代消费、工业原料或出口创汇的各种农产品生产,以及用于恢复和维系自然生态平衡、保护自然环境的农业活动的比重则明显上升。在外延方面,不仅农资供应、农产品收购、加工、贮藏、农技推广、人员培训、信息咨询等为农业生产提供直接服务的各种经济活动迅速发展,所占比重不断提高,而且休闲农业、观光农业、旅游农业等可满足居民消费需求的新型产业也迅速崛起。

3. 与其他产品部门的融合空前紧密。推动和促进与农业关联产业(包括前关联产业、中关联产业、后关联产业)部门的更快发展,既是发展多功能性农业的出发点和重要目的,也是多功能农业发展自然延伸的必然结果。特别是近年来随着互联网的迅速普及,多功能农业也将日益凸显,农业与其他产业部门紧密结合、互进互动的一体化生产体系迅速形成。

4. 作为社会公共部门的属性日益明显。多功能性农业的受益者首先是整个社会，其次才是农业的经营者。这就意味着农业问题不再是或不仅仅属于微观经济范畴，而是或者首先是一个宏观经济问题；随着其产业经济部门的属性不断弱化，农业正日益成为一个社会公共部门。从这个意义上讲，农业是一项公益产业，存在着很强的外部性，农业的贡献绝不仅仅是 GDP 的问题，因此它需要全民的关注，需要各方力量的扶持。

三、农业发展如何走向未来

随着我国大中城市人口增长，经济社会活动平面的扩张，农业人口和农业生产的地域范围正在不断地减少。发展多功能性农业是现代农业发展与进步的一个必然趋势。不同地域的农业，经过长期发展和演变，往往都代表着一个典型的文化，极其珍贵。而且经济越发展，越市场化和国际化，农业的生态功能和文化传承功能越重要。今天的人们不仅期待吃得饱，还要吃得好，吃得放心，吃得有文化，而且也越来越重视清爽空气、干净水源和美化环境的价值。人们在享受现代物质文明的时候，并没有放弃对看得见绿水、望得见青山和记得住乡愁的期待。人们对新型农业的期待，就是现代农业发展的动力和机遇。站高望远，农业哪一天真正诠释了多功能性，也将真正成为一个充满希望的朝阳产业。

为了实现这一美好的目标，我们应该抓住以下几个关键环节。

1. 注重调整农业投入政策，确保精准发力。要利用农业的多功能性，突破传统认识的局限，给予农业新的地位和作用，重视构筑农业产业体系间各个环节的互动。在制定农业基础设施建设和农村经济发展战略时，考虑环境、食品安全、社会、经济、文化等多种因素，使农业与农村的建设发展有利于产生多方面的功能与效益；拓宽和扩大政府支持的领域及范围，多功能农业的有效发展，不但需要政府在农业政策上的支持，而且需要政府不断拓宽支持的项目范围和领域宽度;为发挥农业的多种功能和作用,要将农产品生产体系、加工体系、市场销售体系、质量管理体系、政策支持体系、生产组织体系、生态保护体系及其安全体系,作为现代农业政策投入的方向。

2. 注重调整优化产业结构,提高农产品附加值。现代农业必须是适应市场变化、满足市场需求的产业,必须是立足资源禀赋、充分发挥比较优势的产业。推广立体种养、粮经结合等生产模式,发展循环农业、林下经济,提升农业能级。通过“控总量、调结构”,构建与环境承载力和环境保护等要求相适应的畜禽生产能力。调优农业产业布局,依托本地市场优势,实施品牌战略,积极发展绿色农业和有机农业。大力发展农产品加工、物流、配送、直供直销、电子商务,大力发展休闲农业,提升农业的生态价值、休闲价值和文化价值。

3. 注重农业经营方式的制度创新,促进农业增效。着力做好“两抓三提升”。两抓是指:抓延伸,在已建家庭农场的基础上,推进家庭农场社会化服务体系建设,不断提升家庭农场经营组织能力,提高农产品附加值,形成家庭农场与农民合作社联合发展的新机制;抓拓展,除了粮食生产家庭农场,要向多种形式的家庭农场拓展。三提升是指:通过加强培训,提升家庭农场经营者的能力水平;重视规范发展,提升合作社的质量;健全农业企业与农民的利益联结机制,提升农业企业对农民增收的辐射带动作用。

4. 注重农产品质量安全,确保市民“舌尖上的安全”。现代农业首先是质量安全的农业。要让消费者不仅吃饱吃好,更重要的是吃得安全放心,农业部门要有这个担当。要坚持“产出来”与“管出来”两手抓、两手硬。一方面,大力推进农业标准化生产。这是提高农产品质量安全水平的治本之道,是优化农业结构、促进农业转型升级的重要内容。要继续推进园艺作物标准化生产、畜禽标准化规模养殖和水产健康养殖,加强源头治理,规范生产过程,打造一大批农业标准化生产基地和农产品知名品牌。另一方面,不断强化农产品质量监管,抓紧健全农产品质量安全标准体系,加快建立追溯管理信息平台,完善监管机构和监管机制,加大日常执法与集中整治的力度,全面提升农产品质量安全水平。

注重资源节约和环境友好,实现农业可持续发展。要重点念好"减、退、转、改、治、保"六字诀。"减",就是要把过量使用的农药、化肥等农业投入品尽快减下来;"退",就是要把超过农业资源环境承载能力的生产切实退出来;"转",就是要把农业废弃物转化成为资源和财富,化害为利、变废为宝;"改",就是要把地力下降的土壤改良好;"治",就是要把受损的生态环境逐步修复治理好;"保",就是要把农业发展的根基和命脉坚决保住。基本农田一旦划定以后,谁都不能占,对违反者要用重典惩治,真正实现农业的可持续发展。

注重培育新型职业农民,提高劳动者素质。农业后继无人问题的解决,关键是要加快培育一批以本土化为主的有文化、懂技术、善经营、会管理、能担当的新型职业农民队伍。建立公益性农民培养培训制度和社会保障制度,提高新型职业农民整体素质。要增强农业的吸引力,通过集约经营、规模经营,让农业经营有效益,让农民成为体面的职业。

(注:本文刊登在 2016 年 2 月 21 日《解放日报》。)

附录 3
乡村振兴需避免"干部干、群众看"

乡村振兴事关上海城市未来发展,事关广大农民对美好生活的向往。乡村是大都市的重要稀缺资源,是城市核心功能的重要承载地、城市能级和核心竞争力的战略空间、大都市的生态屏障。

上海的乡村建设应避免重复浪费建设。要紧紧牵住规划这个牛鼻子,进一步发挥生态涵养、市民休闲等多元功能,建设城乡居民共享的、可持续发展的乡村。其中,区位应该是优越的,交通应该是便利的,生态环境应该是良好的,基础设施建设和基本公共服务应该是完备的,如果有历史文化底蕴就更好。

从这个意义上说,不是所有的乡村都要全面振兴。同时,设施建设不在于多,而在于精、在于有品位,要保持乡村自然肌理、传承独特传统文化;要以要素双向流动和人的融合为核心,在打破城乡壁垒、促进城乡融合发展上加大探索力度。

上海有基础、有条件实现农业高质量发展,必须坚持有所为有所不为,走提质增效之路。要坚持开放的理念,把农业科技打造成"一把尖刀",使之在全国农业现代化建设中真正发挥示范引领作用。

要围绕发展高效生态农业这一中心,坚持质量优先、保持生态底色,在农业高精科技、市场物流、大数据信息化三大领域实现重大突破:农业科技方面,可充分利用上海建设科创中心的优势,集中力量打造种源农业、生物医药农业;市场物流方面,可充分利用好上海贸易、经济中心的优势,走"两头在外、一头在内"的发展之路;大数据信息化方面,可大力发展智慧农业,包括人工智能农业。

在发展理念上,应强化全产业链的建设理念;在发展功能上,应由偏重城市供给功能向多功能转变;在战略决策上,应从"撒胡椒面"似的均衡战略转变为突出重点建设的非均衡战略。

一、应对乡村衰落,国外大都市有哪些做法和经验

伴随工业化、城镇化发展,乡村相对衰落是全球面临的一个普遍问题,如农村劳动力与人口流失、农村经济与农民收入增速放缓、城乡发展失衡等。

由于不同国家、地区之间自然资源禀赋、文化传统及经济制度、发展阶段差异巨大,乡村建设和现代农业发展模式也不尽相同。下面,列举一些国家的做法。

为了激发乡村自治组织与农民的活力、带动农民参与乡村振兴建设,日本于1961年颁布《农业基本法》。最核心的政策措施是通过国土再造与工业下乡,在推进农村交通、卫生、文化等基础设施建设及改善农村环境、均等化城乡公共服务的同时,推进农民就业与农业兼业化,进一步增加农民收入。

到20世纪70年代,日本基本实现了城乡收入均衡的目标。20世纪80年代以来,贸易自由化与市场开放对农业的冲击有所加剧。为此,日本采取更加全方位的乡村振兴政策,进一步重视发挥农业的多功能性,推进"一村一品"与六次产业化,以城乡融合发展来提升产业竞争力。同时,对区位条件劣势的地区加强补贴支持,因地施策激发农业农村活力,延缓了乡村的衰退。

韩国的乡村振兴实质上是一场脱贫致富运动,其经验可归纳为环境整治型乡村发展模式。

20世纪70年代,伴随韩国经济高速增长,工农收入差距迅速扩大。

1970 年至 1980 年,韩国先后实施侧重于改善农民基本生活条件、居住环境的"新农村运动"和以区域均衡政策、社会均衡政策、产业布局政策为主的第五个"五年规划"。这些政策的实施,有力推进了农业农村基础设施建设、农业综合开发,农民收入得以增加,韩国乡村得到振兴。

欧盟乡村振兴的经验可归纳为生态保护型发展模式。该模式的特点主要体现为,乡村不仅是农业生产之地、农产品供应之源,而且在满足社会对乡村宜居性、多功能性等需求方面发挥着重要的作用。

总的来看,国外乡村建设模式具有一些共同经验:第一,乡村振兴发展需要在政府引导下,充分发挥乡村的主体地位,激发乡村发展的内生动力;第二,对不同类型的乡村采取差异化支持政策,要紧扣地方特色,打造特色品牌,完善乡村基础设施与公共服务;第三,注重乡村产业发展,不断振兴农村经济;第四,根据农村发展的不同阶段,确定不同的政策目标,并采取不同的政策工具,做好政策衔接;第五,通过立法确保各项支持政策的落地实施。

具体到大都市里的乡村,一条重要经验就是生态宜居。在英国伦敦,绿化及水域覆盖率达到 66%;郊区整体上就是一个大花园,乡村小镇古朴典雅、错落有致,非常生态宜居。在日本东京都,至今还保留超过 50 万亩的农地,承担着不小的农业生产功能。

伦敦、东京的郊区本质上是生态宜居的城市居民社区,住在乡村的主要是有产阶级,真正的农民很少。大量非农业人口居住在乡村,不仅优化了乡村人口结构,而且提高了乡村经济社会的发展水平。

英国人把住在乡村、回归乡村作为人生一大追求,日本也出现了新一轮回归乡村潮。其共同做法是:

一方面,加强历史和风貌管控。英国对土地发展权进行深入界定和合理规范,按照规划和法律等严格管理;日本先后采取立法、体制、机制和政策工具,改善乡村配套服务,解决好发展不均衡问题。

另一方面,注重完善乡村整体功能,包括实行农业经营专业化、推进城乡功能互补、增加乡村就业机会等。

二、在英国与荷兰,农民为什么不是一般人能当的

通过上面的介绍,基本可以解答"大城市要不要乡村振兴"这个问题。那么,应该如何振兴呢? 在乡村振兴中,农业发展是根本。目前,世界上发达国家的农业现代化主要有三种模式。

1. 一是美国模式。美国是世界上耕地面积最大的国家,人均耕地0.7公顷(相当于10.5亩)。"一个农民可以耕作上万亩土地,用飞机喷洒农药,用卫星种地,用转基因技术解决病虫草害问题,然后通过长途运输,将所产生的农产品运往全国各地乃至全世界",这是美国大农场的缩影。农业已经成为美国产出效益第二好的产业。

2. 二是荷兰模式。荷兰农业条件并不好,气候阴冷潮湿,光照时间少。同时,人均耕地只有1.3亩,27%的耕地和60%的人口处于海平面以下。靠着前辈修建的长达2 400公里的防潮大堤,才把耕地保护下来。然而,荷兰农业却创造了奇迹。

荷兰农业劳动力占全社会劳动力的2%,农业增加值却占到了GDP的4%,出口占总出口的25%。全国农业劳均产值4万多欧元,劳均出口3.3万美元,第一产业劳动生产率和农民收入均高于第二、第三产业。农业成为大把赚钱、大量缴税和大批出口的摇钱树,成为国民经济的支柱产业。

3. 三是日本模式。与欧美相比,日本的农情和中国特别是上海更加接近。在寸土寸金的国际化大都市东京,23个区都有都市农业,郊区更是承担了不小的农业生产功能。

日本的都市农业以2%的农地提供了8%的农业总产值。同时,农业的生产生态、抗灾防灾、文化传承、休闲体验等多元化功能表现得淋漓尽致。特别是,市场上所有代销的农产品都经过精心包装,印有产品名称、产地、生产者姓名。

可见,发达国家都市现代农业的显著特征是优质高效。生产的农产品是高品质的,交易的渠道是畅通的,生产的方式是绿色生态的,整个产业是高效率的。具体的经验有:

一方面,依托高科技支撑。日本重视利用人工智能、云计算等,实行农业全自动化管理;利用手机 APP 操控,实现农田灌排水自动化;水稻播种、收割等环节,广泛采用无人机械。荷兰大力发展种源农业,利用基因技术在蔬菜、园艺新品种育种等方面走在世界最前沿。测算显示,荷兰温室蔬菜彩椒单位产量高达 50 公斤/平方米,1 公斤番茄种子价格远高于 1 公斤黄金。

另一方面,实现全产业链增效。始终贯彻大农业、大食品的理念,推进农林牧副渔结合,坚持农业与其他产业跨界融合发展,做到产学研一体化,通过延伸产业链不断提升价值链。

比如,荷兰的"绿港模式",从种子、育苗、生产到加工、贸易、物流、金融,农业关联产业高度集聚,形成了上下游紧密联系、一、二、三产业贯通的全产业链。同样,日本大力倡导一、二、三产业融合的六次产业发展,2017 年六次产业总额达 3.9 万亿日元(约合 2 500 亿元人民币),年均增幅 4%。

农业发展关键是农民。与一般认知不同,国外大都市农民的共同特点是高素质、职业化。"农民不是一般人能当的",这句话一点也不夸张。在荷兰,只有取得农业大学毕业证书即绿色证书的人,才有资格成为农民。英国明确规定农民从业的学历门槛,持有《专业资格证书》《农民师傅证书》的人才能经营管理农场和招收学徒。

三、有限的资金、人力、物力,怎样才能用在刀刃上

对标国外大都市乡村发展和现代农业的高标准,上海的乡村振兴究竟该如何定位?

应当明确的是,必须保留大片的农用地和田园风貌,为上海建成具

有世界影响力的社会主义现代化国际大都市擦亮生态特色、筑牢绿色底色。为此,要把江南乡村优秀文化遗产和现代文明要素结合起来,把保护传承和开发利用有机结合起来,塑造新的发展动能。

同时,上海有条件、有基础使农民在新型职业化上走在全国前列。上海城市对乡村各类要素的虹吸效应十分强烈,因此必须看准农民职业化、农村居民非农化大趋势,率先形成职业农民制度,推出吸引高素质非农居民的系列举措。要积极创造条件,率先建立有知识、有文化、懂技术、善经营、会管理的职业农民制度;要畅通城乡间人才要素双向流动渠道,吸引、留下、储备更多高素质的农村居民,使乡村更具活力;要制定鼓励政策,吸引一大批高素质人员从事农业全产业链经营,突破人才瓶颈。

进一步来看,科学谋划超大城市的"三农"现代化发展,需处理好三对关系。

1. 一是政府主导与农民主体的关系。推动乡村振兴,政府要起主导作用。在规划布局、业务指导、财政支持等方面,政府要提供理念和方向上的引导、资金政策上的支持,为乡村发展提供制度保障。

但是,乡村振兴的根本是农民的振兴,建设农业农村现代化最忌"等靠要"。应鼓励村民自治,鼓励社会公益组织和社会力量、行业协会介入,把更好发挥政府主导作用与充分发挥农民主体作用结合起来。

一方面,政府要发挥有形之手的作用,将职能落实到位,引导市场主体参与建设农业农村现代化,提高乡村振兴效率和质量。另一方面,要尊重农民意愿,让群众自主选择振兴什么、怎么振兴。政府既要做到尽力而为,又要做到量力而行;既要防止政府缺位,又要防止政府越位,代替农民包办一切。归根结底,要避免出现"政府急、农民闲"和"干部干、群众看"等现象。

2. 二是整体推进与重点推进的关系。推动乡村振兴,需要全局和局部相配套、治本和治标相结合。农业农村的现代化,既要打好持久战,又要打好攻坚战。一方面,要科学统筹和增强各方面措施的关联度、耦合度,全面推进乡村振兴;另一方面,要抓住矛盾的主要方面,寻求重点领域、薄弱环节的突破,以重点突破带动整体发展。

例如,在发展现代农业方面,要紧紧围绕为大城市提供特色优质的地产农产品;在改善农村面貌上,必须啃下推进农民居住相对集中这块硬骨头。

在实施过程中,要注意避免两种做法:一是排排坐、吃果果,机械地刷墙、美化、绿化等"撒胡椒面"做法;二是完全依赖公共财政资金,集中用钱砸出样板,既学不像、学不起,也起不到示范作用。

还要想明白,城镇化条件好、已属于规划建设的村,可以因势利导融入城市;有条件的、基础好的特色村,应该做大做强,并鼓励周边乡村向其靠拢乃至合并;基础条件很差、地处偏远的村落,则有必要另谋良策,不要花冤枉钱。要将有限的资金、人力、物力用在刀刃上,防止无谓的重复浪费投入。

3. 三是长期目标与短期目标的关系。推动乡村振兴战略是一个系统工程,既要制定长远规划和战略目标,又要设置阶段性任务和短期目标。

从长期来看,要按照实施乡村振兴战略的总要求,落实农业农村优先发展方针,构建可持续发展的长效机制,实现农业全面升级、农村全面进步、农民全面发展。

从短期来看,要紧密结合实际,确定阶段性目标,建设"三园"(美丽家园、绿色田园、幸福乐园)工程,稳步推进农业农村现代化。当前,最急迫的是要对标全面建成小康社会硬任务,对标最好地区最高水平,加快补齐"三农"发展短板。既要有"功成不必在我"的精神境界,也要有"功成必定有我"的历史担当。

要坚持因地制宜,对实现既定目标制定明确的时间表、路线图,做到科学规划、分步实施、注重质量、从容建设、有序推进。要树立正确政绩观,一件事情接着一件事情办,一年接着一年干,防止走弯路、翻烧饼,更不能一哄而上刮风搞运动、层层加码盲目求进度。

(注:本文刊登于 2019 年 7 月 23 日《解放日报》。)

后　记

我出生在上海郊区奉贤，从小就生活在农村。初中毕业为了"跳龙门"，以全县状元身份报考了中专，进的是农校，学的是农学。工作后，从市农业局到市农业农村委，38年一直在农口系统，这期间有幸被公派到日本留学，研修的也是农业。硕士、博士、博士后学的是管理和经济，但研究的领域还是农业、农村和农民。这些人生的经历使我与"三农"有了难以割舍的情感。

开展调查研究是每位公务员应该具备的基本功。在38年的公文写作中，写得最多的是调研报告。1993年5月，我的一篇调研报告"以稳粮为前提扩种棉花——对上海郊区棉花生产的调查"被公务员培训教科书选录，作为调研报告的范例。2014年3月，我还出版了调研报告专著《黄浦江畔的"三农"调查》。这些年来，由我主持或者主笔的调研报告，有些获得中国农村发展研究奖（杜润生奖）和省部级政府决策咨询研究成果奖，有些获得过中央和市委市政府领导的重要批示，有的见诸过报纸杂志，引起很好的反响，有的转化为政策措施恩惠于百姓。

应该说，调查研究真是个传家宝。在38年的工作生涯中，我对此感触颇深。调查研究必须"求真、求活、求实"。

求真。调查研究如同警方破案。其本质是与问题不断博弈，深入探究，寻求真相，提出对症之策的过程。但问题是"沉默"的，它不会主动现身，时常设置"迷魂阵"，这就需要我们不要"破坏现场"，掌握真正的第一手情况，以事实为准绳，以发现真相为目的，不畏手畏脚，不过度加工，通过一步步寻踪觅源、去伪存真,发现问题背后"沉默的真相"。用数据说话,用事实证明,用逻辑验证。

求活。调查研究如同善抓活鱼。要捕捉到一条活蹦乱跳的"大鲤鱼",就要过好"织网、撒网、拉网"三个关。第一是织好网,在开展调研前先做足功课,提前收集相关材料,做到有的放矢,就好比提前编好纵横交织的网,确保不出现漏网之鱼。第二是撒好网,深入基层,把网撒在鱼塘中或者是有鱼的地方,而不是田埂边,确保不做无用功。第三是拉好网,要及时把网拉起来,善于把基层实际情况进行归纳总结,提纲挈领,突出亮点特色,去糟粕取精华,这样可以更好地抓住活鱼。

求实。调查研究如同雪中送炭。调研需做实后半篇文章,调查是基础,研究是重点,不能就"调查"而"调查",就"研究"而"研究"。调研报告贵在运用转化,成功的调研报告提对策、找方法、抓落实,真金白银有干货,能解决实际问题,受到基层农民群众欢迎。唯如此,调查才有意义,研究才有突破,调查研究才有实效。

三十八年,弹指一挥间。我从1993—2023年卅年期间撰写的众多"三农"调研报告中挑选了三十篇汇集成册。在附录中,我还将发表在《解放日报》"思想者"专栏中的演讲报告一并收录。出版这本册子,是对过去美好岁月做个总结,既表达了自己热爱"三农"的心愿,也想向关心、关爱和关注"三农"的广大读者做个汇报。展望未来的日子,仍然希望自己继续努力。

我作为一个农家孩子,能够不断成长,得益于各位领导、专家的悉心栽培,也与各位同事、好友的鼎力相助分不开。这些年来,我跟随朱颂华、袁以星、孙雷、张国坤、冯志勇、张贵龙、王国忠、王东荣、顾吾浩等一大批老领导、老专家,师从顾海英、焦必方、吴方卫等知名教授与学者,不断学习积累,不断实践探索,不断研究思考,记下了点点滴滴,受益匪浅。册子收集的这些调查报告都是在他们的领导下,由我主要执笔或主持完成的。部分调研文章在形成过程中还凝聚了调研团队章黎东、陈怡赟、陈云、张晨、楼建丽、蔡蔚等诸多同事的集体智慧,在此一并表示衷心感谢!最后要感谢的是我的爱人和儿子的背后支持!由于本人才疏学浅,书中难免有不妥之处,敬请各位批评指正!

本书能顺利出版,得到了上海财经大学出版社的大力支持,在此一并表示衷心感谢!

方志权
2024 年元旦于上海塞纳左岸